böhlau

Konservierungswissenschaft · Restaurierung · Technologie

Herausgegeben von Gabriela Krist

Band 10

dı:'ʌngewʌndtə.conservation

Universität für angewandte Kunst Wien

Martina Griesser-Stermscheg

Tabu Depot

Das Museumsdepot in Geschichte und Gegenwart

2013

BÖHLAU VERLAG WIEN KÖLN WEIMAR

Gedruckt mit Unterstützung durch
das Institut für Konservierung und Restaurierung, Universität für angewandte Kunst Wien
die Kulturabteilung der Stadt Wien – MA7

Bibliografische Information der Deutschen Nationalbibliothek:
Die Deutsche Nationalbibliothek verzeichnet diese Publikation
in der Deutschen Nationalbibliografie; detaillierte bibliografische Daten
sind im Internet über http://dnb.d-nb.de abrufbar.

Umschlagabbildung: „Basement Shark" aus der Serie „Skeletons in the Closet"
© Klaus Pichler (2011). Depot, Naturhistorisches Museum Wien.

Wiesingerstraße 1, A-1010 Wien, www.boehlau-verlag.com

Druck und Bindung: UAB Balto print
Gedruckt auf chlor- und säurefreiem Papier

ISBN 978-3-205-78894-2

Inhalt

Vorwort der Herausgeberin

Band 10 unserer Schriftenreihe Konservierungswissenschaften – Restaurierung – Technologie stellt gewissermaßen einen Jubiläumsband dar: Wir blicken auf bereits neun realisierte Bände zurück, die seit der Entstehung unserer Publikationsreihe im Böhlau Verlag die letzten zehn erfolgreichen Arbeitsjahre markieren. Für ein kleines Universitätsinstitut wie das unsere eine gewisse Leistung, die das Engagement einer kleinen Mannschaft zeigt, aber auch das stetig wachsende und facettenreiche Forschungsfeld der Konservierungswissenschaften klar vor Augen führt.

Die Autorin des vorliegenden Bandes, Priv.-Doz. Dr. Mag. Martina Griesser-Stermscheg, tritt in unserer Schriftenreihe nicht zum ersten Mal auf das publizistische Parkett. 2009 erschien Band 5 unserer Reihe, der ihrer Dissertation gewidmet war. Sie war, wie bereits in meinem Vorwort in jenem Band beschrieben, die erste Dissertantin, die unser Institut hervorgebracht hat und die erste der Konservierungswissenschaften in Österreich. Ihrem Vorbild folgten in den letzten Jahren weitere. Die nun zu präsentierende Arbeit ist Frau Griessers Habilitationsschrift an der Universität für angewandte Kunst Wien und dokumentiert ein Forschungsvorhaben, das sie von 2010–12 konsequent, effizient und im Eilzugtempo realisierte. Effizienz und Geschwindigkeit sind Frau Griessers besondere Eigenschaften, weiters zählen dazu grenzüberschreitende Interessen, die Fähigkeit für unser eigenes Forschungsgebiet neue Terrains aufzubereiten und über den eigenen wissenschaftlichen Tellerrand zu blicken. Ihre Dissertation „ergänzte die Kunstgeschichte“, ihre Habilitationsschrift mit dem griffigem Titel „Tabut Depot“ behandelt ein höchst brisantes, interdisziplinäres Forschungsthema. Sie schafft es aber, unsere Disziplin, die Konservierungswissenschaften, als zentrale wissenschaftliche Drehscheibe und Forschungsfokus zu positionieren.

Museologie und Wissenschaftsgeschichte flankieren die konservierungswissenschaftliche Zusammenschau, in der es der Autorin gelungen ist, die bisher ungeschriebene Entwicklungsgeschichte des Museumsdepots aufzuzeigen und die historische Praxis des Sammelns als wichtige Basis für aktuelle Erhaltungsstrategien darzustellen. Anschaulich skizziert wird ein Bild der großen Herausforderungen für heutige Museen und Depotverantwortliche. Die Interaktion zwischen Theorie und Praxis des Sammelns sowie die kritische Rezeption des Museumsdepots in der zeitgenössischen bildenden Kunst bilden den Schlusspunkt der Betrachtungen.

Ein Museum ist so gut wie sein Depot. Leider kämpfen viele Museen mit der Überfüllung ihrer Depots, mangelnder Übersicht über die Bestände oder dem schlechten Erhaltungszustand der Sammlungen. Nicht nur kleine Museen oder kirchliche Sammlungen sind davon betroffen, auch für große Museen ist das Thema Depot ein Dauerbrenner. In den letzten Jahren hat sich vieles verändert: Die rasanten technischen und konservatorischen Entwicklungen, der Depotbau als hoch spezialisierte Bauaufgabe und das nachhaltige Umdenken in Klimafragen erschweren es, den Überblick über die aktuellen Entwicklungen zu bewahren. Vorliegendes Buch gilt als Grundlage und Einführung.

Gabriela Krist, im Jänner 2013
Universität für angewandte Kunst Wien
Institut für Konservierung und Restaurierung

Einleitung

Die Lagerung von Objekten im Museumsdepot erzählt eine Geschichte, die uns alle angeht: die Geschichte des Versuchs, die Welt der Dinge zu bewahren, um diese Welt über die Zeiten zur bleibenden Stellvertreterin der unseren zu machen. Obwohl dem Museumsdepot eine so essenzielle Aufgabe überantwortet ist, blieb seine Geschichte bisher unbeleuchtet – im Interesse der Museumsgeschichte stand meist nur das, was für die Öffentlichkeit sichtbar war. Das Depot ist jedoch der beharrlichste Agent im Kreislauf der musealen Bedeutungsproduktion, es ist das kontinuierlich pochende Herzstück eines Museums. Die Herausforderung der vorliegenden Arbeit besteht darin, das Museumsdepot, einen grundsätzlich statisch konnotierten Bereich, als „lebendigen Bedeutungsgenerator" in unser Bewusstsein zu rücken und damit für Theorie und Praxis aufzuwerten.

Zur Institutionalisierung des Museumsdepots, wie wir es heute kennen, kam es erst am Ende des 19. Jahrhunderts. Doch seit gesammelt wird, muss auch verstaut und gelagert werden. So lenken wir zuerst unseren Blick auf die historischen Vorläufer des modernen Museumsdepots, die vormusealen Sammlungen des 15. bis 18. Jahrhunderts: Eingehend untersucht werden im ersten Kapitel historische Ordnungssysteme in kirchlichen Reliquienkammern, fürstlichen Kunst- und Raritätenkammern sowie in bürgerlichen Kabinetten. Das Traktat *Inscriptiones vel Tituli Theatri Amplissimi* (1565) von Samuel Quiccheberg, Johann Daniel Majors *Unvorgreiffliches Bedencken von Kunst- Naturalienkammern* (1674) sowie die *Museographie* von Caspar Friedrich Neickel (1727) sind dafür wesentliche Quellen. Während sich das „Depot" anfangs noch sichtbar im oder nahe dem Ausstellungsraum befunden hatte, wanderte es im Laufe des 18. Jahrhunderts zunehmend in die Schubladen von Schauschränken. Der Schrank wurde zum sinnstiftenden Ordnungsmöbel (Anke te Heesen). Das rapide Wachstum der Sammlungen im 19. Jahrhundert, dem Jahrhundert der Musealisierung, führte allmählich zu quälender Platznot in den Schausammlungen. Dies, so die These, war die Geburtsstunde des modernen Museumsdepots.

In der Geschichte des Depots spiegelt sich der *Strukturwandel der Öffentlichkeit* (Habermas). Lange Zeit waren Museen ein Ort für nur wenige Privilegierte. Im Laufe des 19. Jahrhunderts öffneten sie sich einem größeren Publikum. Die überfüllten Schausammlungen, die für den Laien keinerlei Orientierung zuließen, standen jedoch dem zunehmenden Wunsch nach breiter Wissensvermittlung und Besucherfreundlichkeit diametral entgegen. So entstand der Gedanke, die Sammlungen je nach Zielpublikum in Schau- und Spezialsammlungen zu gliedern. Diese Trennung galt zunächst als verwerflich, wurde damit doch der Wissenszugang eingeschränkt und Teile der Sammlungen durch die institutionelle Selektion bewusst verborgen. Heute nehmen wir daran keinen

Anstoß mehr, wir haben uns längst an die Deutungs- und Beschränkungsmacht der Institution Museum gewöhnt.

In der museologischen Fachliteratur wurde die Frage nach dem Geburtsprozess des Museumsdepots bisher nur ganz selten gestellt, als Lücke gekennzeichnet oder nur punktuell behandelt: Nach Marlies Raffler (2007) scheint sich das Depot allmählich ausgebildet zu haben, ohne dass dafür konkrete zeitliche Anhaltspunkte gegeben werden können,[1] während Arthur MacGregor (2007) die ersten Depots ab den 1860er-Jahren in naturwissenschaftlichen Sammlungen in London nachgewiesen hat.[2] Hanno Möbius (2006) kann eine ähnliche Entwicklung für die deutschen Naturkundemuseen ab den 1880er-Jahren nachvollziehen.[3] James Sheehan (2002) spricht vom damals umstrittenen Prinzip zwischen Schausammlung für die breite Öffentlichkeit und „Depotsammlung für Wissenschaftler“, die an Chronologie und Vollständigkeit interessiert wären.[4] York Langenstein (1998) setzt die endgültige Trennung in Schausammlung und Depot erst nach dem Ersten Weltkrieg an, wo es durch neue Ausstellungskonzepte zur Reduzierung der Bestände in den Schauräumen kam.[5] Von diesen knappen Hinweisen ausgehend soll im zweiten Kapitel die Forschungslücke zur Entwicklungsgeschichte des Museumsdepots weiter geschlossen werden.

Können wir aus der Geschichte für aktuelle und künftige Strategien lernen? Skizziert werden im dritten Kapitel nach einem Überblick über gängige Depot-Typen in der zweiten Hälfte des 20. Jahrhunderts gegenwärtige Herausforderungen für den Umgang mit deponierten Sammlungen. Kritisch betrachtet werden vielerorts nun gebaute Depot-Nutzbauten an der Peripherie, sogenannte Zentraldepots. Anlässlich aktueller Debatten um das „Grüne Museum“ werden tradierte Klima-Standards für Museen unter dem Aspekt des globalen Klimawandels zugunsten ökologisch-ökonomischer Lösungsansätze hinterfragt.

Die Überfüllungen unserer Depots, die Schwierigkeit der Erhaltung und Verwaltung immer größerer An-Sammlungen sowie eine Darstellung der besorgniserregenden Situation vieler Regionalmuseen leiten über zu erprobten Methoden der Sammlungsquali-

---

1 Raffler, Marlies, Museum – Spiegel der Nation? Zugänge zur Historischen Museologie am Beispiel der Genese von Landes- und Nationalmuseen in der Habsburgermonarchie, Wien – Köln – Weimar 2007, S. 60/Anm. 131.

2 MacGregor, Arthur, Curiosity and enlightenment. Collectors and collections from the sixteenth to the nineteenth century, New Haven – London 2007, S. 262f.

3 Möbius, Hanno, Konturen des Museums im 19. Jahrhundert (1789–1918), in: Bernhard Graf/Hanno Möbius (Hg.), Zur Geschichte der Museen im 19. Jahrhundert 1789–1918, Berlin 2006, S. 11–21, S. 19.

4 Sheehan, James J., Geschichte der deutschen Kunstmuseen. Von der fürstlichen Kunstkammer zur modernen Sammlung, München 2002, S. 273.

5 Langenstein, York, Kulturgut in unseren Händen: Das Depot – Prüfstein verantwortlicher Museumsarbeit, in: Landesstelle für die nichtstaatlichen Museen in Bayern (Hg.), Das Museumsdepot. Grundlagen – Erfahrungen – Beispiele, Museums-Bausteine Bd. 4, München 1998, S. 11–25, S. 12, 14.

fizierung und Deakzession. Das im deutschsprachigen Raum stark umstrittene Thema der Abgabe oder Entsorgung von Museumsgütern wird in seinen historischen Wurzeln analysiert.

Nicht zuletzt um die Öffentlichkeit für gegenwärtige Herausforderungen im Museumsdepot zu sensibilisieren, öffnen viele Museen in den letzten Jahren ihre Depots. Das öffentlich zugängliche Depot, nämlich das Schaudepot und das begehbare Depot, gibt zudem Raum für neue kuratorische Formate, für experimentelle Formen des Ausstellens und für die öffentliche Verhandlung der institutionellen Deutungshoheit.

Das Museumsdepot im Spannungsfeld zwischen Theorie und Praxis ist Gegenstand des vierten und letzten Kapitels. In den Theorien um die Wissens- und Bedeutungsproduktion in und durch Sammlungen, die damit verbundene Schaffung einer inneren, selbstreferenziellen Logik, fehlt ein wesentlicher Aspekt: die Praxis des Sammelns und etwaige Wechselwirkungen zwischen ideal erdachtem Sammlungssystem und praktischen Rahmenbedingungen, welche durchaus Auswirkungen auf die historische und aktuelle Wissensproduktion haben können. Gefordert wird die Schreibung einer „angewandten Sammlungsgeschichte" (Nicholas Jardine), die auch wenig glamouröse Tätigkeiten der Museumspraxis wie Inventarisierung, Aufbewahrung, Ablage und Lagerung, Beforschung und Benutzung, Pflege, Handling, Umlagerung oder Mobilisierung als einflussreiche, bisher in der Forschung vernachlässigte Faktoren berücksichtigt. Diesem Ansatz folgend wird hier das „Theorie-Praxis-Theorie-Modell" zum Kreislauf der Bedeutungsproduktion im Museumsdepot vorgestellt. Es folgt eine Beschäftigung mit den meist unsichtbaren AkteurInnen im Depot und dem Nachweis zur Notwendigkeit von kontinuierlicher Sammlungspflege. Das Problem der Objekt-Kategorie „Varia", die sich jeder räumlichen oder wissenschaftlichen Ordnung im Depot entzieht, sowie die künstlerische Rezeption und Kritik am Phänomen Museumsdepot schließen den Reigen.

In der Conclusio werden folgende Leitfragen beantwortet:

- Seit wann werden Sammlungen „deponiert"? Wann und wo entstanden die ersten Museumsdepots? Welche Rahmenbedingungen bestimmten die Entwicklungen in der Professionalisierung?
- Worin bestand und besteht die Kritik am Museumsdepot? Wie veränderte sich das Verhältnis zur Öffentlichkeit, welche Ansätze der Rechtfertigung zum nicht-öffentlich Deponieren gab und gibt es?
- Welche Prozesse der Bedeutungskonstruktion liegen dem Museumsdepot zugrunde? Wie werden Fehlstellen, Lücken und Reste behandelt?
- Mit welchen Fragen sehen sich Depot-Verantwortliche heute konfrontiert? Wo stehen wir?

Die Geschichte des Museumsdepots

DIE KEIMZELLEN DES MUSEUMSDEPOTS: DAS DEPOT IM AUSSTELLUNGSRAUM

Ein schützendes Behältnis zu schaffen, um Dinge, die man wertschätzt, möglichst dauerhaft aufbewahren und bei Bedarf anderen Menschen zeigen zu können, ist wohl der Ursprung des Museums. Dies gilt im großen Maßstab – das Museumsgebäude als Gehäuse für die Sammlungen –, aber auch im kleinen, wo Behältnisse im Museumsgebäude wie Kästen, Regale, Schrankanlagen, Vitrinen, Schubladen, Kisten, Schachteln, Rollen oder Kapseln das Verwahren leisten. Die Art und Weise der Aufbewahrung macht die jeweiligen Klassifikations- und Bewertungssysteme sichtbar. Sie verrät einiges über die zeitgenössische „Benutzung" von Sammlungsobjekten für rein repräsentative Zwecke oder zu ihrer Beforschung. Gebrauchsspuren an Behältnissen, vermag man diese zu lesen, geben Auskunft über Handhabe und Methoden der Objekt-Befragung. Unbesetzte Montagelöcher oder versetzte Einschubleisten in Sammlungsmöbeln verraten Adaptierungen zugunsten schnell wachsender Sammlungen oder über neue wissenschaftliche Erkenntnisse, welche eine systematische Umlagerung nötig machten. Sammlungsmobiliar von hoher technischer oder künstlerischer Raffinesse begeistert uns heute mehr denn je. Doch stehen aufwändig gestaltete Unikate wie beispielsweise barocke Kunstkammer- oder Kabinettschränke wenig repräsentativ für eine vermutlich viel größere Menge historischer Aufbewahrungsmöbel, die wegen ihrer funktionalen Schlichtheit nicht erhaltenswert schienen. Nicholas Jardine (2001) kritisiert, dass die historische Praxis des Sammelns bislang noch einen „blinden Fleck in der Sammlungsgeschichte" darstellt.[6] Als Mittel gegen diese Blindheit unternehmen wir eine Zeitreise durch unterschiedlichste Sammlungsausstattungen der Neuzeit, um vor allem die Behältnisse für Sammlungen, die Keimzellen des Museumsdepots, einer genaueren Betrachtung zu unterziehen. Wichtige Inspirationsquelle sind hierbei die Überlegungen zum „Einräumen der Erkenntnis" und zum Schrank als sinnstiftendes Ordnungsmöbel in wissenschaftlichen Sammlungen von Anke te Heesen (2001/2007).[7]

6 Jardine, Nicholas, Sammlung – Wissenschaft – Kulturgeschichte, in: Anke te Heesen/E.C. Spary (Hg.), Sammeln als Wissen. Das Sammeln und seine wissenschaftsgeschichtliche Bedeutung, Göttingen 2001, S. 199–220, S. 214.

7 te Heesen, Anke, Vom Einräumen der Erkenntnis, in: Anke te Heesen/Anette Michels (Hg.), auf/zu. Der Schrank in den Wissenschaften, Ausst. Kat., Eberhard-Karls-Universität Tübingen 24.10.2007–15.2.2008, Berlin 2007, S. 90–97; te Heesen, Anke, Geschlossene und transparente Ordnungen.

RELIQUIEN- UND HEILTUMSKAMMERN

Die Entwicklungsgeschichte der westlichen Sammlungen vom 15. bis zum ausklingenden 18. Jahrhundert ist umfassend bearbeitet worden, wird ständig aktualisiert und mit unterschiedlichen Schwerpunktsetzungen ergänzt.[8] Weitgehend einig ist man sich, dass die Geschichte des Museums mit den Kunst- und Naturalienkabinetten der Renaissance beginnt. Als Wegbereiter für die Museumsidee gelten aber auch kirchliche Sammlungen. Frühe „Depots" für den Zweck einer permanenten Aufbewahrung sind etwa Reliquienbüsten. Meist aus Silber getrieben, vergoldet, oft mit Edelsteinen besetzt, repräsentieren sie als fast lebensgroße Büste eine Heilige oder einen Heiligen und verwahren gleichzeitig dazugehörige Reliquien. Und es musste tatsächlich so einiges in einem Blechkorpus Platz finden – so sollen sich beispielsweise in der Büste des Hl. Ulrich der mittelalterlichen Heiltumskammer der Klosterbasilika St. Ulrich und Afra in Augsburg folgende Reliquien befunden haben: Haupthaar, Manipel, Messgewand, Schweißtuch und Nachtrock des Heiligen, das Stück einer Hirnschale, ein Gebein, zwei Rippen, ein Hemd, ein Kleid und etwas „von dem Stuel und Grab" des Hl. Hieronymus.[9] Von einer recht dichten Schlichtung kann man durch das begrenzte Fassungsvermögen dieser Büste ausgehen. Eingebracht wurden die Reliquien meist über eine Klappe an der Schädelkalotte oder durch ein Türchen am Rücken der Büste. Die Beziehung zwischen der Form eines Reliquiars und dem Reliquieninhalt beschäftigte Bruno Reudenbach (2005). Er kann bereits für das Frühchristentum eine klare Bezie-

---

Sammlungsmöbel und ihre Wahrnehmung in der Aufklärungszeit, in: Gabriele Dürbeck u.a. (Hg.), Wahrnehmung der Natur. Natur der Wahrnehmung. Studien zur Geschichte visueller Kultur um 1800, Dresden 2001, S. 19–34; Wieselberg, Lukas, Moderne Wissenschaften: Alles im Kasten, Ö1-Interview mit Anke te Heesen über die Möblierung der Wissenschaft und die Bedeutung des Schrankes bei der Schaffung von Wissen am 18.3.2009, science.orf.at, Zugriff 20.3.2009. Ich danke Anke te Heesen für die hilfreichen Gespräche.

8 Siehe dazu: Bredekamp, Horst, Antikensehnsucht und Maschinenglauben. Die Geschichte der Kunstkammer und die Zukunft der Kunstgeschichte, Berlin 2000; Grote, Andreas (Hg.), Macrocosmos in Microcosmo. Die Welt in der Stube. Zur Geschichte des Sammelns 1450 bis 1800, Opladen 1994; MacGregor, Arthur, Curiosity and enlightenment. Collectors and collections from the sixteenth to the nineteenth century, New Haven – London 2007; Pomian, Krzysztof, Der Ursprung des Museums. Vom Sammeln, Berlin 2001; Schrott, Georg/Knedlik, Manfred (Hg.), Klösterliche Sammelpraxis in der frühen Neuzeit, Nordhausen 2010; Stafford, Barbara Maria, Kunstvolle Wissenschaft. Aufklärung, Unterhaltung und der Niedergang der visuellen Bildung, Amsterdam 1998; te Heesen, Anke/Spary, E.C. (Hg.), Sammeln als Wissen. Das Sammeln und seine wissenschaftsgeschichtliche Bedeutung, Göttingen 2001; te Heesen, Anke, Theorien des Museums zur Einführung, Hamburg 2012.

9 Kilian, Wolfgang, Warhaffte AbBildung Allez fürnemmen Haillthumbs Gefässzen, Nebst kurtze Beschreibung deren darin verschloßnen Reliquien: Welliche in dem würdigen Gotth-Haus St. Ulrichs und St. Afra in Augspurg aufbehalten werden, (vermutl.) Augsburg 1630, Tafel XX, S. 27.

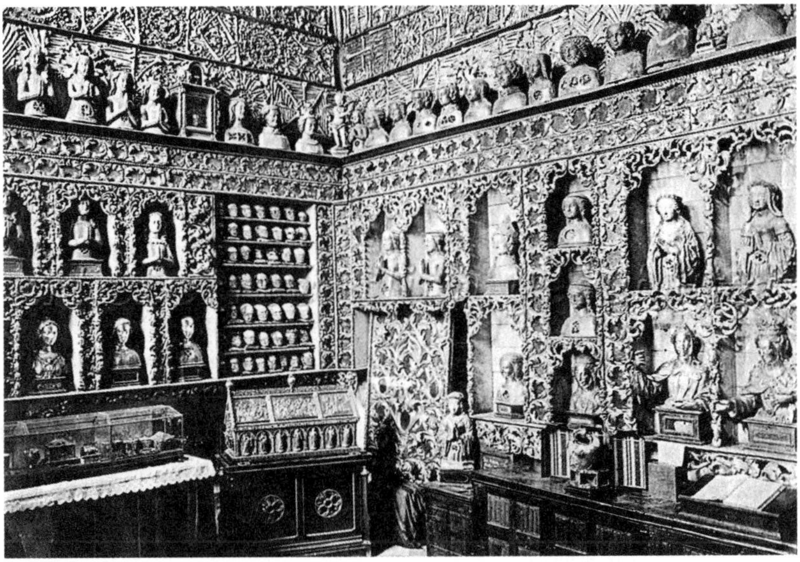

Abb. 1: Goldene Kammer der Kirche St. Ursula in Köln (Zustand um 1910)

hung zwischen der Anordnung im Inneren, dem Montagematerial, den bildlichen und schriftlichen Verweisen an Innen- und Außenseite des Deckels und der Materialität nachweisen.[10]

Das größte, im deutschsprachigen Raum noch erhaltene Sammlungsensemble von über hundert Reliquienbüsten aus Holz und Silber, einige davon sogar aus dem 13. Jahrhundert, befindet sich in der Goldenen Kammer der Kirche St. Ursula in Köln (Abb. 1), deren aufwändige Restaurierung kürzlich abgeschlossen wurde.[11] Mitte des 17. Jahrhunderts kombinierte man Elemente der mittelalterlichen Kammer mit barocken Einbauten und schuf so ein neues Raumensemble. In den offenen Fächern der hölzernen Schrankwände stehen die Reliquienbüsten, hinter verglasten Türen in Textil gehüllte Schädelreliquien. Gliederung, Größe und Einschub der Fächer sowie die farbige Fassung geben den Büsten und Schädeln ihren theologischen Rahmen, legen Hierarchien und Referenzen fest. Die Schrankordnung gibt also die inhaltliche Ordnung vor, so wie wir es auch aus zeitgleichen Naturalienkammern kennen. Das „Depot" befindet sich hier im

10 Reudenbach, Bruno, Reliquien von Orten. Ein frühchristliches Reliquiar als Gedächtnisort, in: Bruno Reudenbach/Gia Toussaint (Hg.), Reliquiare im Mittelalter, Hamburger Forschungen zur Kunstgeschichte, Berlin 2005, S. 21–41, insbes. S. 22–26, S. 38/ Anm. 9. Für diesen Hinweis danke ich Franz Kirchweger.

11 Urbanek, Regina, Die goldene Kammer von St. Ursula in Köln. Aspekte zur Erhaltung einer barocken Reliquieninszenierung, in: Österr. Restauratorenverband (Hg.), Zeit und Ewigkeit. Erhaltung religiöser Kulturgüter, 21. Tagung des ÖRV am 7./8.11.2008 in Krems-Stein, Wien 2009, S. 25–32.

Ausstellungsraum. Und wenn auch Reliquienbüsten mittlerweile als autonome Kunstwerke gehandelt werden, waren sie ursprünglich ‚nur' der Aufbewahrungscontainer für das eigentliche „Exponat", den Wertgegenstand, die Reliquie.

Zur öffentlichen Manifestation des kirchlichen Machtanspruches, aber auch um Gläubige an der Heilkraft der Reliquien teilhaben zu lassen, wurden Reliquiare bei Prozessionen präsentiert, so auch in Köln und Wien. Einmal im Jahr wurden die Wiener Heiligtümer am „Heilthumsstuhl" gezeigt. Dieses Bauwerk, ein brückenartiges, rundum begehbares Gebäude, wurde 1483 vor der nordwestlichen Ecke des Stephansdoms errichtet, im Jahre 1700 aber abgetragen. Eine Abbildung im *Wiener Heiligthumbuch* (1502) zeigt im Obergeschoß je acht Fenster an den Längs- und je drei an den Schmalseiten: An jedem Fenster steht ein Priester mit einem Heiligtum in Händen. Im Zuge von acht Rundgängen führten die Priester, ähnlich wie bei einer bemannten Spieluhr, der versammelten Menschenmenge nicht weniger als 255 Reliquien und Reliquienbehälter (Kreuze, Monstranzen, Büsten, Büchsen, Kelche, Lanzen, Trinkhörner etc.) in den Fenstern vor. Das mehrere Stunden dauernde „happening" wurde von Gesang begleitet. Ob die Priester Handschuhe trugen, ist leider nicht zu erkennen – denn priesterlicher Handschweiß hätte damals wie heute zu Korrosion auf Metallobjekten geführt. Für die jährlichen Vorführungen der Reliquien von San Lorenzo in Florenz (1530) sind jedenfalls Vorschriften überliefert, die verlangten, dass die Priester „weiße Handschuhe" tragen und fest „mit beiden Händen das Gefäß umfassen".[12] Ansonsten wurden die Wiener Heiligtümer in der Schatzkammer des Domes „behallten beschlossen und bewart".[13] Um 1500 war die Lagerung in Truhen gängig. So gibt Kaiser Maximilian I. (1459–1519) seinen Schatzkämmerern in der Hofburg Innsbruck und in Wiener Neustadt genaue Anleitungen zur Umlagerung, Verwahrung und Pflege von den in Truhen gelagerten Objekten: Er mahnt die Truhen mit den Textilien regelmäßig zu öffnen und zu lüften, die mit den Heiligtümern aus Silber aber gut verschlossen zu halten.[14] Im Wiener Heiltumschatz waren textile Reliquien zusätzlich in sogenannten *plenari*, flachen, bedeckelten Reliquienboxen, aufbewahrt, um den Zutritt von Staub und Schädlingen zu verhindern. Reliquien, die von Schädlingen gefressen werden, beschäftigten bereits im 12. Jahrhundert den Benediktinerabt Thiofrid von Echternach. Ein Kapitel im zweiten Buch seines Reliquientraktates titelt sehr treffend mit der Überschrift „Die Frage nach dem, was die Maus aufnimmt". Abgesehen vom Verlust der Reliquie ziehe dies, wie man sich vorstellen kann, selbstverständlich auch komplexe theologische Konsequenzen nach sich, die sich der arme

---

12 Pomian, Krzysztof, Der Ursprung des Museums. Vom Sammeln, Berlin 2001, S. 76f.

13 Heuperger, Matthäus, Wiener Heiligthumbuch, Wien 1502, o.S. (auf Seite der Beschlußrede).

14 Maximilian I., Anweisungen Kaiser Maximilians I. (1459–1519) zur Verwahrung und Pflege von Objekten, in: Jahrbuch kunsthistorischer Sammlungen 1 (1883), Reg. 219, 1500 Dezember 30, Linz und Reg. 225, 1501 August 11, Innsbruck. Für diesen Hinweis danke ich herzlich Franz Kirchweger.

Thiofrid abmüht zu erklären. Jedenfalls sei das Reliquiar der sicherste Schutz vor Schädlingen und Dieben.[15]

Vonseiten der Calvinisten hagelte es heftige Kritik an den Auswüchsen des katholischen Reliquienkultes. In der Reformation führte die radikale Ablehnung zu Vandalismus und Bilderstürmerei. Besonders drastische Maßnahmen verordneten Johannes Calvin und Ulrich Zwingli in Zürich, Genf und Bern. In der frühen Übersetzung einer Schrift Calvins von 1558 wird die Verehrung von Reliquien als „Narrenwerck" und die Anbetung des „Krempels" wie Stoff-, Holz-, Knochen- oder anderen Fragmenten als Verspottung Gottes angeprangert; die Konservierbarkeit verderblicher Reliquien wie das Blut Christi, die Milch Mariens, das Brot der Brotvermehrung oder die Federn des Heiligen Geistes wird vehement bestritten.[16] Diese Schrift kann zum Zeitpunkt ihrer Entstehung noch auf keine feste Tradition des Sammelns, Ordnens und Konservierens verweisen. Sie steht ja erst am Beginn des musealen Zeitalters. So versteht man auch Calvins Skepsis gegenüber der Echtheit der Silbermünzen, die Judas für seinen Verrat bekommen hat. Denn „solche Silberling durch unzeglich vil Hend gehen und under andere Silberling vermischt werden können".[17] Als unglaubwürdig bezeichnet er ebenso die Behauptung, dass sich die sechs Wasserkrüge, in denen Jesus Wasser zu Wein wandelte (jenes faszinierende Phänomen bezweifelte er übrigens nicht), überhaupt erhalten haben: „Hie möchte ich wol wissen, wer dieselben Wasserkrug eine so lange zeit verwaret hett!"[18] Als erstaunlich, aber immerhin möglich, beurteilt hingegen der Universalgelehrte Samuel Quiccheberg zeitgleich in seinem Museumstraktat die Erhaltung von „antiken Vasen, bei denen es bewundernswert ist, daß es sorgsamen Menschen geglückt ist, so viele ihrer Art bis jetzt unzerstört oder auch etwas beschädigt zu überliefern".[19]

Die „Depots" der Kunstkammern: Promptuarium und Repositorium

Im Jahr 1565 veröffentlichte Samuel Quiccheberg sein Traktat *Inscriptiones vel Tituli Theatri Amplissimi*, das früheste Handbuch der Museumskunde im deutschsprachigen Raum. Die erste vollständige und kommentierte deutsche Übersetzung verdanken wir

15 Ferrari, Michele C., Gold und Asche. Reliquie und Reliquiare als Medien in Thiofrid von Echternachs Flores epytaphii sanctorum, in: Bruno Reudenbach/Gia Toussaint (Hg.), Reliquiare im Mittelalter, Hamburger Forschungen zur Kunstgeschichte, Berlin 2005, S. 61–74, S. 64, 65, 73/ Anm. 13.

16 Eysenberg, Jacobum, Von der Paptisten Heiligthumb gründtlicher und kurzer Underricht. Erstlich in Latein beschriben durch Johannem Caluinum, und yetz dem Christlichen Laeser zu gut Verteutscht, Pforzheim 1558, S. 10, 13, 46, 57.

17 Eysenberg (1558), S. 42.

18 Eysenberg (1558), S. 23.

19 Roth, Harriet (Hg.), Der Anfang der Museumslehre in Deutschland. Das Traktat „Inscriptiones vel Tituli Theatri Amplissimi" von Samuel Quiccheberg. Lateinisch-Deutsch, Berlin 2000, S. 117, 119.

Harriet Roth (2000). Das Traktat gibt den Idealplan einer Kunstkammer wieder und glänzt überdies als eindrucksvolles Zeugnis einer selbstverständlichen, uns heute oft abhandengekommenen Verschränkung von Theorie und Praxis. So stellt es eine reiche Fundgrube für unterschiedlichste Begrifflichkeiten und Tätigkeiten, die auf das frühe Bewahren und Lagern von Sammlungen verweisen, dar. Roths Übersetzung dient hier als Ausgangspunkt. Quiccheberg war seit 1559 am Münchner Hof angestellt und unter anderem mit der Ordnung und Klassifizierung der Kunstkammer von Herzog Albrecht V. betraut. Vermutlich begann er auch während dieser Zeit mit der Niederschrift des Traktates. Es folgt ein begrifflicher Abgleich mit jüngsten Forschungsergebnissen zur Münchner Kunstkammer (2008),[20] die zwischen 1563 und 1567 errichtet wurde.

In den Erörterungen, wie man eine geografische Tafel- und Kartensammlung anzulegen habe, finden wir eine der frühesten Empfehlungen, vorhandene Bestände in eine Schau- und eine Archivsammlung, der Vorläuferin des modernen Depots, zu trennen. Quiccheberg unterscheidet zwischen dem *theatrum*, der Schaubühne, dem Museum im eigentlichen Sinne, und dem *promptuarium imaginum*, dem Bildarchiv. Das Theater ist eine permanente Einrichtung, die der Präsentation und Inszenierung dient, im Gegensatz zum in Truhen gelagerten Bildarchiv, welches aber trotzdem Teil des Theaters ist.[21] „Das *promptuarium* ist das Archiv, die zweite Ebene des Museums, die zusätzliches oder ähnliches Material zu den Objekten liefert. Die onomatopoetische Wortwahl macht den Nutzen des Archivs deutlich. Es ist der schnelle Zugriff zum Material, das ergänzend zu den Objekten im Theater agieren soll."[22] In den folgenden Textpassagen empfiehlt Quiccheberg für die unzähligen *(incredibili numero!)* Konvolute an Kupferstichen, Holzschnitten oder Handzeichnungen die Aufbewahrung im Promptuarium.[23] Den mehrmals genannten Begriff *promptuarium* übersetzt Roth je nach inhaltlichem Zusammenhang mit „Speicher" (für Essenzen, Arzneien oder Waffen), aber auch mit „Vorratskammer" bzw. „Vorratsbehältnis", behelfsweise auch mit „Archiv".[24] Klaus Minges (1998) beschreibt das Quiccheberg'sche *promptuarium* ebenfalls als Vorratsraum. Für die Galeriearchitektur des ausklingenden 16. Jahrhunderts

20 Bayerische Akademie der Wissenschaften (Hg.), Die Münchner Kunstkammer, Bd. 1–3, München 2008.

21 Roth (2000), S. 112/113: „...differentiam inter THEATRUM, quod infinitum et immensum illud institutum nostrum est [...] et inter PROMPTUARIUM IMAGINUM, quae est quasi quaedam theatri pars, vel museum, vel aliquot arcae, aut thecae." Roth hat statt Truhen Kisten übersetzt, das wäre aber wohl eher cistae wie an anderen Stellen mehrfach erwähnt. Die Hervorhebung durch Großbuchstaben nimmt Quiccheberg nicht für den Begriff „Museum" vor. Vermutlich versteht er unter museum einzelne Spezialsammlungen der Münchner Kunstkammer, die gemeinsam mit der Herzoglichen Bibliothek das „Theater" ergeben und füllen sollten (Roth, S. 259).

22 Roth (2000), S. 261.

23 Roth (2000), S. 115.

24 Roth (2000), S. 82/83, 88/89, 133 (Speicher); S. 88/89, Anm. 4 (Archiv, Vorrat).

analysiert Minges die notwendige Ergänzung des repräsentativen Zentralraums mit einer Reihe von Kabinetten, die nicht als „Verlegenheitslösung anstelle des unpraktischen Zentralraumes" zu sehen sind, sondern „der Vielfalt der Objektgruppen am besten gerecht" wurden.[25] Die Gliederung der Sammlung in mehrere Räume war also der Sammlungspraxis dienlich.

Handelte es sich beim *promptuarium* um einen relativ abstrakten Überbegriff für einen Ort, Raum oder Schrank, an dem es Sammlungsobjekte zu verstauen galt, wird Quiccheberg an anderer Stelle wesentlich konkreter: Mit *conclavia* umschreibt er verschließbare Zimmer (*clavis* = Schlüssel). Roth interpretiert diese als „Tennelein" (wie in der Münchner Kunstkammer vorhanden) oder Studierzimmer, in dem „Ruhe zur Erinnerung und Verortung der Objekte" gegeben ist.[26] Von *conclavia* ist zweimal die Rede für ein Zimmer, in dem Kupfertafeln, Gemälde, besondere Werkzeuge oder Musikinstrumente aufbewahrt werden.[27] *Thesauro* entspricht einer Schatzkammer, die als Aufbewahrungsraum für das Kostbarste, nämlich religiöse Objekte, eine noch höhere Sicherheitsstufe impliziert.[28] Quiccheberg übernimmt hier die Begriffstradition der kirchlichen Schatzkammer. Durch die von ihm getroffene Zuteilung von Objektgruppen und Funktionen wird deutlich, dass es sich bei beiden Raumtypen um Räume handelte, die der Verschließbarkeit, der Bewachung, aber auch der kontinuierlichen Pflege bedurften. *Conclavia* und *thesauro* gegenüber steht die nicht unbedingt verschließbare *camera* für textile Bestände, als Kammer für Wandteppiche, Vorhänge und Gewänder.[29]

Unter der zehnten Überschrift „Überall bereitstehende Schränke" (*Repositoria undi'que in promptu*) fasst Quiccheberg zusammen, was er an Mobiliar und Ausstattung für unabdingbar hält: Dem Formenreichtum sollen keine Grenzen gesetzt und alles soll jederzeit griffbereit sein. Die Schränke sollen nicht schwerer sein, als dass zwei Personen einen Schrank gemeinsam tragen können.[30] Ein *repositorium* aus dem 16. Jahrhundert ist bis heute auf Schloss Ambras erhalten und dort in der Kunstkammer zu sehen. Es diente einerseits als etwa tischhohes Demonstrationsmöbel zum Abstellen von aus den Schränken geholten Objekten, andererseits in seinem unteren Teil als Stauraum. Repositorien konnten aber auch ganz andere Formen haben wie die eines Kleiderschranks bei Quiccheberg: Wandteppiche, Vorhänge und Gewänder sollen darin von den übrigen

25 Minges, Klaus, Das Sammlungswesen der frühen Neuzeit. Kriterien der Ordnung und Spezialisierung, Münster 1998, S. 93.
26 Roth (2000), S. 262.
27 Roth (2000), S. 84/85, 88/89.
28 Roth (2000), S. 40/41.
29 Roth (2000), S. 84/85.
30 Roth (2000), S. 153.

Sammlungsteilen getrennt aufbewahrt werden. Der Autor empfiehlt Schränke, wie sie für Schauspiele und Maskenbälle üblicherweise Verwendung finden,[31] vermutlich also standardisierte Hängesysteme mit Kleiderstangen auf Augenhöhe, wie sie noch heute im Theater üblich sind (sogenannte Theaterstangen).

Die Empfehlung zur hängenden Aufbewahrung von Kleidern ist als innovativ hervorzuheben. Ab der Mitte des 17. Jahrhunderts kommt es zur Entwicklung des Kleiderschranks, der seinen Ursprung von zwei übereinandergestellten Truhen herleitet, in die Kleidungsstücke bis dahin nur gelegt werden konnten.[32] Zumindest gilt das für den weltlichen Bereich, denn bereits Ende des 16. Jahrhunderts wird als Folge der neuen Kirchenordnung nach dem Konzil von Trient (1545–1563) die Ausstattung von Sakristeien mit einstöckigen Kleiderkästen statt der bisherigen Faltung in Truhen vorgeschrieben. Die neuen Sakristeikästen sollten großzügig angelegt sein und über Kleiderstangen zum Hängen verfügen, denn „dann werden sie von Schaben, Feuchtigkeit, Gestanck, Vewesung, Falten und Runtzeln rechter, sicherer, lenger und füglicher bewahret und versorget".[33] Für die schweren, meist bestickten Kleider sollten gekrümmte, vermutlich als Rutschschutz mit Schnüren überzogene Kleiderbügel verwendet werden.[34] Der Reformträgheit der katholischen Kirche verdanken wir im deutschsprachigen Raum einen relativ reichen, wenn auch recht gut verborgenen Schatz an immer noch erhaltenen Schränken ab dem 16./17. Jahrhundert, insbesondere in Sakristeien, Paramentenkammern und Kloster-Bibliotheken. Die Praxis des klösterlichen Sammelns findet zunehmend Aufarbeitung und macht die lebendige Wechselwirkung zwischen den weltlichen Fürsten und der Geistlichkeit deutlich.[35]

31 Roth (2000), S. 84/85.

32 Frenzel, M./Scheicher, Elisabeth/Auer, Alfred, Kunsthistorisches Museum, Sammlungen Schloss Ambras. Möbel, Innsbruck 1987, S. 4.

33 Renz, Carolyn, Schönheit alter Möbel im Verborgenen. Sakristeischränke in oberbayerischen Prälatenklöstern und Kollegiatsstiftskirchen im 17. und 18. Jahrhundert, Schriftenreihe Realienforschung: Vom traditionellen Handwerk zur industriellen Fertigung Bd. 5, Wien 1998, S. 34 (zit. aus Jakob Müller, Kirchen Geschmuck. Ornatus ecclesiasticus, München 1591, S. 119).

34 Renz (1998), S. 35 (zit. aus Jakob Müller, Kirchen Geschmuck. Ornatus ecclesiasticus, München 1591, S. 120: „... auff glatte halbe Reiff, oder sonsten gekrümbte Hölzer gelegt, und uberzogen, mit einem Schnürlein, so an gedachten Reiff gebunden, auffgehenckt werden mögen.").

35 Vgl. Schrott, Georg/Knedlik, Manfred (Hg.), Klösterliche Sammelpraxis in der frühen Neuzeit, Nordhausen 2010; Grünwald, Michael, Wer suchet, der findet. Barocke Sammelleidenschaft in Stiften und Klöstern, in: Marktgemeinde Reichenau (Hg.), Jagdfieber und fieberhaft sammeln, Ausst.Kat., Schloss Reichenau an der Rax 18.5. –2.11.2008, Ebreichsdorf 2008, S. 207–219.

KLEINTEILIGE ORDNUNGSSYSTEME IN FRÜHEN SAMMLUNGSMÖBELN

Der Fossilienschrank des deutschen Naturforschers Johannes Kentmann ist das älteste uns (leider nur auf einer Abbildung) überlieferte Ordnungsmöbel einer Sammlung[36] – ein schlichter, verschließbarer Giebelschrank mit dreizehn Schubladen, deren Teilung 26 Kompartimente ermöglichte. Eine Abbildung des Schranks wurde in Kentmanns Kompendium *Nomenclaturae rerum fossilium* 1565 erstmals publiziert (Abb. 2). Im selben Jahr veröffentlicht Quiccheberg unter dem Sammelbegriff *repositoria* spezielle Ordnungssysteme, die noch kleinteiliger waren.[37] Doch lassen wir den frühen Museumsexperten am besten selbst sprechen: „Es kann nämlich in schmalen Koffern, kleinen Schränken und Kisten vieles gerollt oder gefaltet versenkt werden, das woanders, an den größten Wänden ausgebreitet und auf den breitesten Tischen oder abgemessenen Prunktischen aufgestellt, kaum Platz hätte. Aber man muss hier außer an jene Schränke, Kisten, Koffer, Tische, Pulte auch daran erinnern, daß zu deren Nutzen Magazine (*receptacula*) sehr dienlich sein können, zumal tragbare Latten mit Einbuchtungen (*asserculi portabiles cum fossis*), die nach ihrem Standort benannt werden, ebenso tragbare Kisten mit quadratischen Mulden (*cistulae portabiles cum quadratis alveolis*), dann kleine Schränke mit Flügeltüren, ebenso Bücher mit ausklappbaren Deckeln, schließlich aufeinandergetürmte Schränke mit verschiedenen Kunstwerken darin und großem Kennzeichen darauf."[38] Mit dieser frühen Anleitung zum Deponieren macht Quiccheberg auf die Notwendigkeit von kleinteiligen Ordnungselementen im Rahmen des größeren Mobiliars aufmerksam: Holzlatten mit Einbuchtungen, Schubladen mit eingesetzten Rastern oder Mappen zur Ordnung loser oder teilweise gebundener Blätter. Er spricht die Platzökonomie an, aber auch die Verpflichtung zur deutlichen Standort-Kennzeichnung.

An kleinen Behältnissen erwähnt er außerdem verschiedene Arten von geflochtenen Körben und „ledlein".[39] Von der Verwendung nummerierter „lädlein" (sic) zur Aufbewahrung kleiner Objekte in Schränken wissen wir auch in der Grazer Kunstkammer, die erstmals im 15. Jahrhundert Erwähnung gefunden hatte. Wie ein Rekonstruktionsver-

36 Mac Gregor (2007), S. 149f. Fossilien zählten zu besonders wertvollen Objekten, nämlich zu von Gott gewollten Abdrücken der Natur, die Gott selbst auf diese Weise konservieren und „musealisieren" wollte.

37 armariola: kleine Schränke (hier Bögen, Türmchen oder Pyramiden nachgestaltet), arcae: Truhen, cistae: Kisten, scrinia: Schreine, thecae: Vitrinen, cophini: Tragkörbe, alveoli: kleine Tröge, Wannen, oder Schanzkörbe, in parietibus obvelati forte risci: eventuell verhängte Koffer an den Wänden (?), receptacula: tragbare Magazine. Übersetzungen nach Roth (2000), S. 76/77, 92/93, 112, 126/127, 153.

38 Roth (2000), S. 90–93.

39 fiscellae: Binsenkörbchen, auch Körbchen, calatisci: geflochtene Körbchen (in Gestalt einer offenen Lilie), capsularum: Laden, „ledlein", capsulae gemmariae: Edelsteinladen. Übersetzungen nach Roth (2000), S. 126/127, 153.

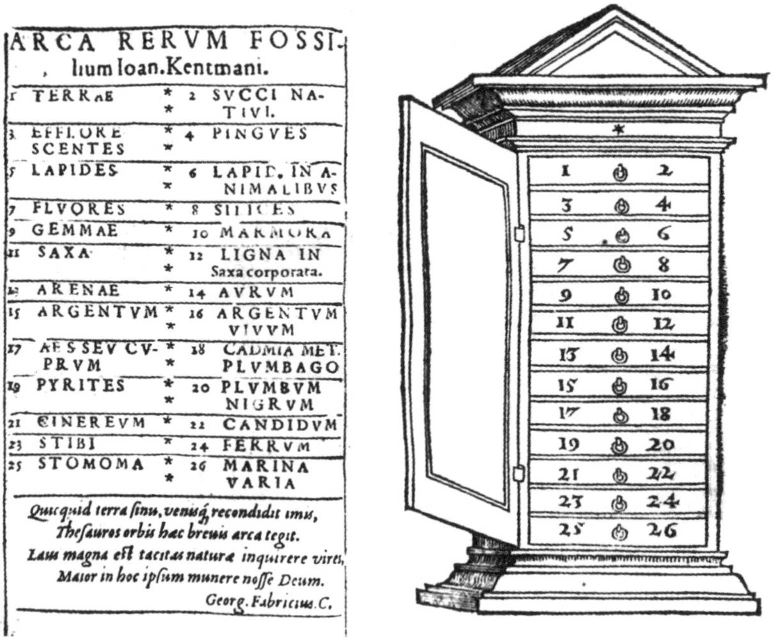

Abb. 2: Fossilienschrank (*arca rerum fossilium*) von Johannes Kentmann (1565)

such belegt, kann man sich die Grazer Kunstkammer mehr als Ansammlung und „Depot von kostbaren Besitztümern“ vorstellen, weit weniger repräsentativ als die berühmten Kunstkammern in Ambras, Prag oder München.[40] In der Münchner Kunstkammer kamen neben Etuis, Futteralen, Kästchen und Schachteln noch folgende Behältnisse zum Einsatz:[41] ein handliches Gefäß, das „Manipl“, das *manipulum* im ursprünglichen Wortsinn einer Handvoll;[42] das „Gstätl“, ein kleiner Behälter für die Aufbewahrung von Dingen, die sonst leicht verloren gingen, beispielsweise Zahnstocher, Schachsteine, Erde, Erz- oder Mineralproben;[43] das „Rundel“, eine Kapsel bzw. eine runde oder ovale Holz-

40 Raffler, Marlies, Museum – Spiegel der Nation? Zugänge zur Historischen Museologie am Beispiel der Genese von Landes- und Nationalmuseen in der Habsburgermonarchie, Wien – Köln – Weimar 2007, S. 158f. (nach dem Rekonstruktionsversuch von: Stolzer, Johann Stefan, Die Grazer Schatz-, Kunst- und Rüstkammer unter Kaiser Ferdinand III. und den Erzherzögen Karl II. und Ferdinand III., phil. Diss., Graz 2002).

41 Bayerische Akademie der Wissenschaften (Hg.), Die Münchner Kunstkammer, Bd. 1–3, München 2008. Die Bayerische Akademie der Wissenschaften wird folgend im Kurztitel mit BAW abgekürzt.

42 BAW (2008), Kat.-Nr. 196, Bd. 1, S. 69 und Kat.-Nr. 2095, Bd. 2, S. 636.

43 Auch Gestatl, Gstätele, Gestättle, Gestätl. BAW (2008), Kat.-Nr. 2095, Bd. 2, S. 636: Äste; Kat.-Nr. 506, Bd. 1, S. 180: Zahnstocher; Kat.-Nr. 2012, Bd. 2, S. 621: ein Behältnis für einen Handstein von 1583 (Behältnis ist mit Jahreszahl beschriftet); Kat.-Nr. 2040, Bd. 2, S. 626: Behältnis für Handstein,

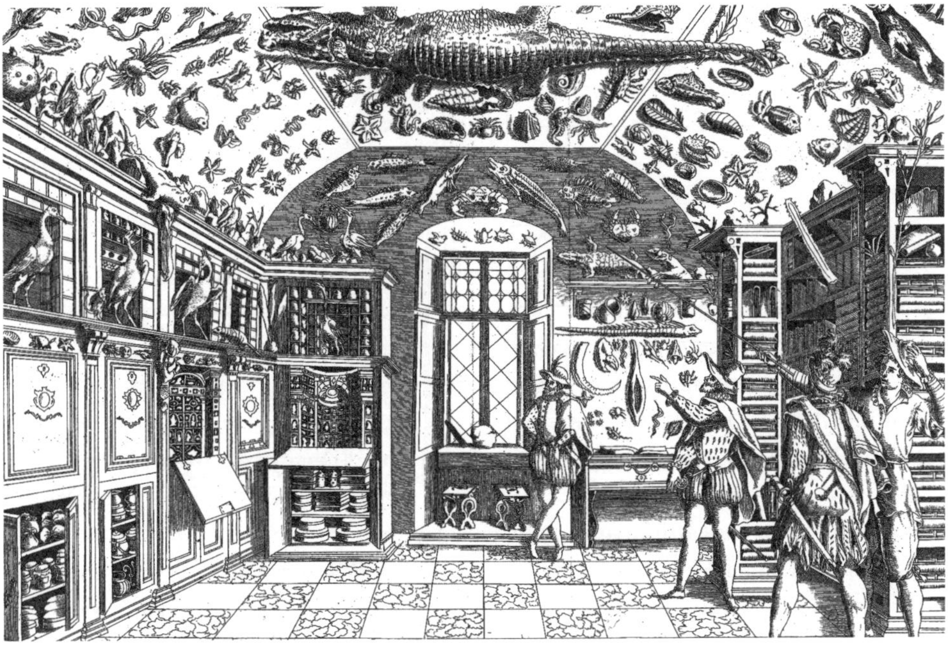

Abb. 3: Museo des Ferrante Imperato in Neapel (1599)

dose mit oder ohne Deckel, für die Aufbewahrung von Miniaturmalereien oder Medaillen;[44] aber auch Papierkuverts, Papiertüten oder weiße Leinensäcke sollten als Verpackungsmaterial Erwähnung finden.[45]

Drei Jahrzehnte nach dem Erscheinen von Quicchebergs Traktat und etwa zeitgleich mit der Einrichtung von Schloss Ambras bildete der Apotheker Ferrante Imperato in Neapel sein *museo* in seiner *Historia Naturale* (1599) ab (Abb. 3). Barbara Mundt (1989) macht darauf aufmerksam, dass bei dieser Darstellung im Vergleich zu anderen erhaltenen Stichen von Kunst- oder Naturalienkammern des 16. und 17. Jahrhunderts der Funktionalität der Sammlungsmöbel besonderer Wert zugemessen wurde:[46] Die Möbel

der darin nochmal in Papier eingewickelt war; Kat.-Nr. 2051, Bd. 2, S. 628: silberhältige Erde; Kat.-Nr. 2070–2088, Bd. 2, S. 631–633: Mineral- oder Erzproben; Kat.-Nr. 2165, Bd. 2, S. 660: Schachsteine.

44 BAW (2008), Kat.-Nr. 177, Bd. 1, S. 64; Kat.-Nr. 381, Bd. 1, S. 143; Kat.-Nr. 566, Bd. 1, S. 198; Kat.-Nr. 636, Bd. 1, S. 215.

45 BAW (2008), Kat.-Nr. 401, Bd. 1, S. 151: Papierkuvert für verfilztes Material „Meermus" („ein filzete Materi"); Kat.-Nr. 2168, Bd. 2, S. 660: Weißer Leinensack: für Verpackung eines bestickten Brettspiels; Kat.-Nr. 2070–2088, Bd. 2, S. 631–633: Papiertüten.

46 Mundt, Barbara, Vom Sammeln, in: Kunstgewerbemuseum Berlin/Barbara Mundt (Hg.), Schatzkästchen und Kabinettschrank. Möbel für Sammler, Ausst.Kat., Kunstgewerbemuseum Berlin 1.10.1989–31.1.1990, Berlin 1989, S. 9–24, S. 16.

sind geöffnet präsentiert, wobei die Klappen zugleich als Lesepulte dienen. Schranktüren, Einschubfächer, Setzkästen, Scharniere, Schlösser und andere Sicherungsvorrichtungen sind deutlich dargestellt und führen zur Kenntnis erstaunlich hoher technischer Standards bei dieser, aber vermutlich auch anderen zeitgleichen Sammlungen. In den verschließbaren Stauräumen der Wandschränke befinden sich Behelfe für die Manipulation der Objekte, Tröge, Gläser, Beutel und Spanschachteln mit Deckel. Spanschachteln galten als „Allzweck-Verpackungsbehälter".[47] Am Frontispiz des mehrbändigen Kataloges (1616) zur Sammlung des Nürnberger Apothekers Basilius Besler können wir Spanschachteln mit gegliederten Fächern im Inneren, hier jedoch in offenen Regalen, erkennen.[48] Als interessantes Dokument für die unglaubliche Logistik, die hinter der Beschaffung von Sammlungsgütern stand, dient das Titelblatt von Michael Bernhard Valentinis *Natur- und Materialien-Kammer* (1704).[49] Hier sind zur Sicherung fest umschnürte Transportkisten, Holzfässer mit unterschiedlichem Fassungsvermögen und große, zugeschnürte Säcke für Samen, Wurzeln und andere Naturimporte, die Valentini von seinen Reisen aus Ostindien nach Europa gebracht hatte, zu sehen.

In Johann Daniel Majors Schrift *Unvorgreiffliches Bedencken von Kunst- Naturalienkammern* (1674), herausgegeben von Valentini, warnt der Kieler Universitätsprofessor und Sammler Major vor beschwerlichem Handling und einem Schadensrisiko, wenn bei Überfüllung der Fächer die Objekte „von Fach zu Fach aus ihren Winkeln heraus geklaubet werden".[50] Als Ordnungssysteme für Kleinobjekte schlägt er vor: „kleine offene Schubladgen von Blech, und mit öhl-farbe vermahlet, oder deren Boden von Pappe, und die vier Wände herumb, von dünnen Führnen oder Cypressen Holtz lasse machen, einen Zoll hoch, 2. 3. oder 4. Zoll breit, und 3. 4. oder 5. Zoll lang, nach Unterschied der Dinge (daß sie alle einerley Höhe haben, und in Repositoriis vorwarts als nach der Schnur stehen) und richte darinn eines von den besten Exemplaren der Speciei auf, die anderen meistentheils zu boden legend; Aeusserlich aber füge Ich ein Zettelgen an, mit

47 Rief, Michael, „…daß ein gantzer Wage mitt hohen Leittern wegen der Schwere der Taffeln moge anhero gesandt werden…". Zum Kunsttransport in Spätgotik und Renaissance nördlich der Alpen, in: IIC Austria – Franka Bindernagel/Martina Griesser-Stermscheg (Hg.), Reflexionen/Reflections. Für/to Manfred Koller, Restauratorenblätter 31 (2012), S. 66–76, S. 68, Anm. 9.

48 Besler, Basilius, Continuatio. Rariorum et aspectu dignorum varii generis quae collegit et suis impensis aeri ad vivum incidi curavit atque euulgavit …, in: ders., Fasciculus rariorum et aspectu dignorum varii generis … (Petrus Iselburg ad vivum delinaevit), Nürnberg 1616.

49 Valentini, Michael Bernhard, Natur- und Material-Kammer Auch Ost-Indianische Send-Schreiben und Rapporten, in: ders., Museum museorum oder vollstaendige Schau-Bühne aller Materialien und Specereyen nebst deren natürlichen Beschreibung, Election, Nutzen und Gebrauch, Frankfurt 1704.

50 Major, Johann Daniel, Unvorgreiffliches Bedencken von Kunst- und Naturalienkammern insgemein, Kiel 1674, in (= Buchverband): Valentini, Michael Bernhard, Museum museorum oder vollstaendige Schau-Bühne aller Materialien und Specereyen nebst deren natürlichen Beschreibung, Election, Nutzen und Gebrauch, Frankfurt 1704, S. 17.

Auf-Schreibung des Nahmens."[51] Major bildet hier eine derartige, für die Unterbringung eines Korallenbäumchens bestimmte Lade ab. Für Objekte, die so klein sind, „daß sie den obersten Rand der Schachtel kaum erreichen: und dennoch die Species soll frey gesehen werden; So brauche man diesen Vortheil: Entweder man fülle die Schachteln mit Sand, oder man formiere ein vierkantiges, in die vordere halbe Schachtel passendes Stücke feines Thons (Argillae) oder Wachs, und setze das Exemplar [...] bloß und aufgerichtet darein." Am Frontispiz des Katalogs zum *museum* des Mediziners Ole Worm (1588–1654) in Kopenhagen, zu ihrer Zeit wohl eine der berühmtesten Raritätenkammern nördlich der Alpen, sieht man am Bildrand ein Fass mit Sand (Abb. 26); möglicherweise ist dies der Vorrat, um fragile Objekte, wie bei Major beschrieben, im Sandbett aufzubewahren. Die allerkleinste Einheit für die Aufbewahrung von beispielsweise Diamanten, geschliffenen Kristallen oder Perlen seien nach Major „Confection-Gläßgen": Nachdem die Steine einzeln eingefüllt sind, „binde es zu, setze es in die Schachtel, und schreibe vorwarts [...] den Nahmen dran, so ist die Sache richtig". Für die Beschriftung jeder Sammlungsgruppe innerhalb des Ordnungssystems dienen Holzklötzchen: Die jeweiligen Titel der Sammlungsgruppe (z.B. Metallica, Terras oder Herbas) werden „geschrieben auff ein Papier; und dieses vorangeleimet auf die eine Seite eines länglichen 1 Zoll hohen, und fein glatt-behobelten Stücklein Holtzes".[52]

DER TRAUM VON DER UNENDLICHKEIT

Oft holten sich Sammler Anregungen von bereits am Markt befindlichen Aufbewahrungs- oder Lagerungssystemen. Neben der Requisitenausstattung des Theaters orientierte sich Quiccheberg für die Aufbewahrung von kostbaren Werkzeugen an der Chirurgie. Hierfür empfiehlt er die Anfertigung einer Vitrine oder Kiste mit Flügeltüren, damit man die Werkzeuge schnell bereitstellen kann, sie aber ebenso „schnell und bequem zurückgelegt werden können, damit sie einander so wenig wie möglich reiben und abstumpfen. [...] nicht anders, als [...] wie sie Chirurgen benutzen, [...] unten mit seidigem Vlies ausgelegt und durch hakenförmige Hölzchen unterteilt, an denen die von den anderen vorsichtig getrennten einzelnen Werkzeuge hängen und befestigt bleiben".[53] Für die Aufbewahrung von Saatgut, Getreide, Bruchstücken von Steinen und anderen kleinteiligen Objekten regt er die Verwendung von „ledlein" (hier Laden mit quadra-

---

51 Major (1674), S. 17, 18. Siehe hierzu auch: Steckner, Cornelius, Das Museum Cimbricum von 1688 und die cartesianische „Perfection des Gemüthes". Zur Museumswissenschaft des Kieler Universitätsprofessors Johann Daniel Major (1634–1693), in: Andreas Grote (Hg.), Macrocosmos in Microcosmo. Die Welt in der Stube. Zur Geschichte des Sammelns 1450 bis 1800, Opladen 1994, S. 603–628, S. 615f.

52 Major (1674), zit. S. 18.

53 Roth (2000), S. 130/131.

tischen Vertiefungen, die bei Bedarf auch aufeinander gestapelt und gesteckt werden können), wie sie die Steinschneider nutzen, an. Diese seien in variierter, größerer Form auch in den Geschäften der Apotheker zu erwerben.[54] Ein kleinteiliges Ordnungssystem, wie Quiccheberg es bereits 1565 vorschlägt, etabliert sich im Verlauf der folgenden Jahrhunderte als Standardmöbel in vielen Sammlungen, und zwar meist in Form eines Samenschranks (*seminarium*), der entweder seiner ursprünglichen Verwendung nach oder eben zweckentfremdet mit anderen Kleinobjekten bestückt wurde. Ordnungsmöbel aus Gärtnereien und Sämereien wurden hier für den musealen Gebrauch adaptiert. Johann Daniel Major schreibt (1674): Damit kleine Objekte nicht – wie der Autor andernorts schon entrüstet gesehen haben will – „verworffen, zerbrochen, zerdrückt oder mit anderen confundirt werden", empfiehlt er „große, lange, unten niedrig und oben etwas erhöhte, von dem Schreiner in viel kleine Fächer und quadrat-spacia eingetheilte öffene Kasten, als wie manch Gärtner zu ihren Garten-Saamen haben".[55] Anke te Heesen (2003) zeichnet den Gebrauch eines Samenschranks nach, wie er sich in vielen Naturalienkabinetten bis weit ins 18. Jahrhundert nachweisen lässt. In die einzelnen Schubladenfächer wurden meist kleinteilige Raster aus Holz oder Pappe eingesetzt, diese mit weißem Papier überzogen, die unterschiedlichen Samen eingelegt und das Papier mit einer Nummer oder der vollen Bezeichnung des Samens beschriftet. Ein Beispiel des *seminariums* vom britischen Sammler Hans Sloane aus dem frühen 18. Jahrhundert, das heute als Teil der Gründungssammlung (British Museum) im Natural History Museum in London erhalten ist, illustriert den Versuch, bei der Erweiterung der Sammlung flexibel zu bleiben.[56] Denn wie jede Sammlung konnte auch eine Samensammlung nie vollständig sein.

Georges-Louis Leclerc, Comte de Buffon (1707–88), kurz Buffon, ab 1729 über vierzig Jahre Direktor des Cabinet d'Histoire Naturelle in Paris, vergrößerte die Pariser Sammlungen stetig. Seine *Histoire naturelle* (ab 1749) war für die Naturwissenschaften enorm wichtig. In seinem Ordnungsmodell stellte er den Menschen in den Mittelpunkt und ordnete Tiere, Pflanzen und Mineralien nach ihrem Nutzen für den Menschen. Karl-Heinz Kohl (2003) merkt an, dass dieses Ordnungsprinzip eigentlich der verspäteten Einstellung eines Wunderkämmerers entsprach. Später gab Buffon dieses Ordnungsprinzip auf, denn der Wissenszuwachs durch die vielen Entdeckungsreisen im 18. Jahrhundert (Cook, Humboldt, Mungo Park etc.), aber auch die archäologischen Grabungen (allen voran Pompeji) die Fülle an ständig neu gefundenen Informationen ließen sich

---

54 Roth (2000), S. 126/127.

55 Major (1674), S. 17.

56 te Heesen, Anke, Die doppelte Verzeichnung. Schriftliche und räumliche Aneignungsweisen von Natur im 18. Jahrhundert, in: Harald Tausch (Hg.), Gehäuse der Mnemosyne. Architektur als Schriftform der Erinnerung, Göttingen 2003, S. 263–286, S. 282–284.

nach seinem System nicht mehr ordnen.[57] Vielleicht hatte Buffon resigniert, als er dazu überging, neu zugegangene Objekte und Materialien einfach in ihren Verpackungskisten zu belassen und ungenutzt aufzubewahren.[58]

Einen Lösungsvorschlag für dieses und andere Probleme brachte Carl von Linné (1707–1778). Der schwedische Naturgelehrte veröffentlichte 1751 die Konstruktionszeichnung eines von ihm entworfenen Herbarschranks. Ein Exemplar dieses Schranktypus ist heute im schwedischen Uppsala, wo Linné tätig war, noch erhalten: Das Besondere an diesem an und für sich sehr schlicht gestalteten Ordnungsmöbel war, dass Linné die ständige Erweiterbarkeit und Veränderung der Sammlungssystematik von Anfang an mitkalkuliert hatte. Die bis dahin üblichen gebundenen Herbarbücher waren dem eifrigen Forscher zu unbeweglich geworden. Somit bevorzugte er lose Blätter, die in den Schrank alphabetisch eingelegt wurden. Die eingeschobenen Regalböden in Linnés Herbarschrank waren in Anzahl und Abstand flexibel gehalten, sodass die Sammlung erweiterbar blieb und die laufenden Zugänge an neuen Herbarblättern kein Problem mehr darstellen sollten.[59] Horst Bredekamp (2000) spricht bei Linné auch vom Prozess der „Vergesellschaftung". Die Einführung von vergleichenden Methoden, der Versuch der wissenschaftlichen Abgrenzung und gleichzeitigen Bündelung von Sammlungsteilen führte zum Überwinden der spielerischen, visuell-assoziativen Zugangsweise der frühen Kunstkammern.[60]

In seinem 1758 erstmals veröffentlichten *Systemae naturae* gab Linné eine Nomenklatur vor, die theoretisch jeder Art einen gewissen Platz zuwies und gleichzeitig das Wachstum von Serien propagierte.[61] Das British Museum griff die Ideen Linnés auf. Die naturwissenschaftliche Sammlung von Hans Sloane sollte nach der Museumsgründung ab 1763 von einem ehemaligen Schüler Linnés, Daniel Carl Solander, nach dem linnéischen System reorganisiert werden. Solander konnte sein Lebenswerk nicht vollendenden. 1784, nach seinem Tod, berichtet ein Kollege: „Nothing is in order, every thing is out of its place; and this assemblage appears rather an immense magazine, in which things have been thrown at random, than a scientific collection, destined to instruct and honour a great nation."[62] Das, was im Herbarschrank unter strenger Disziplin des Sammlers beim Aufbau einer Sammlung noch funktionierte, war vermutlich im großen Maßstab,

57 Kohl, Karl-Heinz, Die Macht der Dinge. Geschichte und Theorie sakraler Objekte, München 2003, S. 242f.

58 MacGregor (2007), S. 122, S. 320/ Anm. 23.

59 Müller-Wille, Staffan, Carl von Linnés Herbarschrank. Zur epistemischen Funktion eines Sammlungsmöbels, in: Anke te Heesen/E.C. Spary (Hg.), Sammeln als Wissen. Das Sammeln und seine wissenschaftsgeschichtliche Bedeutung, Göttingen 2001, S. 22–38.

60 Bredekamp (2000), S. 80–85.

61 MacGregor (2007), S. 122.

62 MacGregor (2007), S. 125.

insbesondere bei der Reorganisation bereits bestehender Sammlungen, zum Scheitern verurteilt. So ist die Geschichte des linnéischen Systems keine reine Erfolgsgeschichte. Zweifellos haben wir ihm aber einen gedanklichen Meilenstein für das systematische Lagern und Deponieren zu verdanken. Und wie wir noch sehen werden, bestimmt der Wunsch nach flexiblen und erweiterbaren Ordnungsmöbeln auch noch zu Beginn des 20. Jahrhunderts die Bemühungen der Depotausstatter, beispielsweise in der Einführung des immer erweiterbaren Lochpfosten-Regalsystems, das heute aus dem Museumsdepot nicht mehr wegzudenken wäre.

DIE MECHANISIERUNG DES SAMMLUNGSMÖBELS

Eine Entwicklungsgeschichte der Ordnungsmöbel lässt sich am besten anhand von Sammlungen skizzieren, wo wir es mit annähernd ähnlichen, sozusagen „standardisierten" Größen der Objekte zu tun haben, beispielsweise Herbarien, Insektensammlungen, Sämereien, Mineralien- oder Münzsammlungen. Bücher gelten in diesem Zusammenhang auch als annähernd gleich groß und stapelbar. Je unterschiedlicher in Größe und Material die Sammlungen jedoch geartet waren, desto schwieriger war es selbstverständlich, allgemein gültige Richtlinien zu erteilen und zu verfolgen.

Die Tradition der Kunstkammern blieb im privaten Bereich bis ins 18. Jahrhundert lebendig. Zu beliebten Sammelobjekten in den Salons der LaiensammlerInnen zählten Münzen, Medaillen und Gemmen. In ihrem historischen Dokumentcharakter galten sie als relativ leicht verständlich und als Wertgegenstände waren sie anerkannt. Wichtig für die Praxis des Sammelns war aber auch: Sie ließen sich bei geringem Platzbedarf gut unterbringen. Der Begriff *repositorium* wird im 17. und 18. Jahrhundert weiterhin als Oberbegriff für Schränke, Regale und Abstelltische verwendet.[63] Im 18. Jahrhundert ist ein regelrechter Boom an Vademecum-Literatur (Ratgeber) zu verzeichnen, in der die Anfertigung von geeigneten, also sowohl funktional als nicht minder repräsentativen Repositorien im Mittelpunkt stand. Als herausragende Beiträge sind in diesem Zusammenhang die Möbelentwürfe und Musterbücher des Johann Jacob Schübler aus Nürnberg zu nennen.[64] Aus der mehrzeiligen Titelei des von Schübler 1730 veröffentlichten Musterbuches *Nützliche Vorstellung* [...] geht hervor, dass der Autor eine sinnvolle Verbin-

63 Mundt (1989), S. 12, 17.

64 Vgl. dazu: Ilg, Albert, Intérieurs und Mobiliar des XVIII. Jahrhunderts. Nach Erfindung des Johann Jacob Schübler. Nachbildungen der Originalstiche in Facsimile-Lichtdruck, Wien 1885; Schübler, Johann Jacob, Eine ganz besondere Einrichtung von ansehnlichen Antiquitaeten, Säälen, Curiositaeten-Cabinetten, Raritaeten, Memorabilien, Kunst- und Naturalienkammern, nebst einer Anleitung, wie nach accurater Perspectivischer Invention grosse Bibliothequen, durch vortheilhaffte Repositoria anzuordnen [...] und zu verwahren seyn, Augsburg o.J.

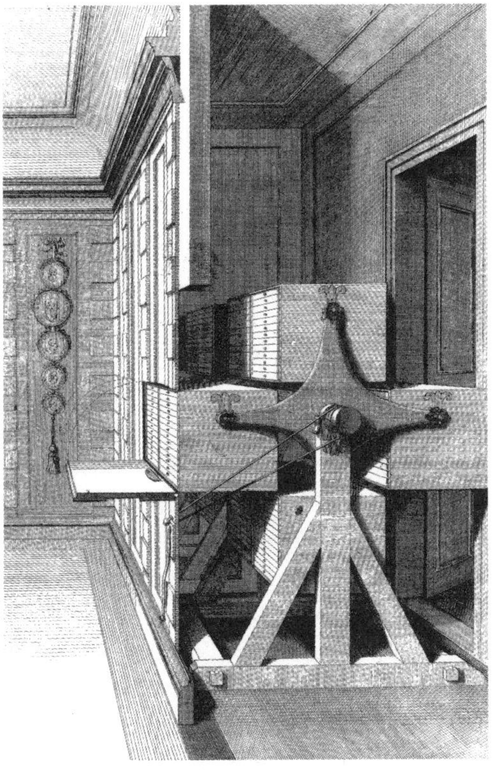

Abb. 4: Medaillen-Schrank des Johann Jacob Schübler aus Nürnberg (1730)

dung von äußerer Erscheinung und innerer Funktion als die wesentliche Herausforderung für den Bau von Sammlungsmöbeln erkannt hatte.[65] In drei Kapiteln dieses Buches beschreibt Schübler den Funktionsmechanismus von verschiedenen Typen an Medaillen- bzw. Münzschränken: Die einzelnen Modelle weisen unterschiedliche Vorzüge auf, je nach Beschaffenheit der Sammlung und Vorliebe des Besitzers. Der erste Schrank verspricht die „handsamste Ordnung" und ein ungestörtes privates Studium, „ohne daß man bald oben bald unten die Schubladen hervorzuziehen nöthig hat, sondern solche beständig auf dem einmahl eingenommenen Sitz-Platz erlangen kan". Dieser Schrank kann frei stehend oder bei Platzmangel in eine Nische eingestellt werden. Vier Schubladenblöcke sind um eine horizontale Achse angeordnet, diese Achse ist manuell drehbar (Abb. 4). Ein weiterer Schrank, ein völlig runder, frei stehender, verspricht nach Schüblers genauer Kalkulation die Aufbewahrung von immerhin 11.520 Objekten unterschiedlicher Größe. Im Inneren befindet sich eine vertikale Spindel, an der die Kästchen umlaufend aufsteigend montiert sind. Durch mehrere Öffnungen auf unterschiedlichen Höhen der runden Schrankkonstruktion sind die Medaillen und Münzen einsichtig. Der dicht bestückte vertikale Drehmechanismus bietet eine Vergrößerung des Stauraums. An Volumen und

65 Schübler, Johann Jacob, Nützliche Vorstellung, wie man, auf eine überaus vortheilhaffte Weise, bequeme Repositoria, compendiose Contoirs und neu-faconierte Medaillen-Schräncke in den Studier- und Kaufmanns-Stuben auch Raritäten- und Naturalien-Kammern ordinieren kan; Daß man dabey nicht nur eine zierliche äusserliche Figur, nach den gustuosen Regeln der Architektur; sondern auch eine solche innerliche Structur erlanget, daß man, durch Hülffe der Bewegungs-Kunst, viele Sachen in einem kleinen Behältnis in einer guten Symmetrie begreifft. Allen curiosen Liebhabern mathematischer Erfindungen zu Dienst; vornehmlich aber den geschickten Tischlern, welche diese applicirte innerliche und äusserliche Möglichkeit zu bewerckstelligen aufgetragen wird, von Johann Jacob Schübler, Nürnberg 1730.

Fassungskraft übertrifft alles der letzte Schrank, ein besonders fantasievolles Gebilde: Der runde Schrank enthält zwei gegenläufige Wendeltreppen, auf der, man höre und staune, „zwo Personen zugleich hinauf oder hinunter gehen können, daß keine die andre zu Gesichte kriegt". Das mechanische Prinzip bildet hier wiederum eine vertikale, schräg gezahnte Spindel beträchtlichen Durchmessers, auf der sich die Medaillenkästchen auf- und niederwärts winden können.[66]

Schübler bildete auch Büchertrommeln ab, die während ihrer Verwendung sicher ein recht abenteuerliches Herumschleudern der dicken Bände versprachen. Möbel mit drehbaren Achsen finden wir bereits im Mittelalter, beispielsweise kegelförmige, drehbare Schreib- und Lesepulte in Klosterbibliotheken. Das drehbare Lesepult mit waagrechter Achse, also das Bücherrad, geht auf eine Darstellung von Agostino Ramelli (1588), italienischer Ingenieur im Dienste des französischen Königs, in *Le diverse artificiose machine* zurück, auf dem die Bücher „wie auf den Schaufeln eines Mühlrades" aufliegen.[67] Das Bücherrad wurde zum Symbol für die Wissenschaft und so ist auch dessen Abbildung auf historischen Sammlungsschränken zu erklären, beispielsweise im ehemaligen Naturwissenschaftlichen Kabinett des Servitenklosters in Innsbruck mit seiner leider nur mehr teilweise erhaltenen Schrankausstattung von 1757. Auf einem Eckkasten befand sich bis zum Zweiten Weltkrieg die gemalte Darstellung eines Gelehrten am Bücherrad sitzend.[68] Darstellungen wie diese sind ein Hinweis auf die bewusste Hinwendung zur Mechanisierung der Wissenschaft. Horst Bredekamp (2000) hat die Erweiterung des neuzeitlichen Sammelwesens um die Komponente Mechanik eindrücklich nachgewiesen, ebenso wie sich die Sammlungslandschaft durch Nutzdenken und Utilitarismus im 18. Jahrhundert grundlegend geändert hatte.[69] Die Mechanisierung ist vor dem Hintergrund des Beginns der Automatisierung, wo die Arbeit des Menschen sukzessive durch Maschinen ersetzt werden sollte, zu sehen.[70]

Die Einheit von Form und Mechanismus sollte Erleichterung für das tägliche Leben bringen, wie Sigfrid Giedion (1948) anhand von Bibliothekseinrichtungen des 18. Jahrhunderts, darunter Klapp-Lesepulte und Stiegentische, nachwies.[71] Während Schüblers Entwürfe noch utopisch anmuten, ist der Stiegentisch bereits gebaute Realität. Es han-

66 Schübler (1730), Kap. 7–10, zit. S. 6, Tafel XII und XIII.

67 Giedion, Sigfried, Die Herrschaft der Mechanisierung. Ein Beitrag zur anonymen Geschichte, Hamburg 1994, S. 321.

68 Arnold, Herta, Die Kästen des ehemaligen Naturwissenschaftlichen Kabinetts in der Serviten-Kunstkammer in Innsbruck, in: Georg Schrott/Manfred Knedlik (Hg.), Klösterliche Sammelpraxis in der frühen Neuzeit, Nordhausen 2010, S. 221–239, S. 234f., Abb. 10 und 11.

69 Bredekamp (2000), S. 19–33 und S. 77–80.

70 Giedion (1994), S. 101–120. Gegen Ende des 18. Jahrhunderts setzt der amerikanische Erfinder Oliver Evans (1755–1819) durch seine „Automatische Mühle" (1783) neue Maßstäbe in der Automatisierung.

71 Giedion (1994), S. 354–365.

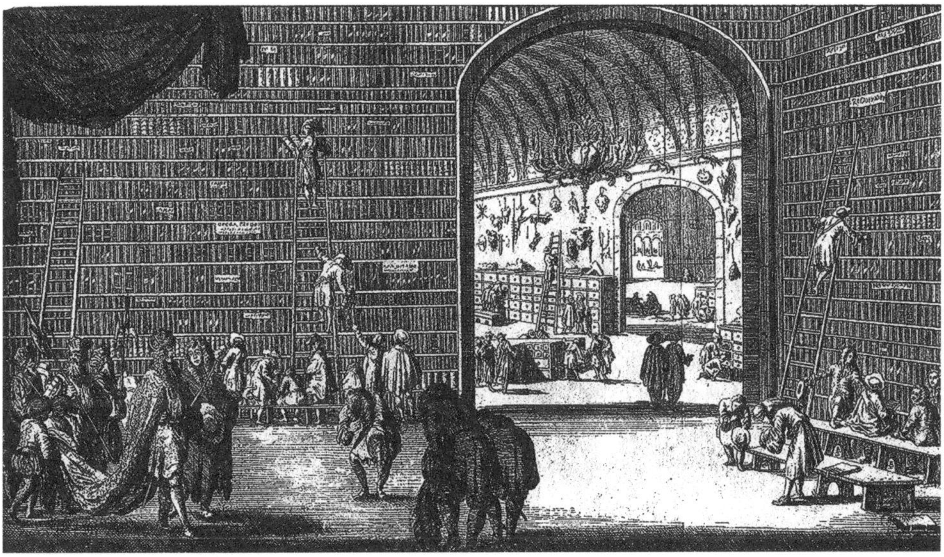

Abb. 5: Wiener Hofbibliothek und Raritätenkammer (1685)

delt sich dabei um ein Mehrzweckmöbel, das gleichzeitig Stiege und Schreibtisch ist. Ein Stiegentisch kann durch Umklappen der Tischplatte und durch das passgenaue Einschieben des Stuhls in eine Bibliotheksstiege umgewandelt werden. In Stift St. Florian in Oberösterreich ist uns ein solcher von 1749 erhalten (Tischlermeister Johann Christian Jegg).[72] Ein derartiger Tisch wurde in England erst 1793 von Thomas Sheraton, Verfasser eines auch am Kontinent beliebten Entwurfsbuches für Möbelschreiner, publiziert.[73] In St. Florian handelt es sich um einen massiven, blockhaften Tisch mit barocken Schwüngen, der seine innere Konstruktion nach außen nicht offenlegt und in seiner Massivität, vor allem im als Stiege montierten Zustand, wie der Bug eines Schiffes durch die Bibliothek zu pflügen scheint. Es ist nicht das einzige Beispiel eines derartigen Bibliotheksmöbels. Zur Einrichtung der alten Universitätsbibliothek Wien, bis 1884 im Jesuitenbüchersaal, gehörte ursprünglich ein ähnlicher Stiegentisch „absonderlicher Gestalt" von um 1734, der aber 1955 versteigert wurde (Verbleib unklar).[74]

Bibliotheken sind besondere Sammlungen und Bücherspeicher haben sich längst als eigenständige Handlungszonen neben dem Museumsdepot behauptet. Im 17. und 18. Jahrhundert war jedoch die Trennung zwischen Bibliothek und Museum noch nicht

72 Windisch-Graetz, Franz, Barocke Möbelkunst in Österreich. Überblick und Forschungslage – Die Möbel des Stiftes St. Florian, Sonderdruck der Mitteilungen des Oberösterreichischen Landesarchivs 10/1971, S. 387.

73 Giedion (1994), Abb. 180 auf S. 356.

74 Alker, Hugo, Ein Bibliothekstisch aus der alten Universitätsbibliothek, Biblos 6, Wien 1957.

vollzogen.[75] Veranschaulicht wird dies auf einer Abbildung der Wiener Hofbibliothek und Raritätenkammer (Abb. 5) im *Reisebuch* von Edward Brown (1685) sowie am Titelblatt der *Museographie* des Hamburger Gelehrten Caspar Friedrich Neickel (1727). Für unseren Zusammenhang interessant ist bei beiden Beispielen nicht nur die selbstverständliche Vermischung von Büchern und Ausstellungsobjekten, sondern auch die deutliche Darstellung von Steighilfen und Leitern, welche der teilweise schwindelerregenden Höhe der Bücherregale angepasst waren. Standleitern, Stiegentische und Büchertrommeln – viele Innovationen stammen aus dem Bibliothekssektor und wurden im Laufe der Zeit für Museumszwecke adaptiert. Nicht mehr wegzudenken aus heutigen Bücherspeichern und Museumsdepots und gleichzeitig jüngstes Glied in der historischen Kette mechanischer Aufbewahrungsmöbel ist das Kompaktus-Schranksystem. Wie schade, dass Johann Jacob Schübler diese Erfindung nicht mehr erleben durfte. Nicht die Objekte und Bücher drehen sich hier wie bei Schüblers Entwürfen, sondern der gesamte Schrank, der sich durch manuelles Drehen entlang einer im Boden befestigten Schiene schieben lässt.

Der „ideale“ Ausstellungsraum und seine bauliche Beschaffenheit

Johann Daniel Major gibt 1674 praktische Hinweise, wie man in der Anlage und Erhaltung einer Naturalkammer den „fürnehmsten Hindernüssen“ zu begegnen habe und wie die Raritäten „recht zu disponiren“ seien. Er bietet klare konservatorische Vorgaben für die Anlage des Raumes: geräumig, gewölbt, und nicht vertäfelt, ringsum gemauert und nirgends bemalt, mit Marmorsteinen gepflastert; „genugsam für Mäusen, Ratten, Katzen, einnistelnden Schwalben, einbrechenden Dieben, Wind, Staub, Platzregen und Feuersgefahr verwahret; wol (doch nicht übermäßig) mit Fenstern versehen und lichte: wie sonst auch von gesunder, reiner und trockener Lufft; gegen Süd-Osten fürnehmlich, aber zum wenigsten gegen Süd-Westen, keines weges aber gegé Norden situirt.“[76] Grundsätzlich seien auch gefensterte, also verglaste Türen ein guter Schutz gegen Staub und Räuber.[77] Caspar Friedrich Neickel äußert sich 1727 ähnlich: „Nachdem ein ziemlicher Vorrath von allerhand Raritäten an einem Ort zusammen gebracht worden, so erwähle man dazu ein Gemach, welches wegen der bequemen Lufft gegen Süd-Ost gelegen, dessen Mauern trocken, der Boden gewölbt, das Tages-Licht wohl ausgetheilet, und im übrigen vor allem Unfall wohl bewahret ist. Den Wänden der Mauern und Gewölbe geben

75 Fechner, Jörg-Ulrich, Die Einheit von Bibliothek und Kunstkammer im 17. und 18. Jahrhundert dargestellt anhand zeitgenössischer Berichte, in: Öffentliche und private Bibliotheken im 17. und 18. Jahrhundert. Raritenkammern, Forschungsinstrumente oder Bildungsstätten?, Bremen 1977, S. 11–31.

76 Major (1674), S. 14.

77 Major (1674), S. 17.

man keinen anderen Zierath, als eine weisse helle Farbe."[78] Diese frühen konservatorischen Handlungsanweisungen haben nichts an Aktualität eingebüßt, blieben die wesentlichen Schadensfaktoren in musealen Sammlungen (Staub, Licht, Luftfeuchtigkeit, Schädlinge, Schadstoffe, Feuer, mechanische Schäden, Diebstahl) über die Jahrhunderte doch grundsätzlich dieselben. Lediglich aggressive Schadstoffe aus der Umgebungsluft kamen seit der Industrialisierung hinzu, wobei die von den diversen Schadstoffen ausgehende Gefährdung immer wieder unterschiedlich gewichtet wurde und wird. Auch die Erderwärmung begünstigt unberechenbare Veränderungen in Lebensart und Evolution schädigender Organismen wie Insekten und Schimmel.

Die ideale Ausrichtung eines Gebäudes zur Himmelsrichtung beschäftigte schon Vitruv genauso wie später Alberti oder Palladio. Manfred Koller (1995) stellt eine beeindruckende Materialsammlung zur Verfügung mit nicht minder beeindruckenden Erkenntnissen über historische Baumaßnahmen zur Trockenhaltung, Belüftung und zum Brandschutz von Bauten: Als Schutz gegen aufsteigende Bodenfeuchte in Fundament und Wänden wurden beispielsweise im Stift Klosterneuburg/Kaiserhof und im Schloss Laxenburg bei Wien im 18. Jahrhundert unter Niveau geschlossene Gräben mit natürlicher Ventilation eingebaut. In der Stiftskirche von Melk finden wir eine noch intakte Raumlüftung (um 1720), in der Stiftsbibliothek St. Florian hat man 1744 Feuermauern gegen die Nebentrakte errichtet.[79] Die Standards in der Sicherheit von Sammlungen dokumentiert die Esterházy-Schatzkammer (Erweiterung 1692) auf Burg Forchtenstein. Alle Eingänge waren durch komplizierte Sperrmechanismen gesichert und die Schlüssel auf mehrere Personen verteilt. Die überaus dicken Mauern taten ihr Übriges. Die Sicherung war so gut, dass die Sammlung die französische (1806) und die sowjetische Besetzung (1945–55) der Burg überstand.[80]

Das Wissen um praktikable Lösungen bei geringem technischem Aufwand war ungeahnt hoch. Historische Systeme zu erkennen und zu verstehen, um diese unter dem Motto „energieneutraler" und kosteneffizienter Nutzung zumindest teilweise wieder reaktivieren zu können, ist Gegenstand heutiger konservierungswissenschaftlicher Forschungsarbeit.

78 Neickel, Caspar Friedrich, Museographia Oder Anleitung Zum rechten Begriff und nützlicher Anlegung der Museorum, Oder Raritäten-Kammern [...]. In beliebter Kürze zusammengetragen, und curiösen Gemüthern dargestellt, Leipzig – Breslau 1727, S. 421. Für diesen Hinweis danke ich Stephan Schmidt-Wulffen.

79 Koller, Manfred, Zur Geschichte der vorbeugenden Konservierung, in: Restauratorenblätter, Thema: Schutz und Pflege von Kunst- und Baudenkmälern, Bd. 15 (1995), S. 27–38, S. 29, 30, 36.

80 Körner, Stefan, Burg Forchtenstein. Tresor der Fürsten Esterházy, Wien 2009, S. 82, 87.

DIE GEBURT DES MUSEUMSDEPOTS

DAS 19. JAHRHUNDERT

Das 19. Jahrhundert, das als das „lange 19. Jahrhundert“ gerne auf die Zeitspanne von 1789 bis 1918 ausgedehnt wird, gilt als das Jahrhundert der Museen.[81] Der Grundstock für die bürgerliche Museumsidee des 19. Jahrhunderts wurde mit der Französischen Revolution gelegt.[82] Die *dépôts* der französischen Revolutionäre spielten dabei eine zentrale Rolle: Während der Revolution waren alle kulturellen Zeugnisse der nun bekämpften feudalen Vergangenheit vom Vandalismus, der ideologisch motivierten Zerstörung, bedroht. Die Gegner des Vandalismus erklärten die bedrohten Objekte zum *patrimoine national* – so erlangten die Besitztümer als nationales Erbe einen neuen Rechtsstatus und damit auch das Recht auf Erhaltung und Schutz.[83] Im Oktober 1790 wurde eine Denkmalkommission eingerichtet, die das materielle Erbe klassifizieren und über dessen weiteres Schicksal entscheiden sollte. Francoise Choay macht in ihrer *l'allégorie du patrimoine* (1992) darauf aufmerksam, dass es „eine so umfangreiche Übertragung von Eigentum, das mit einem Schlag seiner ursprünglichen Bestimmung entzogen wurde“, und die damit verknüpften Herausforderungen noch nie zuvor gegeben hatte.[84] Wir können also die Ereignisse rund um die Französische Revolution als historisches Paradebeispiel für das praktische Verwalten einer unglaublich großen Masse an Sammlungsbeständen betrachten. Die beweglichen Objekte sollten zur Sichtung und Inventarisierung vorerst in provisorischen, dann in endgültigen Depots untergebracht werden. „Museen – das ist der Name, den man diesen Depots geben kann“, so schreibt 1790 der Vorsitzende der Denkmalkommission L. G. Bréquigny.[85] Denn der Rettungsimpuls war rasch mit dem Bildungsauftrag verknüpft worden. Als Depots hatten oftmals enteignete Gebäude,

81 Siehe dazu an rezenter Literatur: Graf, Bernhard/Möbius, Hanno (Hg.), Zur Geschichte der Museen im 19. Jahrhundert 1789–1918, Berlin 2006; Hartung, Olaf, Kleine deutsche Museumsgeschichte. Von der Aufklärung bis zum frühen 20. Jahrhundert, Köln – Weimar – Wien 2010; Schubert, Karsten, The Curator's Egg. The evolution of the museum concept from the French Revolution to the present day, London 2009; te Heesen, Anke, Theorien des Museums zur Einführung, Hamburg 2012; Telesko, Werner, Das 19. Jahrhundert. Eine Epoche und ihre Medien, Wien – Köln – Weimar 2010.

82 Fliedl, Gottfried (Hg.), Die Erfindung des Museums. Anfänge der bürgerlichen Museumsidee in der Französischen Revolution, Museum zum Quadrat Bd. 6, Wien 1996.

83 Ritter, Henning, Das Altern der Alten Meister, in: Bernhard Graf/Hanno Möbius (Hg.), Zur Geschichte der Museen im 19. Jahrhundert 1789–1918, Berlin 2006, S. 23–30, S. 25 (nach: Poulot, Dominique, Musée – nation – patrimoine 1789–1815, Paris 1997, S. 124).

84 Choay, Francoise, Das architektonische Erbe: eine Allegorie. Geschichte und Theorie der Baudenkmale, Aus dem Franz. von Christian Voigt, Braunschweig – Wiesbaden 1997, S. 76.

85 Choay (1997), S. 229, Anm. 16 (Procés-verbal de la Commission des Monuments, Bd. 1, Paris 1790, S. 266).

Kirchen oder Klöster gedient. Aus einem Klosterdepot ging beispielsweise das Musée des Monuments Francais in Paris hervor, das eng mit dem Namen seines ersten Kustos Alexandre Lenoir verbunden ist. Seine legendäre Sammel- und Bewahrungswut, die im krassen Gegensatz zur Zerstörungswut der Revolutionäre stand, hat in der Museumsgeschichte längst ihren fixen Platz gefunden. Durch seine neuartige, dem breiten Publikum zugewandte Ausstellungskonzeption verwandelte er „ein Schrottdepot in ein Museum erster Güte“.[86]

Kopfzerbrechen bereiten in der Geschichtsschreibung die vielen Widersprüche zwischen Bewahrung und Vandalismus, die alle in kürzester Zeit von den Institutionen der Revolution ausgingen.[87] Pierre Nora (1984), der die Entwicklung des französischen Archivwesens parallel nachzeichnet, beschreibt das Verhältnis der Revolutionäre zum Bewahren und Archivieren als ebenso „zutiefst zwiespältig“.[88] Fest steht aber, dass viele Verordnungen der Revolutionszeit zur Inventarisierung, Archivierung und Deponierung, insbesondere aber die damit verbundene Herausforderung, „Kulturgut“ für eine neue Nation zu definieren, den methodischen Grundstock für die Museumsarbeit im 19. Jahrhundert lieferten.

In den ersten Jahrzehnten des 19. Jahrhunderts nahmen Paris und London als Museumsstädte eine Vormachtstellung ein. Erst später folgte Berlin. In der Habsburgermonarchie kam es im gesamten Gebiet des Vielvölkerreiches zur Gründung von „Nationalmuseen“, eigentlich Landesmuseen.[89] Das bereits 1811 als Nationalmuseum gegründete Joanneum in Graz[90] und das 1864 gegründete k.k. Österreichische Museum für Kunst und Industrie in Wien[91] übten maßgeblichen Einfluss auf die Museen der Kronländer aus. Zwei wesentliche Leitmotive zeichnen sich im Laufe des 19. Jahrhunderts ab: einerseits die verstärkte Hinwendung der Museen zum Publikum, also der Vermittlungswille

86 Desvallées, André, Konvergenzen und Divergenzen am Ursprung der französischen Museen, in: Gottfried Fliedl (Hg.), Die Erfindung des Museums. Anfänge der bürgerlichen Museumsidee in der Französischen Revolution, Museum zum Quadrat Bd. 6, Wien 1996, S. 65–130, S. 106.

87 Vgl. Choay (1997), S. 81–88.

88 Vgl. Nora, Pierre, Zwischen Geschichte und Gedächtnis, Frankfurt 1998 (franz. 1984), S. 60–74, S. 66.

89 Siehe dazu: Raffler, Marlies, Museum – Spiegel der Nation? Zugänge zur Historischen Museologie am Beispiel der Genese von Landes- und Nationalmuseen in der Habsburgermonarchie, Wien – Köln – Weimar 2007; Moritz Csáky u.a. (Hg.), Habsburg postcolonial. Machtstrukturen und kollektives Gedächtnis, Innsbruck 2003; Gottfried Fliedl/Roswitha Muttenthaler/Herbert Posch (Hg.), Museumsraum. Museumszeit. Zur Geschichte des österreichischen Museums- und Ausstellungswesens, Wien 1992.

90 Vgl. Sommer, Monika, „Die große Angelegenheit der Nationalbildung“. Das Joanneum als kultureller Code der Identitätskonstruktion, in: Moritz Csáky/Klaus Zeyringer (Hg.), Inszenierungen des kollektiven Gedächtnisses. Eigenbilder, Fremdbilder, Wien – Innsbruck 2002, S. 54–69.

91 Vgl. Noever, Peter (Hg.), Kunst und Industrie – Die Anfänge des Museums für angewandte Kunst in Wien, Ausst.Kat., MAK Wien 31.5.–17.9.2000, Wien 2000.

an eine breite Besucherschicht, andererseits, verursacht durch das explodierende Sammlungswachstum, die plagende Platznot in den Schausammlungen.

Das Depot in den Schubladen

Anhand der Mineraliensammlung des Grazer Joanneums lässt sich eine Entwicklung darstellen, die in ihren Grundzügen exemplarisch für viele Sammlungen des 19. Jahrhunderts ist. Hier passiert *en miniature*, was auch im Großen gilt. Die Mineraliensammlung, die Keimzelle im Nationalmuseum Joanneum (1811), war anfangs in insgesamt 25 Schränken präsentiert. Mehr als zweitausend der „vorzüglichsten Exemplare" befanden sich im oberen Teil des Schranks hinter Glas, mehrere Tausend kleinere Stücke in den unteren Fächern der Schränke, verborgen hinter hölzernen Schranktüren. Die nicht sichtbaren Mineralien in den Schubladen waren dazu bestimmt, „das Gemälde" in den Glasschränken „zu vollenden".[92] Die wissenschaftliche Grundordnung ging auf den Mineralogen Friedrich Mohs (1773–1839) zurück, der vor seiner Berufung nach Freiberg in Sachsen Sammlungsleiter in Graz war. Wie sich den Jahresberichten entnehmen lässt, wächst die mineralogische Sammlung durch Schenkungen, Ankauf, aber auch Tausch ständig. Sie erweist sich als wichtiges Instrument für den dem Museum angegliederten Studien- und Vorlesungsbetrieb. Mehrmals kommt es zu Veränderungen der Ordnung innerhalb der Schränke, bedingt durch den Zuwachs oder durch neue wissenschaftliche Erkenntnisse, wobei das Wachstum sowohl im Katalog als auch beim Einräumen der Schränke immer berücksichtigt wurde. 1817 wird erstmals von der Notwendigkeit einer „gedrängteren Zusammenstellung" berichtet.[93] Zwanzig Jahre später ist es dann so weit: Die Sammlung platzt aus ihren Nähten. Hatte man bisher akribisch darauf geachtet, dass sämtliche Neuzugänge sofort ihren Platz „in der Systematik" erhielten, war man nun erstmals gezwungen, einen „Vorrath" anzulegen: 1839 wird ein Zuwachs von 140 Stücken im Sammlungskatalog aufgenommen, wobei bemerkt wird, „dass noch eine große Anzahl zur Einreihung im Systeme vorräthig ist, welche indessen aufbewahrt wird, bis ein anzuhoffendes größeres Locale sich hierzu darbiethen wird".[94] Platznot, da war sie also, und mit ihr wurde ein Vorrat – ein Depot – angelegt.

Johann Wolfgang Goethe schreibt um 1818: „In Prag legen sie ein Museum an, wodurch viele Menschen aufgeregt, auch Fremde gefördert und zur Theilnahme gestimmet werden."[95] Das Böhmische Nationalmuseum in Prag, von dem Goethe hier berichtet

92 Joanneum. Erster Jahresbericht 1812, Graz 1813, S. 5.

93 Joanneum. Jahresbericht 1817, Graz 1818, S. 2.

94 Joanneum. Jahresbericht 1839, Graz 1840, S. 1.

95 Raffler (2007), S. 218 (nach: Düntzer, Heinrich [Hg.], Briefwechsel zwischen Goethe und Staatsrath Schultz, Leipzig 1856).

hatte, orientierte sich stark am Grazer Joanneum.[96] Der Großteil der mineralogischen Sammlung wurde in Schubladenkästen verwahrt, doch befand sich, wie in Graz, auf jedem dieser Kästen ein verglaster Aufsatz mit ausgewählten Mineralien, die wie ein Titelblatt auf den Inhalt der Schubladen verwiesen.[97] Auch das Böhmische Nationalmuseum litt bereits in der ersten Hälfte des 19. Jahrhunderts unter Platzmangel.[98] Die Art der Präsentationen in Graz und Prag hätten den leidenschaftlichen Mineraliensammler Goethe[99] sicher unglücklich gemacht, hatte er sich doch mehrmals gegen eine selektierte Zurschaustellung von zusammengehörigen Sammlungen ausgesprochen. Der Zutritt zu seiner eigenen Sammlung war restriktiv und nur von Goethe anerkannten Forschern gestattet, dennoch fanden sich auch hier wie in Graz und Prag auf einigen Schränken Glasschaukästen, die aber – wie Goethe abschätzig vermerkt – nur für „unwissende Neugierige" gedacht waren, die „ein paar schöne Stücke" zu sehen wünschten; die „wahren Schätze" befänden sich aber in den Schubladenschränken.[100] Als nun aber Goethe ab 1804 mit der Beratung der naturwissenschaftlichen Museen in Jena und damit auch deren mineralogischen Kabinett betraut wurde, wollte er von verglasten Vitrinen nichts wissen. Auf den Vorschlag des Museumsleiters, eine neue Sammlung von Gesteinen in Vitrinen auszustellen, reagierte er entsetzt. Eine öffentliche Sammlung habe eine gesellschaftliche Aufgabe, einen Bildungsauftrag, zu erfüllen. Goethe wollte die gesamte Sammlung in den Schubladen im Kontext ihrer Nachbarobjekte im vollständigen Zusammenhang verstanden wissen und wandte sich daher gegen eine Selektion einzelner repräsentativer Stücke. Glas sei nur nützlich „für die gaffende Menge, der man was vorgaukeln will".[101]

Goethe stand mit seinem Protest wohl zunehmend allein. In den meisten naturwissenschaftlichen Kabinetten des 18. Jahrhunderts hatte sich der Wandel vom geschlossenen zum verglasten Schrank transparenter Ordnung, mit Schubladen im Schranksockel, bereits vollzogen.[102] Diese Entwicklung, nämlich die Trennung von Präsentationsstücken vom übrigen Bestand, lässt sich auch für Kunstsammlungen nachweisen, wo gegen Ende

96 Raffler (2007), S. 189–246.

97 Raffler (2007), S. 222.

98 Raffler (2007), S. 237.

99 Das Sammeln von Mineralien begann Goethe in den späten 1770er-Jahren, bis zu seinem Tode 1832 ergänzte er seine Sammlung kontinuierlich. Die Sammlung ist heute noch in ihren zu Lebzeiten Goethes angefertigten Schubladenkästen im Weimarer Haus am Frauenplan aufbewahrt.

100 Hamm, Ernst P., Goethes Sammlungen auspacken. Das Öffentliche und das Private im naturgeschichtlichen Sammlen, in: Anke te Heesen/E.C. Spary (Hg.), Sammeln als Wissen. Das Sammeln und seine wissenschaftsgeschichtliche Bedeutung, Göttingen 2001, S. 85–114, zit. S. 92.

101 Hamm (2001), S. 106.

102 te Heesen, Anke, Geschlossene und transparente Ordnungen. Sammlungsmöbel und ihre Wahrnehmung in der Aufklärungszeit, in: Gabriele Dürbeck u.a. (Hg.), Wahrnehmung der Natur. Natur der Wahrnehmung. Studien zur Geschichte visueller Kultur um 1800, Dresden 2001, S. 19–34.

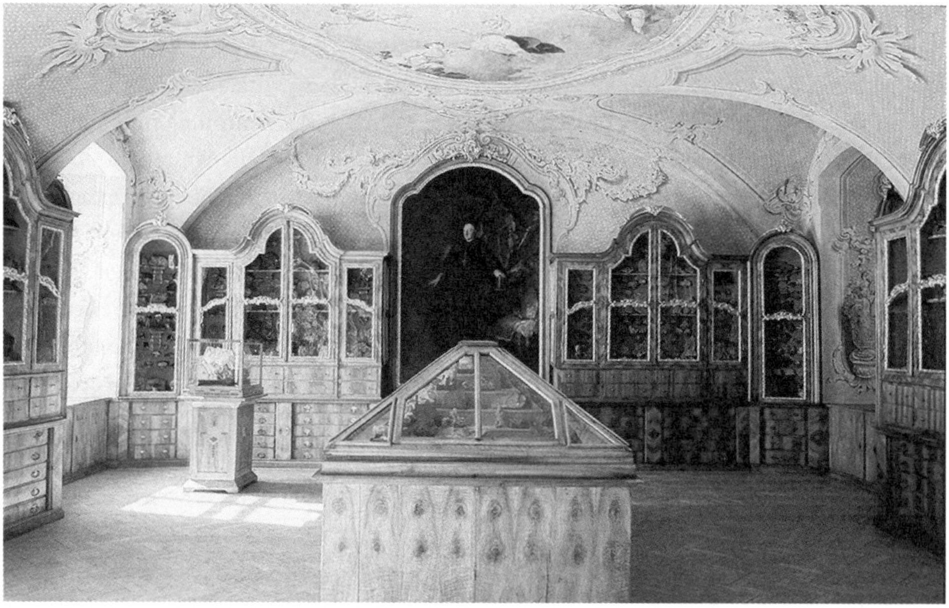

Abb. 6: Naturwissenschaftliches Kabinett in Stift Seitenstetten, Niederösterreich (um 1766)

des 18. Jahrhunderts die Verglasung von Schränken zu Schauvitrinen mehr und mehr üblich geworden war.[103] Ähnliches gilt für kirchliche Sammlungen. Heute noch zu bewundern sind die erzbischöflichen Wunderkammer-Schränke im Dom zu Salzburg (1660), die keinerlei Stauraum im Sockelbereich aufweisen, während die rund hundert Jahre später gebauten, ebenfalls noch erhaltenen Schaumöbel im Naturwissenschaftlichen Kabinett in Stift Seitenstetten (um 1766) (Abb. 6) oder die Kommoden im Kupferstichkabinett in Stift Kremsmünster (1778) sowohl über Glasaufsätze als auch über Schubladen verfügen. Die lebendige Zeigetradition der Kunst- und Wunderkammern wurde durch den verglasten Schrank verdrängt und die sinnlich-haptische Distanz zur Sammlung vergrößert. An die Stelle des persönlichen Austausches trat im Museum nun das Sehen und Akzeptieren einer vorgegeben Ordnung.[104] Indessen wuchs das Depot in den Schubladen kontinuierlich.

103 Mundt (1989), S. 22.

104 Habsburg-Lothringen, Bettina, Schaumöbel und Schauarchitekturen. Die Geschichte des Ausstellens als Museumsgeschichte, in: Tobias G. Natter/Michael Fehr/Bettina Habsburg-Lothringen (Hg.), Das Schaudepot. Zwischen offenem Magazin und Inszenierung, Bielefeld 2010, S. 49–64, S. 57.

Das Wachstum der Sammlungen

Die Museen des 19. Jahrhunderts waren von einer Art Sucht nach Vollständigkeit in Chronologie und Präsentation besessen. Doch „konnte keine Sammlung und kein Museum mehr beanspruchen, die Welt als Ganzes einzufangen: Das Wissen explodierte zugleich mit der Dingwelt."[105] Das rapide Sammlungswachstum führte zu plagender Platznot in den Schausammlungen, denn die Aufbewahrung und gleichzeitige Präsentation von vollständigen Sammlungen in all ihrer Komplexität war in den großen Museen des 19. Jahrhunderts gängige Praxis. Die „magazinartige Inszenierung" in Serien und Reihen, dicht an dicht platzierte Objekte und unübersichtliche Schauräume brachten den Museen allmählich den Ruf von „überladenen Gelehrtenspeichern"[106] oder „gigantischen Lagerhäusern voller unzusammenhängender Gegenstände"[107] ein. 1836 äußert der Zoologe Robert Grant über die zoologische Schausammlung des British Museum: „The museum more resembles a storehouse than a school of zoology."[108] 1857 wird das British Museum als „dusty and unwelcoming storehouse" beschrieben.[109] Sprach man während der Französischen Revolution noch von den „heiligen Depots",[110] ist der Begriff „storehouse" im musealen Kontext mittlerweile eindeutig negativ konnotiert. In Berlin wird in den Planungen zum neuen Ägyptischen Museum 1855 sogar ausdrücklich vermerkt: „Es soll kein Magazin sein."[111] Für die Entwicklungen in Berlin stellt die Autobiografie von Wilhelm von Bode eine überaus reiche Quelle dar.[112] Bode klagt um 1890 über die „unerträgliche Überfüllung" der Berliner Sammlungen, insbesondere der ethnographischen: „Kaum einer der Direktoren war für eine Mäßigung im Sammeln [...] zu haben. Der Direktor der umfangreichsten und durch jene Übelstände am stärksten betroffenen Sammlung [...] leugnete den Begriff der Dublette überhaupt und war unersättlich in der Aufstapelung."[113] 1883 wurde im Rahmen der deutschen Museumsreform[114] eine Denk-

105 te Heesen, Anke/Lutz, Petra, Einleitung, in: Anke te Heesen/Petra Lutz (Hg.), Dingwelten. Das Museum als Erkenntnisort, Schriften des Deutschen Hygiene-Museums Dresden Bd. 4, Köln 2005, S. 11–23, S. 13.

106 Hartung (2010), S. 108.

107 Sheehan, James J., Geschichte der deutschen Kunstmuseen. Von der fürstlichen Kunstkammer zur modernen Sammlung, München 2002, S. 215.

108 MacGregor (2007), S. 260.

109 Schubert (2009), S. 25.

110 Desvallées (1996), S. 92.

111 Kriller, Beatrix/Kugler, Georg, Das Kunsthistorische Museum. Die Architektur und Ausstattung. Idee und Wirklichkeit des Gesamtkunstwerkes, Wien 1991, S. 79.

112 Für diesen Hinweis danke ich Lars Klemm.

113 Bode, Wilhelm von, Mein Leben, herausgegeben von Thomas W. Gaehtgens und Barbara Paul, Bd. 1 (Textband), Berlin 1997, S. 323.

114 Siehe dazu: Joachimides, Alexis, Die Museumsreformbewegung in Deutschland und die Entstehung des modernen Museums 1880–1940, Dresden 2001.

schrift verfasst, die als Reformgrundlage dienen sollte. Den Kunstmuseem wurde von den Autoren eine „seinem Gegenstand unangemessene, stereotype Präsentationsweise, die nur als Magazinierung verstanden werden könne“ vorgeworfen.[115] Das Museum stifte mehr Verwirrtheit als Erkenntnis. Die Ausdehnung der Sammeltätigkeit sowie die gleichzeitige Bewahrung und Beforschung bestehender Sammlungen konnten nur durch neue Ordnungs- und Präsentationsstrategien gelingen. Das Kaiser-Friedrich-Museum in Berlin, heute Bode Museum (Eröffnung 1904), ist als manifest gewordenes Reformprogramm zu verstehen. In der Denkschrift von 1883 war bereits gefordert worden, „dass das neue Museum [Kaiser-Friedrich-Museum, Anm.] den magazinartigen Eindruck der großen Gemäldegalerien, wie etwa der Alten Pinakothek von Klenze, vermeiden sollte“.[116] Die theoretische Diskussion um das Magazinieren und Deponieren hinkte den praktischen Zwängen jedoch hinterher: Aus Platznot entwickelten sich überall, mehr oder weniger im Geheimen, provisorisch als Depot genutzte Kammern.

Von Dachböden, Rumpelkammern und „disponiblen Depôts“

In den ersten beiden Dritteln des 19. Jahrhunderts kann die Geschichte des Museumsdepots vielfach nur zwischen den Zeilen gelesen werden. Nur in Ausnahmefällen wird von eigenen Depoträumen berichtet, beispielsweise wenn die Zustände so verheerend waren, dass die Gefahr des Verlustes oder der bereits erfolgte Verlust von Objekten nicht mehr vertuscht werden konnte. So erfahren wir etwa im Revolutionsjahr 1848 anlässlich des Brandes im Dachstuhl der Wiener Hofbibliothek von einem bereits zur Eröffnung 1797 eingerichteten und 1805 erweiterten Depots des Zoologischen Kabinetts: „Die überfüllten Depots und Magazine brannten lichterloh. [...] Alle aus Raummangel am Dachboden untergebrachten Objekte verbrannten.“[117] Auch das menschenverachtende Präparat des aus Schwarzafrika stammenden Angelo Soliman befand sich unter den beklagten Verlusten.[118] Der damalige Direktor Carl Franz von Schreibers merkt nach dem Brand in einem Brief an den Kaiser kritisch an, dass die Verluste auf die restlose Überfüllung der Schausäle zurückzuführen waren, denn dadurch musste ein großer Teil der Sammlungen im „3stöckigen Dachboden [...] trotz den wiederholten Einwendungen von Seite

115 Joachimides (2001), S. 58.

116 Joachimides (2001), S. 81.

117 Riedl-Dorn, Christa, Das Haus der Wunder. Zur Geschichte des Naturhistorischen Museums in Wien, Wien 1998, S. 61 und S. 74f., zit. S. 123. Siehe ebenda, S. 124–127: Bericht des verantwortlichen Kustos zum Brand 1848, Volltext-Transkription.

118 Im Zuge der Neuaufstellung des kaiserlichen Naturalkabinetts vor dem Wiener Kongress 1815 wurden die so bezeichneten „vier ausgestopften Menschen“, darunter auch Angelo Soliman, im Dachboden-Depot untergebracht. Riedl-Dorn (1998), S. 74f. Siehe auch: Blom, Philipp/Wien Museum (Hg.), Angelo Soliman. Ein Afrikaner in Wien, Ausst.Kat., Wien Museum Karlsplatz 29.9.2011–29.1.2012, Wien 2011.

des k. k. Hof-Bauamtes, der Burg- und Feuer-Inspektion, magazinartig untergebracht werden".[119]

Manchmal ist jedoch auch in Berichten über Neu- und Erweiterungsbauten davon die Rede, dass nun Teile der Sammlungen zu sehen sind, die bisher durch Platzmangel nicht ausgestellt werden konnten, folglich bis dahin irgendwo anders, also wohl im Depot, eingelagert gewesen sein mussten. So wird 1880 vom Tiroler Landesmuseum vermerkt, dass durch die geplante Erweiterung die „bisher völlig unsichtbaren" Sammlungen der Münzen, Kupferstiche und Handzeichnungen nun endlich gezeigt werden könnten.[120] 1867 erfahren wir von einem „Bilderdepôt" der kaiserlichen Gemäldegalerie im Belvedere. Es erstreckte sich über acht Räume, darunter auch zwei Gänge, die wegen allgemeiner Überfüllung zum Depot umgewidmet worden waren.[121] Im 1872 verfassten Vorbericht zum Neubau der Wiener Hofmuseen ist zu lesen, dass „nun manches zur Aufstellung gelangen kann, was bisher aus Platzmangel in Depôträumen der allgemeinen Besichtigung entzogen war".[122]

Die Bedarfserhebung für den Wettbewerb zum Bau der Wiener Hofmuseen wurde in Försters *Allgemeiner Bauzeitung* 1867 abgedruckt. Die Wünsche der 1864 befragten Sammlungsverantwortlichen ergaben einen gegenüber dem Status quo bis um das Zehnfache gesteigerten Flächenbedarf.[123] Die ethnografischen Sammlungen forderten bescheidene drei Räume – denn sie waren zum Zeitpunkt der Evaluierung noch immer gänzlich in Kisten verpackt. Die zoologischen Sammlungen, die bisher in vielen kleinen Räumen zersplittert waren, machten für die Aufstellung der größeren Säugetiere auf die erforderliche Raumhöhe in den Schausälen aufmerksam sowie auf die Notwendigkeit feuersicherer Gewölberäume für die in Spiritus aufbewahrten Präparate – von einem Depot ist hier nicht die Rede; das Mineralienkabinett benötigte immerhin ein „Doublettenzimmer".[124] Einzig die Gemäldegalerie forderte explizit ein „Depôt", dessen Grundfläche einem Zehntel der neu geplanten Ausstellungsfläche entsprechen sollte: „Dieses Depôt braucht nicht in demselben Stockwerke wie die Bildergallerie zu liegen, sondern könnte auch allenfalls in das Erdgeschoss, vorausgesetzt, dass dieses vollkommen

119 Riedl-Dorn (1998), S. 127.

120 N.N., Das Tiroler Landes-Museum zu Innsbruck, in: Mittheilungen des k.k. österr. Museums für Kunst & Industrie 179 (1880), S. 150f.

121 k.k. Ministerium, Programm für den Bau der neuen Museen in Wien, in: Allgemeine Bauzeitung 1867 (32. Jg.), S. 292–297, S. 293.

122 W. Z., Das neue kunsthistorische Hofmuseum, in: Mittheilungen des k.k. österr. Museums für Kunst & Industrie 83 (1872), S. 157–160, S. 159.

123 Die Fläche des Münz- und Antiken-Kabinetts sollte sich verdoppeln, die des physikalisch-astronomischen Kabinetts verdreifachen, die des Mineralienkabinetts vervierfachen und die der Schatzkammer verzehnfachen.

124 k.k. Ministerium (1867), S. 294, 297.

trocken sei, verlegt werden."[125] Unter prominenter Beteiligung und großem Medienwirbel verlief die Planung der Hofmuseen, unerhört detailliert nachzulesen bei Alphons Lhotsky (1941).[126] Beim Wettbewerb beteiligten sich Theophil Hansen, Heinrich Ferstel, Karl Hasenauer und Moriz Löhr. Hansen sah das Depot auf Niveau der Ringstraße mit direkten Zugängen aus den Höfen vor.[127] Ferstel plante die Depots in den Souterrains: Diese wären durch das Tieferlegen der beiden an die Straßen grenzenden Höfe auch sehr gut beleuchtet.[128] Hasenauer platzierte das Bilderdepot sowie weitere „disponible Depots" im Erdgeschoß, und zwar wegen der zu gewährleistenden Trockenheit über Straßenniveau.[129] Löhr plante dies ähnlich.[130]

Blicken wir zum Vergleich nach Deutschland. 1878 wird im Bayerischen Nationalmuseum in München von einem „Depôt" für „werthlose Dinge" aus der kunst- und kulturhistorischen Sammlung berichtet, die vor deren Neuaufstellung daraus entfernt wurden.[131] 1882/83 berichtet Bode aus dem Alten Museum Berlin von der Sichtung von mehr als tausend Gemälden, die seit 1830 unbeachtet, ungerahmt, zur Hälfte nicht auf Keilrahmen gespannt, von „furchtbarem Schmutz und durch Hitze und Feuchtigkeit arg mitgenommen" im „Magazine auf dem Dache" lagerten.[132] Später, als Bode Generaldirektor geworden war, richtete er konsequenterweise im Kaiser Friedrich-Museum 1905 ein Gemälde-Depot ein.[133] Überzählige Gemälde des Städel in Frankfurt waren bis 1905 ebenfalls in „Rumpelkammern" unter dem Dach deponiert.[134] Ab 1856 sammelte der Berliner Pathologe Rudolf Virchow für ein Pathologisches Museum. Bis es 1896–99 zum Bau des Museums in der Anlage der Charité kam, hatten sich buchstäblich die Wände in Virchows Depot gebogen: Die Masse an Objekten, die dreireihig in den Regalen

125 k.k. Ministerium (1867), S. 294.

126 Lhotsky, Alphons, Die Baugeschichte der Museen und der Neuen Burg, Festschrift des Kunsthistorischen Museums zur Feier des fünfzigjährigen Bestandes. Erster Teil, Wien 1941, S. 36–92.

127 Hansen, Theophil, Erläuterungen zu dem von Theoph. Hansen verfassten Projekte der zwischen dem Burgthore und den k.k. Hofstallgebäuden neu auszuführenden k.k. Museen in Wien, in: Allgemeine Bauzeitung 1867 (32. Jg.), S. 306–309, S. 309.

128 Ferstel, Heinrich, Denkschrift zu dem im Auftrage des hohen k.k. Ministeriums verfassten Konkurrenz-Entwurfe für den Bau der neuen Museen, in: Allgemeine Bauzeitung 1867 (32. Jg.), S. 298–306, S. 304.

129 Hasenauer, Karl, Erläuternde Denkschrift Karl Hasenauer's über sein Projekt für die neu zu erbauenden k.k. Museen, in: Allgemeine Bauzeitung 1867 (32. Jg.), S. 309–322, S. 310, 315.

130 Löhr, Moriz, Denkschrift des Herrn Ministerialrathes von Löhr, in: Allgemeine Bauzeitung 1867 (32. Jg.), S. 322–330, S. 324.

131 N.N., Das K. Bayerische Nationalmuseum und dessen durch den jetzigen Director desselben Dr. J. H. v. Hefner-Alteneck geschaffene neue Organisation, in: Zeitschrift für allgemeine Museologie und verwandte Wissenschaften 8 (1878), S. 59–61, S. 59.

132 Bode (1997), S. 183.

133 Bode (1997), S. 328.

134 Justi, Ludwig, Die Neuordnung der Gemäldegalerie im Städelschen Kunstinstitut, in: Museumskunde 1 (1905), S. 205–215, S. 207.

gestapelt waren, hatten zur statischen Überbelastung und zu Rissen in den Wänden geführt.[135]

Bei der Recherche begegnet man unterschiedlichsten Umschreibungen für das Museumsdepot: Vorrath, Reservesammlung, Speicher, Magazin oder Depôt – wobei der Begriff „Magazin" in den deutschen Quellen, hingegen „Depôt" im bayerischen und österreichischen Sprachraum verankert ist. „Depot" dient im Deutschen, beispielsweise in den Schriften Bodes, als Bezeichnung für ein Materiallager, das nicht zu den Sammlungen gehört.[136] Die Begriffe „Vorrath" und „Reservesammlung" implizieren, dass es sich um eine vorübergehende, leicht zugängliche Einlagerung handelt, auf die man in absehbarer Zeit wieder zugreifen wird, während die Dinge im „Depôt" wohl für längere Zeit de-poniert, also weggelegt werden. Dies entspricht dem heutigen französischen Sprachgebrauch, wo im musealen Kontext *réserves* oder *magasin de réserves* positiver besetzt sind als *dépôt*, indem die beiden ersten Begriffe für verfügbare Arbeitssammlungen der aktiven Museumsarbeit stehen.[137] Von „Speichern" ist meist im größeren Zusammenhang mit der speichernden Bauhülle, dem Museumsbau, die Rede.[138] Vereinzelt kommt es auch zur begrifflichen Vermischung von „Archiv" und „Magazin", insbesondere dann, wenn es sich um Lehrsammlungen handelte, die mehr als Beleg für die dazugehörige Fachbibliothek dienten denn als eigenständige Objekt-Sammlung. Neben sprachregionalen Eigenheiten ist die begriffliche Unsicherheit wohl symptomatisch für ein Phänomen, das es in der Praxis zwar schon gab, für das in der Theoriebildung aber noch kein verbindlicher Fachbegriff ausverhandelt war.

Die Debatte um die Trennung der Sammlungen[139]

Die Museumsarbeit im 19. Jahrhundert gliedert Hanno Möbius (2006) in drei „Spannungsverhältnisse": 1. Konflikte zwischen nationalen und internationalen Perspektiven, 2. die ursprünglich enzyklopädische Ausrichtung vieler Sammlungen versus zuneh-

135 Vgl. Matyssek, Angela, Die Wissenschaft als Religion, das Präparat als Reliquie. Rudolf Virchow und das Pathologische Museum der Friedrich-Wilhelms-Universität zu Berlin, in: Anke te Heesen/E.C. Spary (Hg.), Sammeln als Wissen. Das Sammeln und seine wissenschaftsgeschichtliche Bedeutung, Göttingen 2001, S. 142–168, S. 146.

136 Bode (1997), S. 440.

137 Skorianz, Elisabeth, Terminologievergleich Deutsch – Französisch zum Thema Museologie, Diplomarbeit, Universität Wien 1992, S. 17f., 79.

138 Vgl. Lichtwark, Alfred, Museumsbauten, in: Centralstelle für Arbeiter-Wohlfahrtseinrichtungen (Hg.), Die Museen als Volksbildungsstätten, Ergebnisse der 12. Konferenz der Centralstelle für Arbeiter-Wohlfahrtseinrichtungen, Berlin 1904, S. 115–121, S. 117.

139 Griesser-Stermscheg, Martina/Sommer, Monika, „... nur für Kunsthistoriker und sonstige Sonderlinge". Museologische Debatten zu Dauerausstellungen um 1900, in: Bettina Habsburg-Lothringen (Hg.), Dauerausstellungen. Schlaglichter auf ein Format, Bielefeld 2012, S. 33–44.

mender Spezialisierung und 3. die Balance zwischen antiquarischer Bewahrung und gegenwartsbezogener Ausstellungspraxis.[140] Besonders der letzte Punkt wurde um 1900 virulent: Die Frage, für wen die Museen agieren – für WissenschaftlerInnen oder bildungshungrige Laien – machte eine neue Auseinandersetzung mit dem Sammeln und Ausstellen notwendig. Die Museen litten damals unter ihrem schlechten Image, so verglich etwa der umstrittene Museumskritiker Julius Langbehn 1890 Kunstmuseen mit „toten Wortregistern" und „Grabmälern lebloser Kunst".[141] James Sheehan hat in seinem Überblickswerk (2002) diese Krise zwischen Museum und Publikum unter dem Titel „Museen als Mausoleen" behandelt, was wohl bestens die ernüchternden Stimmungsberichte charakterisiert, die Sheehan aus der Zeit um 1900 zusammengetragen hat: Eugen Kalkschmidt beklagt 1906 die „Museumskrise" zwischen „Museumsflucht der Ungebildeten" und dem „Museumsekel der ästhetisch Sensiblen". Ludwig Pallat, Museumsdirektor in Nassau und preußischer Kulturbeamter, stellte im selben Jahr beunruhigt fest: „Es ist leider wahr, dass die Mehrzahl der großen Museen durch die Masse ihres Stoffes wie durch die Anlage und Aufstellung den Beschauer rasch ermüdet oder zu flüchtigem Durcheilen geradezu herausfordert." Valentin Scherer schreibt 1913 in seinem Überblick über die deutschen Museen, „sie seien so groß und ihre Sammlungen so heterogen geworden, dass sie kein Gefühl von Ordnung und Harmonie mehr vermittelten". Und Friedrich Naumann stellt fest: „Obgleich mehr Kunst für Menschen zugänglich war als je zuvor, war es schwieriger geworden, zu sehen und zu verstehen."[142]

Die Museen wollten sich jedoch als lebendige Stätten der Bildung etablieren und sich vor allem „dem Leben wieder dienstbar machen".[143] Im deutschsprachigen Raum hatte die Diskussion 1903 einen Höhepunkt auf der von der Zentralstelle für Arbeiterwohlfahrtseinrichtungen in Mannheim organisierten Tagung *Museen als Volksbildungsstätten* erreicht. Im selben Jahr fand die vom britischen Museumsbund veranstaltete *Aberdeen-Conference* in Schottland statt, zu der Museumsfachleute aus ganz Europa und den Vereinigten Staaten geladen waren. Beide Tagungen sollten die Debatten der Fachwelt nachhaltig prägen, wie in den damals führenden Museumszeitschriften – der deutschen *Museumskunde* und dem britischen *Museums Journal* – nachzulesen ist. Beide Zeitschriften dienen als ergiebige Quellen, um der Entwicklungsgeschichte über einen längeren

140 Möbius, Hanno, Konturen des Museums im 19. Jahrhundert (1789–1918), in: Bernhard Graf/Hanno Möbius (Hg.), Zur Geschichte der Museen im 19. Jahrhundert 1789–1918, Berlin 2006, S. 11–21, S. 12.

141 Hartung (2010), S. 33 (nach: Langbehn, Julius, Rembrandt als Erzieher, Leipzig 1922, S. 68, 85f. Erstveröffentlichung anonym 1890). Langbehns äußerst umstrittene, rechtslastige Streitschrift wurde innerhalb von nur zwei Jahren nach ihrer Erstveröffentlichung 39 Mal neu aufgelegt. Zur Rezeptionsgeschichte siehe: Sheehan (2002), S. 212–214.

142 Sheehan (2002), zit. S. 213–216.

143 Schur, Ernst, Die Museen als dekoratives Gesamtkunstwerk, in: Museumskunde 4 (1908), S. 187–194, S. 191.

Zeitraum kontinuierlich nachspüren zu können. Die Gründer und Herausgeber der Zeitschriften, Francis Arthur Bather, Kustos am British Museum sowie Präsident des britischen Museumsbundes, und Karl Koetschau, Direktor des Historischen Museums Dresden, standen in reger Korrespondenz. Immer wieder wurden einzelne Fachbeiträge im Volltext, Tagungs- und Reiseberichte, Buchrezensionen, ja sogar Leserbriefe wechselseitig übersetzt, um die Leserschaft beider Sprachräume mit den aktuellsten Themen versorgen und miteinander vernetzen zu können. Die Tagungen in Mannheim und Aberdeen wurden in beiden Zeitschriften ausführlich kommentiert und folglich zur Referenz für alle deutsch- und englischsprachigen AutorInnen, die sich der Frage nach Krise und Zukunft des Museums stellen wollten.

Am Beginn seiner Eröffnungsrede in Aberdeen rollt Präsident Bather die Frage nach den grundsätzlichen Aufgaben von Museen auf.[144] Er stellt dem traditionellen Begriffspaar Forschung und Vermittlung (*research and education*) ein neues begriffliches Dreigespann gegenüber: Untersuchung, Belehrung und Inspiration (*investigation, instruction and inspiration*). Das Publikum teilt er dementsprechend in drei Ziel- bzw. Interessengruppen: 1. ForscherInnen und WissenschaftlerInnen (*investigation*), 2. Studierende, SchülerInnen, SammlerInnen, AmateurInnen (*instruction*) und 3. das breite Publikum (*inspiration*). Für die Museumspraxis schlägt er als logische Konsequenz eine Dreiteilung der Sammlungen vor: 1. eine Depot-Sammlung, nur den ForscherInnen zugänglich, 2. eine nicht-öffentliche Studiensammlung zur exklusiven Belehrung von Studierenden und SammlerInnen, sowie 3. eine kleine Auswahl von Exponaten in bestmöglicher Präsentation für das breite Publikum. Letzterem, also dem, was wir heute als Schausammlung bezeichnen, widmet er den größten Anteil seiner Überlegungen. Wie auch später in Mannheim steht für ihn die Aufgabe der Volksbildung an oberster Stelle, insbesondere für die großen Museen. Den kleineren Museen empfiehlt er, sich auf eine der drei Aufgaben bzw. Zielgruppen zu spezialisieren und diese optimal zu bedienen. Bather betont in seiner Eröffnungsrede (die mit über 20 Seiten im engzeiligen Abdruck übrigens Stunden gedauert haben muss) die Notwendigkeit zur *inspiration* des „kleinen Manns von der Strasse“: „… to inspire people with […] beauty […] and to induce a divine discontent with the ugliness in which they live. […] With the democratic spirit of our time, the museum must no longer be a holy shrine, removed from the touch of common men.“[145] Die konsequente Trennung der Sammlungen sei Mittel zur *inspiration*. Im Sinne der Volksbildung sollte dem Publikum durch kuratorische Vorauswahl und Reduktion der Bestände ein „geführter Blick“ in den Schausammlungen ermöglicht werden – die Geburt

144 Bather, Francis Arthur, Museums Association. The Aberdeen Conference 1903, Address by the President, in: The Museums Journal 3 (1903), S. 71–94 (Vortrag), S. 110–132 (Anhang).

145 Bather (1903), S. 94.

des *best of* im besten Sinne. Bather gibt überaus klare Anleitungen für die Präsentation einer Dauerausstellung: „As for the objects, avoid crowding, by the selection only of the best. One work of the first rank has more influence than a whole museum of mediocrity. Escape monotony by varying the objects."[146] Abschließend weist er seine internationalen FachkollegInnen auf die große Bedeutung der Mannheimer Tagung hin, die einige Monate darauf stattfinden sollte.

Der reformfreudige Direktor des Kunstmuseums Hamburg, Alfred Lichtwark, zählte in Aberdeen zum geladenen Expertenkreis. In Mannheim hielt er die Eröffnungsrede.[147] Mit scharfen Worten kritisiert er die Museen in ihrem Nicht-Verhältnis zum breiten Publikum. Er propagiert eine Abgrenzung von den Universitäten und die Entwicklung neuer, eigenständiger Formate zur Wissensvermittlung im Museum. Einer seiner Nachredner, Direktor Ernst Grosse vom Kunstmuseum Freiburg, fordert zu diesem Zweck die Trennung der Sammlungen, aber auch den Wechsel der Dauerausstellungen in regelmäßigen Intervallen. Er konturiert dabei zwei Aufgabenfelder des Kunstmuseums, das Angebot für den ästhetischen „Kunstgenuss" und das wissenschaftliche, welches Ausdruck in einer auf Anfrage zugänglichen Lehrsammlung für die kunsthistorische Forschung finden sollte; ein Kompromiss zwischen beiden Feldern sei undenkbar.[148] Grosses Ideen ernteten Applaus und wurden im Laufe der Tagung immer wieder aufgegriffen. So auch von Eduard Leisching, Direktor des Österreichischen Museums für Kunst und Industrie in Wien, der für die Wiener Sammlungen ebenfalls eine Trennung von wissenschaftlicher Sammlung und Schausammlung befürwortete.[149] Der Tagungsbericht eines britischen Teilnehmers im *Museums Journal* schildert die Aufbruchsstimmung der Mannheimer Tagung: „No museum supposed that it could turn a road-mender into a connoisseur on a Sunday morning, but it might be proud to have inspired only one or two per cent of its visitors."[150] Die Idee zur Trennung der Sammlungen war aber, wie wir sehen werden, weder in Aberdeen noch in Mannheim geboren worden. Der laufende Diskurs wurde hier nur für die Fachwelt salonreif gemacht.

146 Bather (1903), S. 82.

147 Lichtwark, Alfred, Museen als Volksbildungsstätten, in: Centralstelle für Arbeiter-Wohlfahrtseinrichtungen (Hg.), Die Museen als Volksbildungsstätten, Ergebnisse der 12. Konferenz der Centralstelle für Arbeiter-Wohlfahrtseinrichtungen, Berlin 1904, S. 6–12.

148 Joachimides (2001), S. 105.

149 Leisching, Eduard, Diskussion, in: Centralstelle für Arbeiter-Wohlfahrtseinrichtungen (Hg.), Die Museen als Volksbildungsstätten, Ergebnisse der 12. Konferenz der Centralstelle für Arbeiter-Wohlfahrtseinrichtungen, Berlin 1904, S. 101–106 und 133f., S. 103.

150 N.N., The Mannheim Conference on Museums as Places of Popular Culture, in: The Museums Journal 3 (1903), S. 105–109, S. 107.

Die Vorreiterrolle der naturkundlichen Museen

Generell galten die naturwissenschaftlichen Sammlungen als Vorbereiter der neuen Ideen, vor allem im Umgang mit einer neuen Öffentlichkeit.[151] Als anerkannte historische Referenz galt den KongressteilnehmerInnen in Aberdeen und Mannheim das Agassiz Museum des Harvard College, Cambridge (USA). Dort hatte der Sammlungsgründer Louis Agassiz bereits um 1860 eine didaktische Trennung der zoologischen Sammlungen durchgeführt, den Studierenden war alles zugänglich gemacht worden, dem breiten Publikum nur eine Auswahl.[152] Durch die Anbindung an die Universität war dieses international herausragende museologische Konzept in seiner eigenständigen Entwicklung aber gehemmt worden, erklärten die Zeitgenossen.[153] Auch der Direktor des Berliner Naturkundemuseums, Karl Möbius, hatte 1891 die Trennung der Bestände in Schau- und Studiensammlungen vorgeschlagen.[154]

Möbius reiht sich damit in eine Entwicklung, die maßgeblich vom Natural History Museum in London ausging, das mit dem 1880 eröffneten Neubau in South Kensington (davor waren die Sammlungen ja Teil des British Museum) einige Neuerungen versprach. Dabei wirkte John Edward Gray als Wegbereiter für seinen Nachfolger William Henry Flower, der ab 1884 als Direktor des Natural History Museum wesentliche Neuerungen durchsetzen konnte. Bereits um 1862 propagierte Gray die Reduzierung der Bestände in der ständigen Ausstellung und die Notwendigkeit zur Trennung der Sammlungen in Schau- und Studiensammlung: „The current display was overcrowded [...] and many specimens that should have been exhibited were consigned to the storehouses."[155] Er erwähnt die Depots in seinem Plädoyer für einen Neubau. Auch Flower sprach sich für eine Trennung der Sammlungen aus und publizierte seine Gedanken in *Essays on Museums and other subjects connected with Natural History* (1898). Inkludiert war ein idealisierter, schematischer Grundriss, der erstmals Rückschlüsse auf das gedachte Größenverhältnis zwischen den Raumeinheiten zulässt (Abb. 7): Dabei beanspruchen die *reserve collections* gleich viel Raum wie die *public exhibitions*. Beide Raumfluchten sind zentral begehbar. Ein Unterschied besteht in der Belichtung. Während die Schausammlung und die Büros gut belichtet sind, sollte es in der Studiensammlung wohl eher düster sein: Die

151 Siehe dazu: Kretschmann, Carsten, Räume öffnen sich. Naturhistorische Museen im Deutschland des 19. Jahrhunderts, Berlin 2006.

152 Dedekam, Hans, Reisestudien, in: Museumskunde 1 (1905), S. 75–90, S. 84.

153 Fritsch, Ant., The Museum Question in Europe and America, in: The Museums Journal 3 (1904), S. 247–256, S. 255.

154 Joachimides (2001), S. 105 (nach: Möbius, Karl A., Die zweckmäßige Einrichtung großer Museen, in: Deutsche Rundschau 68 [1891], S. 352–360).

155 MacGregor (2007), S. 260.

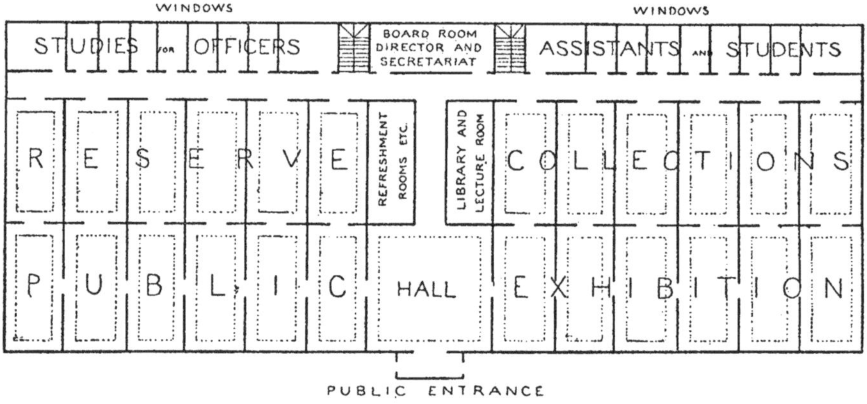

Abb. 7: Idealer Grundriss eines Museums von William Henry Flower (1898)

Raumflucht von (hier) sechs Räumen ist nur durch ein einziges Fenster an der Breitseite erhellt. Die zwei wesentlichen Aufgaben eines nationalen Museums, so Flower, könnten durch diese ideale Raumanordnung bestens erfüllt werden: die Wissensvermittlung an ein breites Publikum, aber auch die Förderung der Forschung. Die hauseigenen und externen WissenschaftlerInnen sollten „in the most convenient way possible" die Möglichkeit zur uneingeschränkten Forschung haben.[156]

In der *Museumskunde* wird 1906 als weitere internationale Referenz das niederländische Modell vorgestellt: Als Idealmuseum, ja sogar „Zukunfts-Museum", wird das Naturhistorische Museum in Leiden gepriesen, das beim Neubau der Anlage (1905) den Besucherbereich für die ständige Ausstellung vom „Magazin für Unika und Rariora" in einem eigenen Gebäude trennt.[157] 1905 wird auch im Zoologischen Museum der Breslauer Universität aufgrund der „wachsenden Anforderungen in der wissenschaftlichen Bearbeitbarkeit und Darstellung" eine Veränderung in der Aufstellung der Sammlungen vorgenommen: Es kommt zur Trennung in 1. das „Schaumuseum" für das Publikum, 2. tausend „abgespaltene Nummern" für Unterrichtszwecke und 3. „die große Masse der übrigen Objekte, die nur für Zwecke wissenschaftlicher Untersuchungen und Vergleichungen zu dienen hat" und „in geeigneten Räumen magaziniert" werden soll.[158]

156 MacGregor (2007), S. 262, Fig. 171 auf S. 263.

157 Finsch, O., Das Reichs-Museum für Naturgeschichte in Leiden und seine Umgestaltung in ein Ideal-Museum, in: Museumskunde 2 (1906), S. 29–40, S. 32–34.

158 Kükenthal, W., Das Zoologische Museum der Breslauer Universität, in: Museumskunde 1 (1905), S. 216–226, zit. S. 216f. Die Rechnung ging jedoch nicht vollständig auf, war das Interesse des allgemeinen Publikums nach der Neuaufstellung der abgetrennten Studiensammlung doch so groß, dass die Bereiche, die

Die Zurückhaltung der traditionellen Kunstmuseen

Dem Modell einer Trennung der Sammlungen schlug aber auch Skepsis entgegen, vor allem vonseiten der traditionellen Kunstmuseen. In Dresden und Frankfurt positionierten sich die Direktoren der Gemäldegalerien klar dagegen, wenn auch aus unterschiedlichen Motiven. Für das Städelsche Kunstinstitut galt (1905): „Ein nützliches Mittel zur Erleichterung, nämlich kräftiges Deponieren, kann in Frankfurt vorläufig noch nicht angewendet werden. Die künstlerisch weniger wertvollen Stücke [...] in abgetrennten Räumen nur für Kunsthistoriker und sonstige Sonderlinge aufzuhängen, dafür ist Frankfurt zu klein, und zu fest in seinen Traditionen, ganz anders als in Berlin, wo kein Mensch sich mehr erinnern kann, wie es vor zehn oder gar zwanzig Jahren in der Galerie ausgesehen hat.“[159] Statt der Deponierung wurden in Frankfurt deshalb andere „raumschaffende Mittel“ angewendet: Überzählige Bilder (unter anderem auch jene, die bisher in den Rumpelkammern unter dem Dach verwahrt worden waren) wurden, um Platz für die stark reduzierte Neuhängung zu schaffen, in den Büro- und Verwaltungsräumen untergebracht. Die ehemaligen Rumpelkammern wurden in Folge zu Oberlichtkabinetten umgebaut, Zeichnungen und großformatige Kartons an das Kupferstichkabinett abgegeben sowie nicht unbedingt benötigte Türen in den Galerien geschlossen, verblendet und zu Wandflächen verwandelt. Direktor Ludwig Justi zeigte sich nach der Neuhängung äußerst zufrieden: „Die Anzahl der hier aufgehängten Stücke ist stark verringert, [...] mit wenigen Ausnahmen hängen hier nur Werke ersten Ranges, und ich habe schon manchen Fachgenossen getroffen, der nicht geahnt hatte, wie viel Meisterwerke der Städel enthält – weil eben zwischen den vielen geringeren Sachen das ermüdete Auge die Meisterwerke übersah oder bei der hohen Aufstellung nicht erkennen konnte. Dies hebe ich hervor, weil manche besonders geistreiche Leute in solcher Sonderung der Spreu vom Weizen eine unwürdige Bevormundung des Publikums durch den Galeriedirektor finden, es sei viel köstlicher, selbst die Perlen zu entdecken – sehr schön, wenn man für jede Galerie ein paar Monate Zeit hat und stets mit Feuerwehrleiter und Scheinwerfer ausgerüstet ist.“[160] Im Dresdner Zwinger dachte Direktor Karl Woermann (1907), dass für die minder wertvollen Bilder der Sammlung die Nebenräume jedenfalls geeigneter seien als „ein eigens errichteter Magazin-Neubau; denn die Grenze zwischen den alten Bildern, die nur den Kunstforscher interessieren, und jenen, die die weitesten Kreise künstlerisch begeistern, ist durchaus nicht so scharf zu ziehen, daß ihre Trennung [...] nicht zu den lebhaftesten Klagen Anlaß geben würde. Auch wäre es an sich auch gewiß möglich,

---

künftig eigentlich nur den Studierenden zugänglich sein hätten sollen, schließlich der Schausammlung wieder angegliedert wurden.

159 Justi (1905), S. 206.

160 Justi (1905), S. 213f.

die beiden durch die ausschließliche Aufnahme minder wertvoller Bilder zu ‚Vorratsräumen' umgestalteten Zwingerpavillons nur den Kunstforschern auf Verlangen zu öffnen. Es wäre das unseres Erachtens aber eine Bevormundung der Galeriebesucher."[161] Hans Posse, Nachfolger von Woermann, nahm schließlich 1911–1914 eine Neuhängung im Zwinger vor: „Das altehrwürdige Prinzip der magazinartigen Aufstapelung von Kunstwerken [...] dürfte heute nur von sehr wenigen noch als Idealzustand anerkannt werden. Kunstwerke brauchen Licht und Luft wie alle individuellen Wesen."[162] Über die Einrichtung eines Depots äußert er sich nicht, doch ist anzunehmen, dass eine veränderte Ausstellungspraxis auch den letzten Depot-GegnerInnen den Wind aus den Segeln genommen hatte.

Alexis Joachimides (2001) konnte nachweisen, dass es innerhalb der Museumsreformbewegung um 1900 in den Kunstmuseen zur umfassenden Reform der Ausstellungspraxis gekommen war. Etablierte Ausstellungstraditionen sollten einer Revision unterzogen werden. Gefordert wurde statt „enzyklopädischer Vollständigkeit" eine „strengere Auswahl der Exponate nach formalen Qualitätskriterien", deren „weitläufige Aufstellung zur gegenseitigen Isolierung" sowie eine Differenzierung der Schauräume, entsprechend den Exponaten.[163] Es kam zur Überwindung barocker Hängungen (Stallburg Wien) sowie der traditionellen „Salonhängung" des 18. Jahrhunderts, im Englischen *gentlemanly hang* oder nach der Eremitage auch „Petersburger Hängung" genannt. Die Hängung nach Schulen setzte sich allmählich durch.[164] Hier ist die von Joseph II. beauftragte revolutionäre Hängung der kaiserlichen Gemäldegalerie im Wiener Belvedere durch Christian von Mechel 1781 sicherlich ein Meilenstein, der die internationale Galerienlandschaft des 18. und 19. Jahrhunderts nachhaltig prägen sollte. Trotzdem sollten die Galeriewände noch lange Zeit vom Boden bis zur Decke in mehreren Reihen vollgehängt bleiben. Walter Grasskamp (2007) verdeutlicht: „Man kann sich die Ausstellungsräume des späten 19. Jahrhunderts nicht überladen, farbintensiv und prächtig genug vorstellen, jedenfalls wirken sie auf das heutige Auge beinahe unerträglich."[165] Auch Museumsreformer Bode war gegen, wie er sagte, die „Pflasterung der Wände" bis zum Gesims. Das bedeutete aber bei

161 Woermann, Karl, Die Raumfrage in der Dresdener Gemäldegalerie. Ein Rückblick und Ausblick, in: Museumskunde 3 (1907), S. 140–157, S. 155.

162 Joachimides (2001), S. 178–186, zit. S. 183 (nach: Posse, Hans, Die Umgestaltung der Dresdner Gemäldegalerie, in: Mitteilungen aus den Sächsischen Kunstsammlungen 2 [1911], S. 60–70, S. 64f.).

163 Joachimides (2001), S. 104–106, S. 105.

164 Bergvelt, Ellinoor, The process of modernization of the 19th-century art museums. The National Museums in the Netherlands and in Great Britain 1800–1855, in: Bernhard Graf/Hanno Möbius (Hg.), Zur Geschichte der Museen im 19. Jahrhundert 1789–1918, Berlin 2006, S. 41–55, S. 49.

165 Grasskamp, Walter, Die weiße Ausstellungswand – Zur Vorgeschichte des „white cube", in: Marianne Eigenheer (Hg.), Curating Critique, ICE Reader 1, Frankfurt 2007, S. 340–365, S. 344. Für diesen Hinweis danke ich Luisa Ziaja.

genauerer Betrachtung noch keine isolierte Hängung für Bode, sondern: „Große Formate wurden nur in einem, kleinere in zwei Registern übereinander gehängt.“[166] Auch wenn die Veränderungen in der Ausstellungspraxis sich nur schleppend vollzogen, kann die Geschichte des Depots, zumindest was die Kunstmuseen betrifft, wie ein Negativabdruck der Geschichte des *white cube* (Brian O'Doherty) gelesen werden. Je weißer der *white cube* wurde, desto voller mussten folglich die Depots werden.

Die frühesten Forderungen nach der „weißen Wand“ und einer reduzierten Hängung gingen von der Künstlerschaft, nämlich den französischen Impressionisten aus: Um 1870 fordert Degas eine zweireihige Hängung mit einem Abstand von 20–30 Zentimetern, 1888 fordert Signac die einreihige Hängung.[167] In den folgenden Jahrzehnten wird die Augenhöhe der BetrachterInnen immer mehr zum Referenzmaß – eine entscheidende Neuerung, wenn man an die Äußerungen von Ludwig Justi (1905) zurückdenkt, dass für den Besuch einer traditionell gehängten Bildergalerie die Ausrüstung mit einer Leiter und einem Scheinwerfer ratsam wäre. Frühe Beispiele für eine „weiße Wand“ bot die Wiener Secession[168] mit den Secessionsausstellungen 1903 und 1904, aber auch die Einzelausstellung von Gustav Klimt 1910 auf der Biennale in Venedig, wo die neue Ausstellungspraxis einer internationalen Öffentlichkeit präsentiert wurde. Die Nationalgalerie in Berlin mit der weißen Wandgestaltung durch Peter Behrens (1906) war das erste Museum mit weißer Wand in Deutschland.[169] Man muss zugeben, dass diese Neuerungen vorwiegend von der Künstlerschaft oder aber von Ausstellungshäusern ausgingen, die keine hauseigene Sammlung zu verwalten hatten. Insofern ist die verzögerte Einführung in den großen Museen auch nachvollziehbar, denn zum Ausdünnen der Hängung brauchte es Depots. Und diese mussten zuerst geplant, gebaut und eingerichtet werden.

Der Museumsbau: Zwischen Repräsentation und Funktion

„Die Museen sind so weit gekommen, dass sie nicht einmal als Speicher etwas taugen.“[170] Dieses harsche Urteil wurde von Alfred Lichtwark auf der Mannheimer Tagung 1903 gefällt. Seine Kritik am Museumsbau des 19. Jahrhunderts bezieht sich auf die geringe, den Anforderungen moderner Museumspraxis nicht entsprechende Funktionalität. „Die ersten Museen waren Speicher“, jedoch nun, so Lichtwark, sei die Aufgabe der Museen des 18. Jahrhunderts und frühen 19. Jahrhunderts, nämlich das Speichern von Material

166 Joachimides (2001), S. 84.

167 Grasskamp (2007), S. 343.

168 In der Zeitschrift Museumskunde wird die Wandgestaltung der Wiener Secession als Vorbild für Museen auch anderer Sparten gelobt. Dedekam (1905), S. 91.

169 Grasskamp (2007), S. 345f.

170 Lichtwark (1904), Museumsbauten, S. 117.

ohne Rücksicht auf Vermittlung und Öffentlichkeit, längst überholt.[171] Repräsentation und Monumentalität seien weniger bedeutend als Funktionalität für die Sammlung, die Forschung und, für Lichtwark am wichtigsten, für die Wissensvermittlung an das Publikum. Den Architekten und Bauherren wirft er vor, sich dem Funktionsbau zu verweigern, weder Gedanken an die Behaglichkeit der BesucherInnen noch an das künftige Wachstum der Sammlungen zu verschwenden. Viele Museumsbauten waren ja tatsächlich für eine ganz bestimmte Sammlung gebaut worden, die erforderliche Dimension der Münchener Pinakothek wurde beispielsweise errechnet, indem Architekt Klenze die Gemälde König Ludwigs ausmessen ließ – das Museum war bei seiner Eröffnung also schon komplett angefüllt.[172] Lichtwark kommentiert: „Die Sammlungen befinden sich in den meisten Museen im Zustande eines garottierten Menschen. Für ein Museum, das sich rühren und wirken soll, ist nun die Fassade nichts, das Innere alles."[173] Als gelernter Architekt gibt er Empfehlungen zur Entwicklung von Grundrissen, Ordnung der Säle, Belichtung und Ausstattung, Korridorführung und Gestaltung der Verwaltungsräume. Die Einrichtung von Depots spricht er nicht explizit an, geht aber wohl als vorhandene Größe von ihnen aus, da er an anderer Stelle von „wechselnden Ausstellungen aus den magazinierten Beständen" spricht.[174]

Der Bautyp des Repräsentationsbaus sei jedenfalls zu überwinden und die Funktionen der Museumspraxis in der architektonischen Planung von vornherein zu berücksichtigen und optimal anzulegen. Die repräsentativen Bauten des Dresdner Zwingers und der beiden Wiener Hofmuseen bezeichnet Lichtwark in diesem Zusammenhang als architektonische Rückschritte, ja sogar als „Karikatur auf eine wirkliche Baukunst".[175] Seine Beurteilung scheint, zumindest was Wien betrifft, nicht weit hergeholt, lässt sich doch die bewusste Entscheidung gegen einen Funktionsbau belegen: Beim Wettbewerb für den Bau der Wiener Hofmuseen schafften es Karl Hasenauer und Moriz Löhr mit Überarbeitungen 1867 in die Endrunde. Löhr wurde dann von Gottfried Semper, der als Gutachter geladen war, zurückgewiesen. Nach Sempers Meinung entsprach Löhrs Entwurf einem „einfachen Warenmagazin, etwa einem Geschützdepot".[176] Das „Zweckmäßige" beimLöhr'schen Entwurf wurde zwar in der Vorauswahl von den Sammlungsleitern sehr wohlwollend kommentiert, entsprach aber keineswegs dem geforderten Repräsentations- und Prunkanspruch.[177]

171 Lichtwark (1904), Volksbildungsstätten, S. 11.
172 Sheehan (2002), S. 267.
173 Lichtwark (1904), Museumsbauten, S. 119.
174 Lichtwark (1904), Volksbildungsstätten, S. 9.
175 Lichtwark (1904), Museumsbauten, S. 117.
176 Kriller (1991), S. 37.
177 Lhotsky (1941), S. 51–53, 62.

Lichtwark äußert sich in seiner Rede zynisch über ein „typisches“, absichtlich nicht genauer bezeichnetes Museum in Wien, das hinter einer breiten, prunkvollen Fassade mit vorspringendem Mittelrisalit einen winzigen Baukörper zur Nutzung hat, der wiederum aber fast ausschließlich vom Treppenhaus beansprucht wird. Vielleicht fühlte sich Eduard Leisching damit angesprochen, denn in der anschließenden Diskussion geht er betont diplomatisch vor, indem er seine Befürchtung offen ausspricht, dass Lichtwark über das Gebäude des Österreichischen Museums für Kunst und Industrie nach den erläuterten Kriterien „überhaupt den Stab brechen würde“.[178] Und Leisching weiter: „Indem man versäumte, [...] auf wachsendes Raumbedürfnis zu achten, hat man überall Museen, die von unten bis oben überfüllt, jeder inneren Bewegung beraubt sind und Gefahr laufen, zu ersticken. [...] Wenn man so vielfach klagt über die Erstarrungszustände öffentlicher Sammlungen, so sind in erster Linie daran die unglückseligen Bauwerke schuld, in welche man die Sammlungen hineingepresst hat. Zum Leben gehört Bewegungsfreiheit.“[179] Direktor Leisching hatte bereits 1897, damals noch als Kustos, einen Vortrag über die „Zukunft der Museen“, insbesondere der kunstgewerblichen, gehalten: Monumentale Erweiterungsbauten wären abzulehnen, vielmehr eigne sich ein beliebig erweiterbarer Zellenbau wie am South Kensington Museum.[180] Ein Jahrzehnt später (1907–1909) kam es zum Erweiterungsbau des Museum für Kunst und Industrie in Wien, in dem Architekt Ludwig Baumann auch ein eigenes Depot mitgeplant hatte.[181]

Frühe Depotbauten (Wien um 1900)

Im zwischen 1868 und 1871 errichteten „Altbau“ des Österreichischen Museums für Kunst und Industrie sind zwar im an der Ringstraße gelegenen Souterrain neben „Arbeitslocalitäten“ und einer Naturalwohnung auch „durch Luftgräben begrenzte Depôts“ angeführt,[182] bei diesen handelte es sich vermutlich aber um temporäre Manipulations- oder Lagerflächen.[183] Der Anspruch auf die maximale Nutzung für Ausstellungsflächen stand im Vordergrund.[184] An Überfüllung konnte das junge Museum nicht gelitten ha-

178 Leisching (1904), S. 133.

179 Leisching (1904), S. 134.

180 N.N., Vorlesungen, in: Mittheilungen des k.k. österr. Museums für Kunst & Industrie N.F. 136/1897, S. 347–349 (Vortrag von Eduard Leisching am 4. März 1897 im Österreichischen Museum für Kunst und Industrie).

181 N.N., Der Erweiterungsbau des k.k. Österreichischen Museums, in: Kunst und Kunsthandwerk 1909, S. 597–607, S. 597.

182 N.N., Die Baufrage des österreichischen Museums, in: Mittheilungen des k.k. österr. Museums für Kunst & Industrie 29 (1868), S. 89–99, S. 97.

183 Freundliche Mitteilung von Manfred Trummer, MAK Wien, Sept. 2011.

184 N.N. (1868), Baufrage, S. 98.

ben, denn 1872 klagt man: „Die Sammlungen des Museums sind nach mehr als Einer Seite hin lückenhaft; es ist dies bei einem so jungen Institute nicht anders möglich."[185] Auch als der Neubau der angrenzenden Kunstgewerbeschule 1877 eröffnet wird und dadurch nun ungenutzte Unterrichtsräume im ersten Stock des Museums frei wurden, werden diese für die Erweiterung der Ausstellungsräume und für Büros adaptiert, nicht aber für Depots.[186] Die Bedürfnisse hatten sich jedoch schon nach kurzer Zeit verändert: Im Untergeschoß des 1909 fertiggestellten Erweiterungsbaus (Weiskirchner Straße) befinden sich „Depoträume", eine Dienerwohnung und für die Sicherheit der Sammlungen sogar eine Polizeiexpositur.[187] „Die für das Institut so dringend notwendig gewordene Forderung nach geräumigen, lichten und zugänglichen Depots wird durch den Erweiterungsbau wenigstens teilweise erfüllt", lobt man den Zubau.[188] Erfüllt waren auch die bei Lichtwark angesprochenen Forderungen nach einem Funktionsbau: Der zweistöckige Erweiterungsbau wurde durch einen eingeschobenen Korridorbau mit dem Altbau verbunden, eine interne Wegführung durch beide Bauten war dadurch gegeben. In diesen Verbindungsbau wurde ein elektrischer Lastenaufzug eingebaut, der sich heute noch an derselben Stelle befindet. Die Zulieferung von Objekten konnte abseits vom regen Verkehr durch einen eigens geschaffenen Eingang an der Gartenseite erfolgen. Im Erweiterungsbau fanden auch ein riesiger Vortragsraum (Ausstattung Josef Hoffmann), Büros, die Wohnung des Direktors (heute Restaurieratelier) und erweiterte Ausstellungsflächen Platz.[189]

Etwa zur gleichen Zeit als Ludwig Baumann für das Österreichische Museum arbeitete, widmete sich Otto Wagner der Planung des Kaiser Franz Josef-Stadtmuseums. Wagner legte zwischen 1903 und 1909 insgesamt fünf unterschiedliche Varianten für das neue Stadtmuseum vor. Die Flächen sollten sich im Vergleich zum alten Standort im Rathaus vervierfachen und dadurch „mehr als ein Jahrhundert reichen", so formulierte der Gemeinderat optimistisch.[190] Direkt neben dem Büro des Direktors und der Kustoden sollten sich die „nicht allgemein zugänglichen Sammlungen", also Depots, befinden.[191] Diese sind am Grundriss im Hochparterre als „Räume für nicht auszustel-

185 N.N., Die Aufstellung der Sammlungen des Museums, in: Mittheilungen des k.k. österr. Museums für Kunst & Industrie 78 (1872), S. 58–60, S. 59.

186 N.N., Adaptirungen im Museum, in: Mittheilungen des k.k. österr. Museums für Kunst & Industrie 143 (1877), S. 131.

187 N.N. (1909), Erweiterungsbau, S. 600.

188 N.N. (1909), Erweiterungsbau, S. 597.

189 N.N. (1909), Erweiterungsbau, S. 602.

190 Graf, Otto Antonia, Otto Wagner, Bd. 2, Das Werk des Architekten 1903–1918, Wien/Köln/Weimar 1994, S. 481 (Exposé über den gegenwärtigen Stand der Frage des Baues des Kaiser Franz Josef-Stadtmuseums 1909).

191 Graf (1994), S. 477. Für diesen Hinweis danke ich Andreas Lehne.

lende Gegenstände" gekennzeichnet und entsprechen etwa der Grundfläche aller Büroräume.[192] Depot- und Büroräume zusammen ergaben ungefähr die Gesamtfläche der im zweiten Stock geplanten Gemälde- und Porträtgalerie. Die planmäßige Verteilung der Räume geschah im Einvernehmen mit dem Direktor, wie vom zuständigen Gemeinderatsausschuss betont wurde.[193] Es muss über die Jahre wohl zu einigen Diskussionen zwischen Nutzer und Architekt gekommen sein, vor allem hinsichtlich der Nutzung für die Museumspraxis, denn die Depoträume waren in den ersten Entwürfen noch nicht vorgesehen, sondern erst im Band der letzten Skizzen. Der Wagner-Monograf Otto Antonia Graf (1994) berichtet von einem „bürgerkriegsähnlichen Streit" um die Planung des Kaiser Franz Josef-Stadtmuseums.[194]

In diesem nie realisierten Projekt wäre im Tiefparterre ein Steindepot vorgesehen gewesen. Der Wiener Stein-Sammlung wäre vermutlich ein besseres Schicksal vergönnt gewesen, hätte man Wagners Pläne damals verwirklicht. Renata Kassal-Mikula hat Bestände aus dem ehemaligen „Steindepot" der städtischen Sammlungen anlässlich einer Sonderausstellung (2008) ans Licht gebracht und trotz spärlicher Quellenlage versucht, die bewegte Geschichte dieses Depots zu rekonstruieren. Als ab 1858 im Zuge des Ringstraßenbaus mit der Demolierung der Basteien begonnen wurde, lagerte man Wappen, Inschriften und andere bauplastische Werke zugunsten ihrer Bewahrung im städtischen Materialdepot auf der Roßauerlände ein. 1885 sichtete eine Kommission die Steine für die eventuelle Verwendung im geplanten Stadtmuseum (Einrichtung 1888). 1892 machte der Wiener Altertumsverein auf die Missstände im Steindepot aufmerksam: „Ein gelegentlicher Besuch hat uns davon überzeugt, dass unter dem Wirrsale von defecten Sculpturen, verrosteten Gascandelabern, Gassenaufschriften, Tafeln, zerschlagenen Röhren und ausgemusterten Strassenbesen Manches zerstreut liegt, was eine bessere Zukunft verdiente, als dort zu Grunde zu gehen und zu verschwinden."[195] Es sollte einige Jahrzehnte dauern, bis das Roßauer Steindepot aufgelöst, die Steine in ein Depot unter den Stadtbahnbögen, ab 1948 in der Tivoligasse/Meidling und seit 1974 im Zentraldepot des Wien Museums eingelagert wurden.

Die Bestandsaufnahme der Wiener Depots um 1900 muss leider fragmentarisch bleiben. Im Rahmen der Forschung zur Institutionsgeschichte vieler Museen gibt es noch Lücken zu schließen. Helmut Lackner (2002) hat die Hausaufgaben für das Technische Museum Wien gemacht: Im Neubau des 1918 eröffneten Museums waren keine Depots ge-

192 Graf (1994), Abb. 687,115 auf S. 476 (Version der Einigen Skizzen).

193 Graf (1994), S. 476.

194 Graf (1994), S. 457.

195 Kassal-Mikula, Renata, Die Steindepots des Wien Museums – oder – Neues aus der Vergangenheit, in: Renata Kassal-Mikula/Wien Museum (Hg.), Steinerne Zeugen. Relikte aus dem Alten Wien, Ausst. Kat., Wien Museum Hermesvilla 21.3.2008–11.1.2009, Wien 2008, S. 11–15, S. 12.

plant worden.[196] Wie wir bereits von Alphons Lhotsky (1941) wissen, wurden beim Bau der Hofmuseen, abgesehen vom erwähnten Gemäldedepot, keine Depots eingerichtet, sondern lediglich feuersichere Räume für die Spirituspräparate des Naturhistorischen Museums.

BRANDSCHUTZ

Beim Neubau von Archiven und Depots stand um 1900 vor allem eines im Vordergrund: der Brandschutz. Empfand man es bei der Bauplanung der Wiener Hofmuseen (1865) noch als bemerkenswert großes Zugeständnis an den Brandschutz, die Dienstwohnungen der Beamten und des Direktors nach reichlichem Debattieren außerhalb des Museums anzulegen,[197] wurde Wien nach dem katastrophalen Ringtheaterbrand 1881 zum Vorreiter im Brandschutz für öffentliche Bauten. Ab 1883 kam es zu neuen Vorschriften in der Wiener Bauordnung, die feuerhemmenden Materialien im Bauverbund den Vorzug gaben und somit langfristig dem Stahlbetonbau den Weg ebnen sollten.[198] Das Hofmobiliendepot wird 1900/01 mit einer Stahlkonstruktion der Firma Anton Biró, k.k. Eisenkonstruktions-Werkstatt, errichtet. Im Stahlgerüst sah man einerseits den Vorteil einer größeren Flexibilität in der Raumanlage, andererseits den der Brandsicherheit.[199] Fast zur gleichen Zeit (1899–1902) wurde am Haus-, Hof- und Staatsarchiv am Wiener Minoritenplatz gebaut. Das an das Bundeskanzleramt angebaute Archiv „zählt nach seiner Aussenfassade vier Stockwerke, im Inneren beherbergt es aber eine Eisenkonstruktion mit elf Etagen. Zwischen den Etagen, bei denen der jeweilige Fußboden einem Gitterrost gleicht, zirkuliert ständig die Luft."[200] Der Skelettbau, der sich im Inneren des Mauerwerks verbirgt, ist ein Werk der Firma Ignaz Gridl, k.k. Eisenkonstruktions-Werkstätte. Die Universitätsbibliothek (1884) der Universität Wien ist analog dazu konstruiert.[201] 1905 wird das Wiener Haus-, Hof- und Staatsarchiv in der *Museumskunde* neben der Königlichen Bibliothek in Stockholm und dem Archiv der Akademie der Wissenschaften in Chicago als Musterbeispiel internationalen Ranges für den „modernen, feu-

196 Lackner, Helmut, Die Depots des Technischen Museums Wien, in: Blätter für Technikgeschichte 64 (2002), S. 107–125, S. 110.

197 Lhotsky (1941), S. 45.

198 Lehne, Andreas, Wiener Warenhäuser 1865–1914, Forschungen und Beiträge zur Wiener Stadtgeschichte 20, Wien 1990, S. 23.

199 Jesch, Maria-Luise, Wenn Möbel erzählen. Vom „k.u.k. Hofmobilien- und Material-Depôt" zum „Möbel Museum Wien" 1899–2008, phil. Diss., Universität Wien 2008, S. 24–47.

200 Witzmann, E., Haus-, Hof- und Staatsarchiv. Mit Photos von Andreas Lehne, in: Die Presse. Schaufenster vom 8.2.1985, S. 5.

201 Georgeacopol-Winischhofer, Ute, Von der Schlosserei zur Brückenanstalt. Die Entwicklung einer Technologie, in: Alfred Fogarassy (Hg.), Ignaz Gridl. Eisenkonstruktionen. Ingenieurbaukunst und Innovationen im 19. Jahrhundert, Fotografien von Nora Schoeller, Wien 2011, S. 23–45, S. 39.

ersicheren Depotbau" hervorgehoben.[202] Für den Ernstfall wird aber auch auf die Gefahr der 11-etagigen Eisenkonstruktion in Wien hingewiesen: Durch das Wärmeleitvermögen des Eisens kann es bei einem Brand zu einer gewaltigen Ausdehnung und Krümmung des Skeletts kommen. Das Vertrauen in die neue Art des Bauens war nicht grenzenlos, Holz sei aber keine Lösung, man hoffe weiterhin auf die Forschung zur Erzeugung feuersicherer Baumaterialien in der Industrie. Allgemein empfohlen werden für Neubauten Brandabschnitte durch das Einbauen von Eisentüren, Feuermauern, die Vermeidung von riesigen Dachkonstruktionen, Baumaterialien wie Stein und Eisen statt Holz.

Beklagt wird, dass der Brandschutz oft im Widerspruch zur Einbruchsicherung steht. Vor allem Fenstergitter im Erdgeschoß seien bei Ausräumarbeiten sehr hinderlich, gegen den Einbruch aber unentbehrlich. Auch hier wird das Wiener Haus-, Hof- und Staatsarchiv lobend hervorgehoben und das neue brand- und einbruchsichere Fenstergittersystem sogar abgebildet.[203] In Sachen Brandschutz werden Depots eigentlich nie tabuisiert. So empfiehlt Gustav Pazaurek (1905) die enge Zusammenarbeit mit der Feuerwehr, die Einladung zu einer „Feuerwehr-Konferenz" (wie im Nordböhmischen Gewerbemuseum von Pazaurek bereits erfolgreich durchgeführt), wo von den Kellern und Depoträumen bis unters Dach alles gemeinsam zu inspizieren wäre. In Antwerpen wurden beispielsweise zusätzlich Falltüren eingebaut, welche „das rasche Beseitigen wertvoller Gemälde in unterirdische Depots ermöglichen sollen".[204] Empfehlungen, wie sie Pazaurek allgemein gab, waren natürlich nicht gänzlich neu, und wurden in vielen Museen bereits ständig optimiert. Der Altbau des Österreichischen Museums für Kunst und Industrie in Wien (1868–1871) war bereits in fünf Brandabschnitte geteilt, nach Trakten durch Brandmauern gegliedert, und die Ausstellungsräume durch den Einbau von Eingangstüren aus Eisen sowie eiserne Fensterbalken feuer- und gleichzeitig einbruchsicher gestaltet.[205] Beim Erweiterungsbau (1907–1909) berücksichtigte man den Brandschutz durch den bewussten Verzicht auf Holz für die Zwischendecken und durch das Aufstellen von Wasserhydranten in jedem Geschoß.[206] Wie bei der Planung der Wiener Hofmuseen bereits angesprochen, war der Brandschutz wegen der großen Menge an Spirituspräparaten vor allem für die naturhistorischen Sammlungen von großer Bedeutung. Die zeitgenössischen Diskussionen spiegeln jedoch keine große Einigkeit zwischen Sicherheitsexperten und Kustodenschaft: Alle Spiritusobjekte in feuersicheren Räumen gesondert aufzubewahren würde die „Zerreißung der Sammlung und Erschwerung des Arbeitens bedeuten".[207]

---

202 Pazaurek, Gustav E., Feuersgefahr in Museen, in: Museumskunde 1 (1905), S. 97–104, S. 99.
203 Pazaurek (1905), S. 99f.
204 Pazaurek (1905), S. 101f.
205 N.N. (1868), Baufrage, S. 95, 98.
206 N.N. (1909), Erweiterungsbau, S. 603.
207 Römer, F., Die Feuersgefahr in den naturhistorischen Museen, in: Museumskunde 2 (1906), S. 74–79, S. 78.

DEPOTAUSSTATTUNG

Im ersten Jahrgang der *Museumskunde* (1905) wird das im Kaiser Friedrich-Museum neu eingerichtete Magazin für das Königliche Münzkabinett ausführlich behandelt und mit der Abbildung von Fotografien vorgestellt (Abb. 8). Es war das, was wir heute als *high tech* oder Luxus-Depot bezeichnen würden, und ließ sowohl aus konservatorischer als auch aus sicherheitstechnischer Sicht keine Wünsche offen. Die eisernen Münzschränke dokumentieren die überraschend hohen Standards in der damaligen Depotausstattung. Mit der Herstellung beauftragt waren die einschlägig spezialisierten Berliner Firmen Tresor sowie die Panzer AG.[208] Fünfzig Jalousieschränke mit insgesamt 10.000 Schubladen umfasst die Schrankanlage, darüber befinden sich auf einer Galerie offene Regale.[209] Die Ausstattung ist heute noch in ihrer ursprünglichen Funktion in Verwendung und wurde zwischen 1998 und 2004 vorbildlich restauriert.[210] Als weitere Referenzen gibt die Panzer AG in Berlin die Ausstattung der Königlichen Nationalgalerie, des Alten Museums, des Museums für Naturkunde, des Museums für Völkerkunde und den Aktentresor der Victoria-Versicherung an; außerhalb Berlins das Armee-Museum in München, in Hannover das Provinzialmuseum, in Bremerhaven das Städtische Museum, in Breslau das Kunstgewerbemuseum, in Petersburg das Zoologische Museum und das Museum für Ethnographie sowie das Landesmuseum in Bregenz. Anhand der Referenzen liegt der Schluss nahe, dass es sich bei dieser Firma um einen der Marktführer handelte. Die Panzer AG behauptet im Katalog von 1905, dass sie seit sieben Jahren die Fabrikation von eisernen Museums- und Bibliotheksschränken „nach einem ganz neuen konkurrenzlosen System“ betreibe. Die Schränke seien „vollkommen staubdicht“. Hervorgehoben wird, dass Eisenschränke gegenüber den traditionellen Holzschränken viele Vorteile besitzen: Sie verziehen sich nicht, gestatten durch die höhere Belastbarkeit das Einsetzen von größeren und ungeteilten Glasflächen, sind feuersicher und nicht anfällig für Insekten- und Wurmfraß. Gegenüber Holzschränken, die bei erhöhter Tragfähigkeit sogleich ein „plumpes, schwerfälliges Aussehen“ bekämen, seien Eisenschränke, so die Panzer AG, mit der gleichen Belastbarkeit trotzdem „elegant“.[211]

Bereits um 1820 wurden die ersten feuersicheren Eisenschränke aus Gusseisen in Frankreich hergestellt. In den USA fanden ab den 1850er-Jahren eiserne Schränke all-

---

208 Menadier, Julius, Die Neueinrichtung des königlichen Münzkabinetts im Kaiser Friedrich-Museum zu Berlin, in: Museumskunde 1 (1905), S. 16–33, S. 18/ Anm. 1.

209 Panzer AG, Museums-Schränke, Museums-Vitrinen, Münzschränke, Bibliothekseinrichtungen, Firmenkatalog, Berlin 1905, S. 6, 12, 13.

210 Kluge, Bernd, Das Münzkabinett. Museum und Wissenschaftsinstitut, Das Kabinett 9, Berlin 2004, S. 34–42. Ich danke Prof. Dr. Kluge herzlich für die wundervolle Führung durch den Großen Tresor.

211 Panzer AG (1905), S. 1, 28.

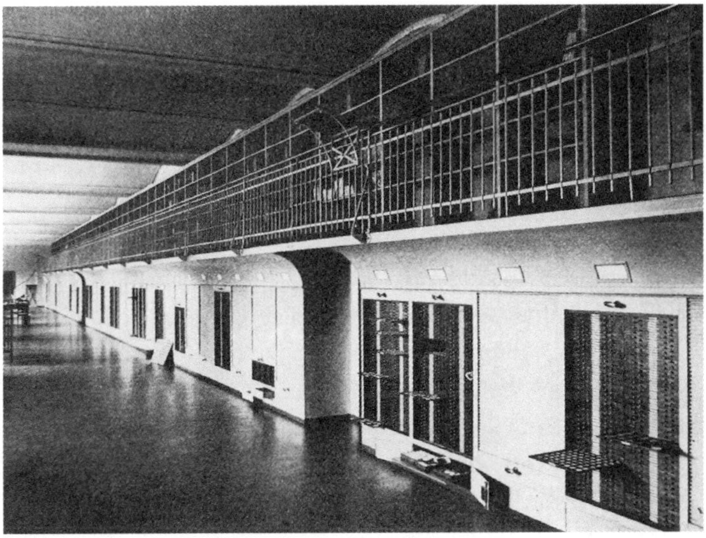

Abb. 8: Magazin für das Königliche Münzkabinett im Kaiser Friedrich-Museum, Berlin (1905)

mählich Verbreitung, vor allem Geldschränke mit Tresorschlössern in Banken, Postämtern, Versicherungen und Fabriken.[212] In den Museen zählten Holzschränke bis zum Ende des 19. Jahrhunderts zur traditionellen Ausstattung. Bei der Anfertigung wurde auf besondere Sorgfalt Wert gelegt, wie aus den zeitgenössischen Fachzeitungen für Tischler hervorgeht.[213] In Wien waren meist Hoftischler, die aber auch ganz andere Auftragsarbeiten übernahmen, für die Anfertigung zuständig, beispielsweise Vinzenz Hefele, Bernhard Ludwig oder Alexander Albert. Hoftischler Albert beispielsweise „signierte" die Schränke, die er ursprünglich für die Einrichtung der Hofbibliothek angefertigt hatte, mit seinem Firmenemblem.[214] Bücherregale aus Eisen für den Keller der Hofbibliothek lieferte 1904 die Firma Ignaz Gridl, k.k. Eisenkonstruktionswerkstätte.[215] Das Zoologische Museum der Kaiserlichen Akademie der Wissenschaften in St. Petersburg, das die deutsche Panzer

212 Giedion (1994), S. 78f.

213 N.N., Behandlung ganz schmaler Rahmenhölzer an Glasthüren, Schauschränken u.s.w., in: Oesterreichisch-ungarische Tischler-Zeitung. Illustriertes Fachblatt für Kunst-, Möbel-, Bautischler und alle holzverarbeitenden Gewerbe 10 (1894), S. 69 (= Bericht der Allgemeinen Tischler-Zeitung Berlin über Museumsschränke).

214 Einige dieser Schränke finden heute im Bundesdenkmalamt in der Wiener Hofburg Verwendung. Für diesen Hinweis danke ich Andreas Lehne. Alexander Albert = Aleksander Albert oder Alex. Albert.

215 Nierhaus, Andreas, Zeigen und Verbergen. Eisen im Monumentalbau des 19. Jahrhunderts am Beispiel der Arbeiten der Firma Ig. Gridl für den Wiener Kaiserhof, in: Alfred Fogarassy (Hg.), Ignaz Gridl. Eisenkonstruktionen. Ingenieurbaukunst und Innovationen im 19. Jahrhundert, Fotografien von Nora Schoeller, Wien 2011, S. 91–99, S. 97 (nach: Österreichisches Staatsarchiv, Hofbaucomité 29604).

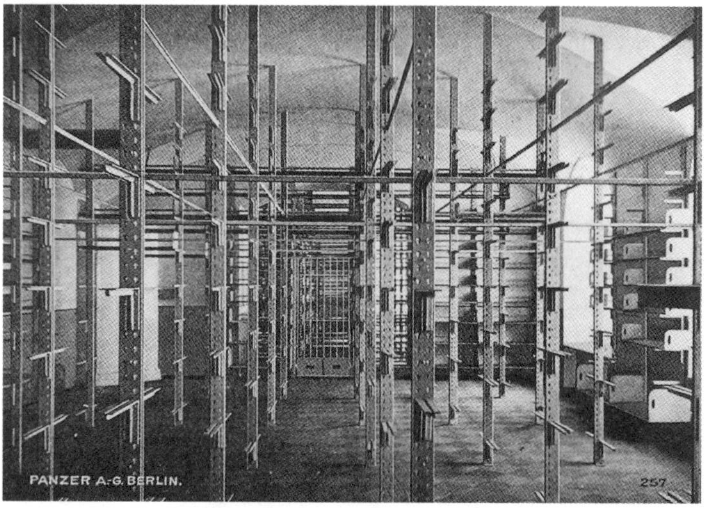

Abb. 9: Lochpfosten-Konstruktion im Asiatischen Museum von St. Petersburg (1905)

AG nach internationaler Ausschreibung mit der kompletten Inneneinrichtung beauftragt hatte, war das erste Museum in Europa, das die Ausführung der Einrichtung ausschließlich in Eisen und Glas, unter explizitem Ausschluss von Holz, zur Bedingung gemacht hatte.[216] Als Neuheit galt für Regalanlagen in Bibliotheken und Depots die Lochpfosten-Konstruktion. Konsole und Regalfächer können beliebig verstellt werden. Eindrucksvolle Fotografien im Verkaufskatalog der Panzer AG (1905) führen in einen Wald von unbesetzten Lochpfosten-Regalen in einem noch leeren Bücherspeicher (Abb. 9).[217] Die Abbildungen stehen stellvertretend für die neue Ästhetik in der Ausstattung von Magazinen und Speichern: nüchtern, klinisch, technisch – alles Schlagworte, die das „moderne“ Depot am Beginn des 20. Jahrhunderts beschreiben, zumindest im Verkaufskatalog. Es ist daher kein Zufall, dass viele der Produzenten von Museums- und Depotschränken ursprünglich aus der Branche der Krankenhausausstatter oder aber des Tresorbaus stammen und dann allmählich den Museumsbereich als zusätzlichen Markt entdeckt hatten. Dies belegen die zahlreichen Firmeninserate in der Zeitschrift *Museumskunde* ab 1905.

216 Panzer AG (1905), S. 4. Um Staubdichtheit zu erzielen, werden die Eisenrahmen der Schränke mit Kitt ausgefüllt, auf diesen wird die Glasscheibe gelegt, von innen mit einer Falzleiste angeschraubt und der Falz mit Kitt verfüllt. Die Fugen der Türen sind mit Dichtungsschnüren ausgelegt, deren geheimnisvolle Zusammensetzung von der Panzer AG in „jahrelangen Versuchen erprobt worden ist“. Der Verschluss ist in der ganzen Höhe, auch bei drei Meter hohen Schränken, nur an einer Stelle zu sperren. Zum Schließen wird ein Basquillschloss (die Basquillriegel gehen nach oben und unten und fassen in entsprechende Löcher in den Rahmen) mit Dreikantschlüssel verwendet, eventuell durch ein Chubbschloss gesperrt (S. 2).

217 Panzer AG (1905), S. 16f.

In den Inseraten wird nicht immer zwischen Schauraum- und Depotausstattung unterschieden. Der alles vereinende Sammelbegriff lautet „Museumsschränke". Und entgegen der Eigenwerbung der Panzer AG haben selbstverständlich auch andere Firmen staubdichte Eisenschränke im Warenangebot: „Garantiert staubdichte" Schränke „nach den neuesten Konstruktionen" führt (1905) die erwähnte Firma Tresor, Fabrik für Geldschrankbau und Metall-Industrie in Berlin[218], ebenso die Firma Aug. Kühnscherf & Söhne in Dresden (1911), später Spezialfabrik für Museumseinrichtungen, die sich als „erste und älteste Spezialfabrik für eiserne Museums-Einrichtungen" bezeichnete.[219] Auf diesem Gebiet tätig waren auch die bereits 1880 gegründete Altonaer Sammlungsschrank-Fabrik mit ihren „vielfach gesetzlich geschützten" Altonaer Sammlungsschränken,[220] die Firma Alb. Gossen in Weissensee bei Berlin, die sich vor allem auf die Ausstattung medizinischer Sammlungen spezialisiert hatte (1911),[221] sowie die Firma H.C.E. Eggers & Co G.m.b.H. in Hamburg, die (1911) mit ihrer Schrankan-

---

218 Museumskunde 1 (1905), o.S., Anzeigenteil: „TRESOR Fabrik für Geldschrankbau und Metall-Industrie / Karl Kirks, Franz Kuppler & Co. / (Inhaber: Hellmuth von Blücher und Franz Kuppler) / Berlin No. 55, Prenzlauer Allee 34. / Die Firma empfiehlt ihre gediegenen Fabrikate, als: / Museumsschränke jeder Art nach den neuesten Konstruktionen, garantiert staubdicht. / Münzhalter in allen Größen für goldene, silberne, bronzene und kupferne Münzen. / Schaurahmen für Münzen, besonders für das königl. Münzkabinett im Kaiser Friedrich-Museum konstruiert. / Bücherschränke. / Vollständige Bibliotheks-einrichtungen nach neuem System (D.R.G.M. Nr. 139144). / Prima Referenzen."

219 Museumskunde 7 (1911), o.S., Anzeigenteil: „Kühnscherf's Museums-Schränke haben Weltruf! / Aug. Kühnscherf & Söhne, Dresden / Erste u. älteste Spezialfabrik für eiserne Museums-Einrichtungen; Eine Mineralien-Sammlung / kann nicht besser verwahrt und nicht vorteilhafter aufgestellt werden / als in / Kühnscherf's vollständig staubdichten Museums-Schränken aus Metall und Glas… [es folgt ein Referenzschreiben der Königlichen Bergakademie zu Clausthalin]." Museumskunde 17 (1923), o.S., Anzeigenteil: „KÜHNSCHERF Museums-Schränke aus Metall und Glas / Aug. Kühnscherf & Söhne / Spezialfabrik für Museumseinrichtungen / Dresden – A."

220 Museumskunde 7 (1911), o.S., Anzeigenteil: „Die vielfach gesetzlich geschützten ALTONAER SAMMLUNGS-SCHRÄNKE / sind vollkommen staubdicht, haben ein vornehmes Äußeres und sind sehr preisgünstig. / Carl Meier, Altona a.E. / Gerberstr. 30-32 / SPEZIALFABRIK FÜR MUSEUMS-SCHRÄNKE etc. / Geschäftsgründung 1880 / Zeichnungen, Kostenanschläge, Kataloge etc. kostenfrei." Museumskunde 15 (1920), 16 (1921/22), 17 (1923): „Die Altonaer Sammlungsschrank-Fabrik liefert preiswert: / MUSEUMS-SCHRÄNKE / Schau-Pulte u. Vitrinen, Instrumenten-Schränke, Bibliotheks-Einrichtungen, Krankenhaus-Einrichtungen etc. / Carl Meier / Inh. Wilhelm Meier / ALTONA a.E. / Gerberstr. 30-32."

221 Museumskunde 7 (1911), o.S., Anzeigenteil: „ALB. GOSSEN / Inhaber: R. Schatzschneider & L. Weckel / Weissensee bei Berlin, Lehderstr. 39/41 / Schränke derselben Art wie nebenstehend lieferte ich in großer Anzahl für das Anatomische Institut der Tierärztlichen Hochschule in Berlin, Hygienisches Institut der Tierärztlichen Hochschule in Berlin, Rudolf Virchow-Krankenhaus in Berlin, Reichs-Gesundheitsamt in Dahlem. [Nebenstehend befindet sich die Abbildung eines Sammlungsschranks für das Pathologische Museum der Berliner Charité, auch Virchow-Museum] / Spezialität: Museumseinrichtungen / Staubdichte Schränke für alle Arten von Sammlungen / Kalkulationen werden auf Wunsch gern geliefert ohne Kostenberechnung."

lage im Museum für Völkerkunde in Hamburg wirbt.[222] Diesem Museum ist 1916 sogar ein eigenes, sehr stattliches Beiheft zur *Museumskunde* gewidmet, in dem jene Depotschränke, aber auch die Depoträume und ihre Einrichtung anschaulich beschrieben werden: „Die wissenschaftliche Sammlung wird zweckmäßig so aufgestellt, dass die systematisch zusammengehörigen Objekte jeweils in Schränken vereinigt werden. Es kommt in dieser Abteilung wohl auf eine übersichtliche Magazinierung, nicht aber auf eine jede Einzelheit erkennbar darstellende Anordnung an.“ [223] Der Unterschied zur Aufstellung in der Schausammlung bestehe darin, dass es dort nicht unbedingt nötig sei, „ganz große und ganz kleine Gegenstände in demselben Schrank aufzustellen. Im Magazin, das alle Gegenstände zwar leicht erreichbar, aber doch eng verpackt enthält, wird man es allerdings tun, denn hier ist der Schrank die Einheit, die möglichst viel Zusammengehöriges umfassen soll.“[224]

Je mehr sich die Trennung zwischen Schau- und Depotsammlung in den Museen etabliert, desto professioneller wird auch die Diskussion um praktische Lösungen, welche der Neuerung bestmöglich entsprechen können. Wie beispielsweise ein Studiendepot für Textilien aussehen kann und dabei eine Einheit zwischen Depot- und Studienmöbel herzustellen ist, zeigt ein mit äußerst anschaulichen Abbildungen illustrierter Beitrag in der *Museumskunde* über das Museum für ostasiatische Kunst Köln.[225]

Der Professionalisierungsschub in der Ausstattung wäre nicht denkbar ohne die zeitgleiche Entwicklung der Präsentationskultur in Verkaufsgalerien, Auktionshäusern, im Messebau, in Gewerbe- und Weltausstellungen und in Warenhäusern – alles das eben, was Tony Bennett (1992) als *exhibitionary complex* für das ausgehende 19. Jahrhundert als nicht zu trennendes Beziehungsgeflecht in der Entwicklung des modernen Museums beschreibt. Gleichzeitig beginnt die Tradition der Fachmesse auch für den musealen Bereich, beispielsweise in Leipzig,[226] wo sich diese Tradition ja bis heute aufrechterhalten hat.

222 Museumskunde 7 (1911), o.S., Anzeigenteil: „Eggers' staubdichte Sammlungsschränke / Anlage im Museum für Völkerkunde in Hamburg / Gesetzlich geschützte Anordnung der Baudeputation. / H.C.E. Eggers & Co, G.m.b.H. / Hamburg 23, Papenstrasse.“ Museumskunde 15 (1920), o.S., Anzeigenteil: „Museums-Schränke / Staubdichte eiserne Schränke / Schränke für alle Arten Sammlungen und Instrumente / Unübertroffene Spezialität / H.C.E. Eggers & Co G.m.b.H. Hamburg / Lieferanten staatlicher und städtischer Museen.“ Museumskunde 16 (1921/22), 17 (1923), o.S., Anzeigenteil: „EGGERS MUSEUMS-SCHRÄNKE / SPEZIAL TYPEN. / H.C.E. Eggers & Co G.m.b.H. / Hamburg 23.“

223 Thilenius, G., Das Hamburgische Museum für Völkerkunde, Berlin 1916 = Beiheft zur Museumskunde 12 (1916), S. 79.

224 Thilenius (1916), S. 101.

225 Fischer, Adolf, Das Museum für ostasiatische Kunst der Stadt Cöln, in: Museumskunde 10 (1914), S. 71–107.

226 Bredt, E.W., Die museumstechnische Ausstellung in Leipzig 1914, in: Museumskunde 9 (1913), S. 214–216.

DEPOTBETRIEB

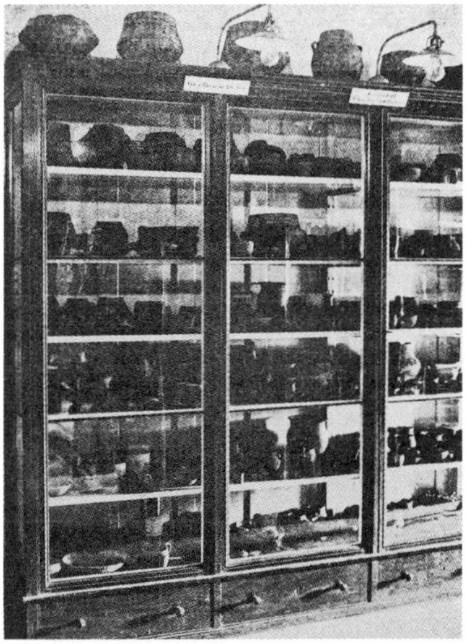

Abb. 10: Studiensammlung im Märkischen Museum Berlin (1916)

Über das Märkische Museum in Berlin informiert Albert Kiekebusch 1916: Die archäologischen Sammlungen werden dreigeteilt in 1. ständige Ausstellung, 2. Studiendepot und 3. Magazin. Zwei Innenansichten verdeutlichen den sich immer klarer abzeichnenden Unterschied zwischen Studiensammlung und Depot. Die Funde, die vorher die Schausammlung füllten, sind nun in der sogenannten Lehrsammlung in Glasschränken untergebracht, von oben gut beleuchtet, und für Interessierte zugänglich (Abb. 10).[227] Das Foto des Depots zeigt hingegen ein vom Boden bis zur Decke angefülltes Regal mit Hunderten von Kleinfunden, die in fein säuberlich nummerierten Schachteln aufbewahrt werden (Abb. 11). In der *Museumskunde* ist dies (neben dem für durchschnittliche Sammlungen wohl wenig repräsentativen Münzkabinett des Bode Museums) eines der ersten Fotos, welches das bisherige Tabu Depot ungeschönt abbildet, und auf die dadurch gegebenen, zusätzlichen Herausforderungen für die Museumspraxis hoch professionell reagiert.[228] Für den Depotbetrieb gibt Kiekebusch geradezu mustergültige Handlungsanweisungen zur Inventarisierung und Standortverzeichnung.[229] Immerhin stellte das nicht öffentliche Depot die Museumsfachleute vor eine neue, schwierige Verwaltungsaufgabe – die gesammelten, aber weder in der ständigen Ausstellung noch im Studiendepot sichtbaren Objekte waren so abzulegen, dass sie auch von späteren Generationen problemlos wiedergefunden werden können. Der Museumsexperte Otto Lauffer (1907) warnt eindringlich vor einem „wüsten Durcheinander beiseite gestellter Gegenstände" im Depot, welches die Aufgabe habe, „die nicht ausgestellten Stücke konserviert in einer solchen Verfassung aufzubewahren, daß dem Spezialforscher ihr rasches Auffinden und ihr Studium jederzeit möglich ist".[230] Das rasche Auffinden war auch ein Kriterium bei der Einrich-

227 Kiekebusch, Albert, Aufgabe und Einrichtung der vorgeschichtlichen Sammlungen, in: Museumskunde 12 (1916), S. 1–30, S. 20, Abb. 5.

228 Kiekebusch (1916), S. 24, Abb. 7.

229 Kiekebusch (1916), S. 22–25.

230 Lauffer, Otto, Das historische Museum, in: Museumskunde 3 (1907), S. 222–245, S. 237.

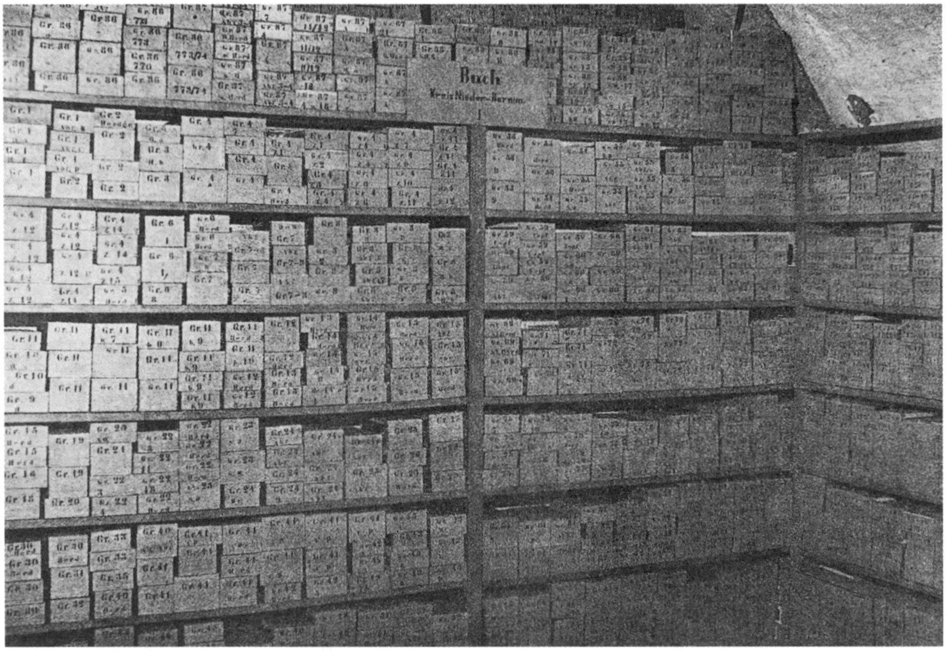

Abb. 11: Depot für archäologische Kleinfunde im Märkischen Museum Berlin (1916)

tung des Hamburgischen Museums für Völkerkunde (1916): „Für die Unterbringung der Magazinsammlungen sind teils ältere Schränke, teils staubdicht verschließbare Zellen mit Regalen geplant. [...] Von dem Beamten, dem die Abteilung unterstellt ist, muß natürlich erwartet werden, daß er ihren Inhalt und ihre Anordnung genau kennt, um jederzeit ein bestimmtes Stück ohne Zeitverlust auffinden zu können. Ortsansässige und auswärtige Gelehrte werden zwar nicht immer sofort einen gewünschten Gegenstand erhalten können, wohl aber am folgenden Tag, und es bereitet ihnen wohl kaum Schwierigkeiten, sich rechtzeitig anzumelden und ihre Wünsche dabei mitzuteilen."[231] In den folgenden beiden Jahrzehnten nimmt die Fachdiskussion um das Inventarisieren von Museumsbeständen, die Standortverzeichnung, entsprechende Ordnungsprinzipen in Kartei und Depot sowie die museale Wissensverwaltung deutlich zu und erreicht in den frühen 1930er-Jahren einen Höhepunkt.[232]

231 Thilenius (1916), S. 123.

232 Siehe dazu: Lenz, Oskar, Inventar und Katalog, in: Museumskunde N.F. 4 (1932), S. 5–15 (Teil I), S. 67–80 (Teil II); Thiel, Max Egon, Über die Aufgaben und Methoden der Verwaltung wissenschaftlicher Sammlungen nebst Anregungen für den weiteren Ausbau des Bundes der deutschen naturwissenschaftlichen Museen, in: Museumskunde N.F. 3 (1931), S. 14–38.

BERGEDEPOTS IN DEN WELTKRIEGEN

Während des Ersten Weltkrieges ist notgedrungen eine ebenso rasante wie pragmatische Entwicklung in der Mobilisierungs- und Aufbewahrungspraxis (Kunsttransport, Verpackung, Deponierung, Registrierung etc.) festzustellen. Ein zweibändiges, mit erschreckenden Fotos bebildertes Großformat *Kunstschutz im Kriege* (1919) dokumentiert die Bemühungen zur Bergung von mobilem Kulturgut in Österreich, Deutschland, Italien, Frankreich, Polen, Serbien, Rumänien, Litauen und Galizien. In Österreich wurde 1914 vom Unterrichtsministerium eine landesweite Verfügung „zu unverzüglichen Maßnahmen zum Schutz der Kunstwerke" erlassen.[233] Viele große und mittlere Museen agierten autonom, schlimmer bestellt war es um kirchliche Sammlungen und kleinere Museen. Aus Angst vor Diebstählen gaben einige Museen das Versteck ihrer Güter selbst den Schutzbehörden nicht an, was vielerorts zum Raub bedeutender Sammlungsteile führte.[234] In größeren Städten richtete man zentrale Bergestellen ein. An der Isonzofront wurden gefährdete Objekte im Krainischen Landesmuseum Laibach gesammelt, verpackt und weiter zu den zentralen Bergestellen nach Graz oder Wien transportiert.[235] Aus Tirol ist uns ein Bericht der Bergung von sechs kostbaren Gobelins aus dem Diözesanmuseum Trient erhalten: Deponiert wurden diese in einem mit Sandsäcken verstärkten Doppelgewölbe, das noch durch eine zusätzliche Schutzmauer gesichert war.[236] Durch eine Abbildung (1919) wissen wir von einem Kellergewölbe in Venedig, das als Bergedepot für die abgespannten und auf riesigen Rollen gelagerten Großgemälde aus dem Dogenpalast diente (Abb. 12).[237]

Das während des Ersten Weltkrieges berühmteste und vermutlich auch größte Bergedepot befand sich in Valenciennes im nördlichen Frontgebiet Frankreichs. Die Qualität der in Valenciennes geborgenen Kunstwerke verführte die Leitung sogar dazu, im Jahr 1917 eine „museale Aufstellung" in den helleren Sälen zu arrangieren (Abb. 13). Wilhelm von Bode schrieb darüber in seinen Memoiren: Die Kunstwerke waren „in Maubeuge und Valenciennes, teils in bombensicheren Kellern geborgen, in der Hauptsache aber geschmackvoll aufgestellt und bildeten einen Anziehungspunkt sowohl für unsere Feldgrauen in der Etappe und auf dem Durchmarsch als für die einheimische

233 Dvořák, Max, Einrichtungen des Kunstschutzes in Österreich, in: Paul Clemen (Hg.), Kunstschutz im Kriege, Bd. 2, Leipzig 1919, S. 1–10, S. 1.

234 Tietze, Hans, Österreichischer Kunstschutz in Italien, in: Clemen (1919), Bd. 2, S. 50–70, S. 53f.

235 Gnirs, Anton, Die Denkmalpflege an der österreichischen Isonzofront in der Zeit des italienischen Feldzuges 1915–1918, in: Clemen (1919), Bd. 2, S. 11–22, S. 16.

236 Wieser, Franz von, Maßnahmen zum Schutze der Kunstdenkmäler in Tirol gegen Kriegsgefahr, in: Clemen (1919), Bd. 2, S. 23–38, S. 24.

237 Grautoff, Otto, Die Denkmalpflege im Urteil des Auslandes, in: Clemen (1919), Bd. 1, S. 111–140, S. 129.

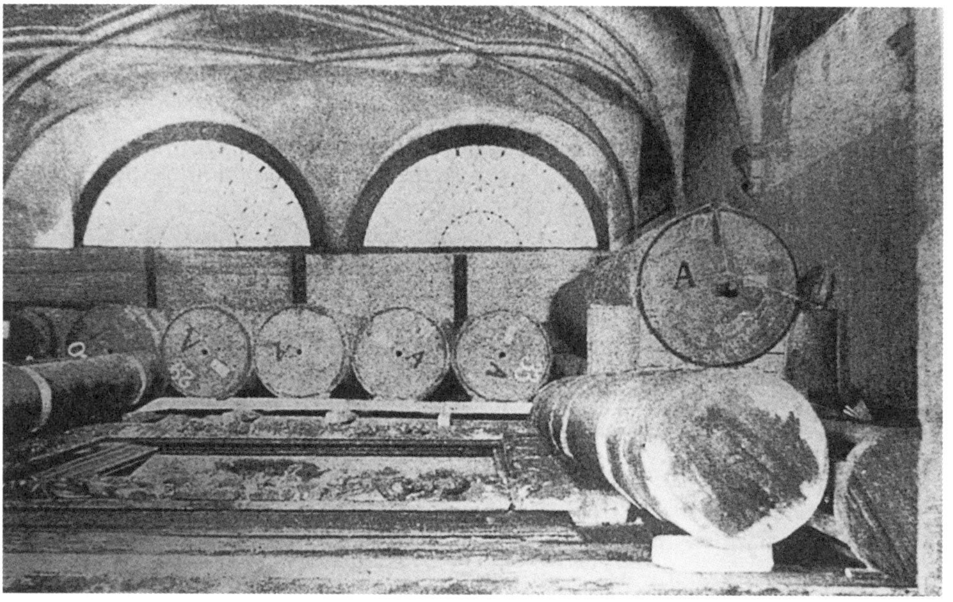

Abb. 12: Bergedepot für die auf Rollen gelagerten Gemälde des Dogenpalastes in Venedig (1919)

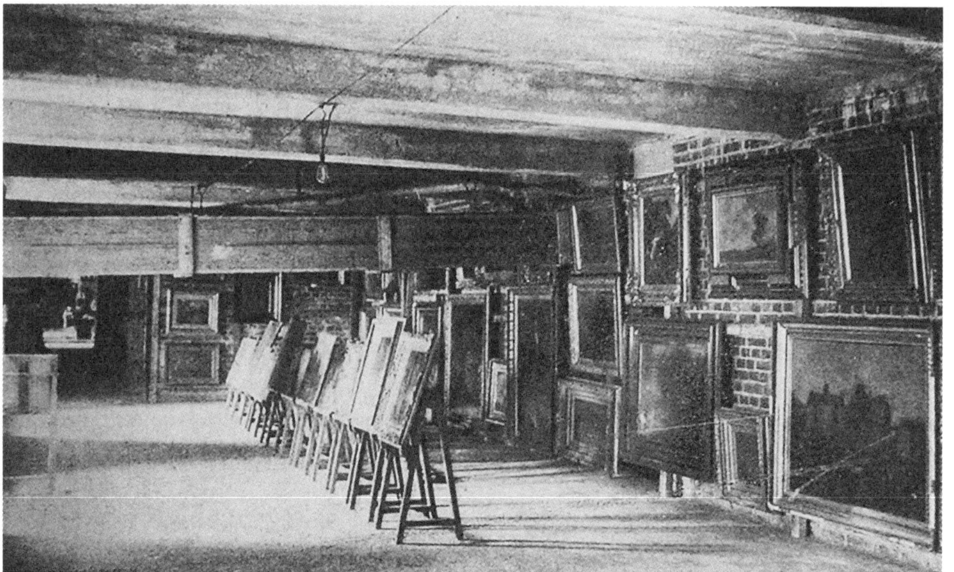

Abb. 13: Bergedepot in Valenciennes (1917)

Bevölkerung."[238] Im Herbst 1917 wurde durch die Verschiebung des Frontverlaufs jedoch über Nacht die Verlegung des gesamten Bergedepots nach Brüssel angeordnet. Für die Unzahl von Kisten und Rollen begann eine abenteuerliche Reise zu Wasser.[239] Zweifellos brachten die oftmals augenblicklich notwendigen Bergungsmaßnahmen auch eine allmähliche Routine für Depot- und Objektverwaltung, Inventarisation, Verpackung und Transport.

Die Schrecken des Zweiten Weltkrieges geboten ebenso raschen Handlungsbedarf. Wiederum waren die meisten Museen gezwungen, ihre Sammlungen auf unbestimmte Zeit und über mehrere Jahre in Bergedepots auszulagern. In Kellern, Stollen und Bunkern waren sie zwar vor Bomben, Bränden und Plünderungen geschützt, doch lauerten andere Gefahren wie zu hohe Luftfeuchtigkeit, Schimmel, Motten, Ratten. Die Großtransporte mit Eisenbahn, Pferdewagen und Stollen-Hunt waren riskant. Im Gebiet des heutigen Österreich wurden etwa 200 Bergungsorte eingerichtet, darunter viele in Schlossanlagen oder Klöstern (vorwiegend in Niederösterreich), aber auch die berüchtigten Depots in den Bergwerksstollen von Altaussee, Lauffen bei Bad Ischl oder Hallein.[240] Als wichtigste Bergungsorte für das Kunsthistorische Museum dienten ab 1939 die Kartause Gaming und das ehemalige Jagdschloss der Rothschilds in Steinbach bei Göstling, im Laufe des Krieges wurde zusätzlich das Stift Klosterneuburg zu einem sogenannten „Bergungsort erster Ordnung" ausgebaut. 1944 wurden die Sammlungen des Kunsthistorischen Museums in die Stollendepots ins Salzkammergut verbracht (Abb. 14).[241] Das British Museum, das Victoria & Albert Museum und die National Gallery London lagerten ihre Schätze ebenfalls in Stollen- und unterirdischen Tunnelanlagen ein. 1939 bildete sich ein nationales Forschungs- und Expertenkomitee aus Vertretern von Museen, Galerien und Bibliotheken mit Sitz im British Museum, das sich zur Aufgabe gemacht hatte, ein A.R.P. Handbuch (*Air Raid Precautions in Museums, picture galleries and archives*) für alle britischen Sammlungen zu veröffentlichen. Die von James Plenderleith, damals Vorstand des Laboratoriums am British Museum, 1943 erstellte Zusammenfassung der Forschungsergebnisse zur Berge- und Depotarbeit waren zunächst als Anweisung für die offizielle Verlegung der britischen Sammlungen in Bergeorte bestimmt; sie erwies sich dann aber bis in die 1970er-Jahre als wichtige Basis für alle weiteren Entwicklungen auf diesem Gebiet. Nicht nur praktikable Lösungen zur Senkung und Stabilisierung

238 Bode (1997), S. 403.

239 Demmler, Theodor, Die Bergung des mobilen Kunstbesitzes in Nordfrankreich, in: Clemen (1919), Bd. 1, S. 75–110, S. 100–108.

240 Brückler, Theodor, Die österreichische Denkmalpflege 1945–1947: „Resurrectio" oder „Reanimatio"?, in: Österreichische Zeitschrift für Kunst und Denkmalpflege 3/4 (2004), S. 390–443, S. 404.

241 Haupt, Herbert, Das Kunsthistorische Museum. Die Geschichte des Hauses am Ring. Hundert Jahre im Spiegel historischer Ereignisse, Wien 1991, S. 159–164 (Bergung), 184–190 (Rückführung), zit. S. 159.

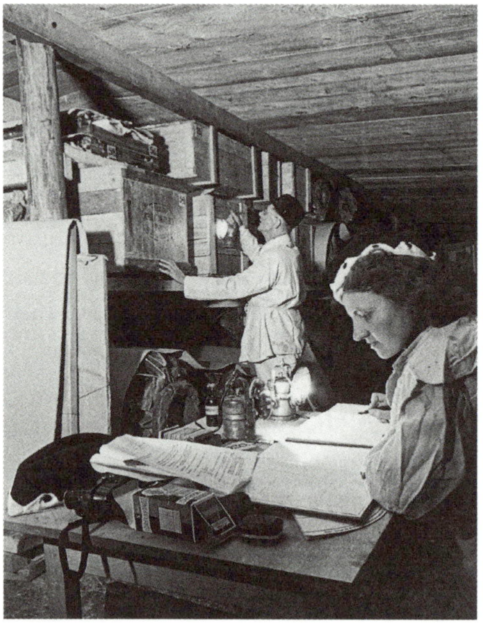

Abb. 14: Arbeit im Bergedepot Salzberg (1944)

der (in den Bergeräumen teilweise über 90 % hohen relativen) Luftfeuchte standen an der Tagesordnung, sondern auch Verbesserungen im Kistenbau, Transport, Handling und Langzeitverpackung im Depot.[242] Viele dieser Handlungsanweisungen, beispielsweise die Verwendung von Silikagel, haben bis heute Gültigkeit. Für die sensiblen Gemälde und Holztafeln im *underground repository* der National Gallery wurden durch intelligente bauphysikalische Maßnahmen einfache Klima-Boxen geschaffen, um auf eine Vollklimatisierung verzichten zu können.[243] In der *Museumskunde* steht zu Kriegsbeginn vor allem die Schädlingsbekämpfung im Museumsdepot zur Debatte,[244] vom Einsatz hochtoxischer Substanzen in den Bergedepots des Zweiten Weltkrieges ist nach diesen Berichten leider auszugehen.

In Österreich sollte es teilweise bis in die späten 1950er-Jahre dauern, bis es nach dem Krieg zur endgültigen Auflösung der zahlreichen Bergedepots kam. Die verspätete Rückkehr der Sammlungen war manchmal auch dadurch bedingt, dass die Museumsgebäude zerstört oder durch Bombenangriffe schwer beschädigt waren. Nicht zuletzt aus Raumnot ließ das Kunsthistorische Museum zwischen 1946 und 1949 die wertvollsten Stücke der Sammlung in der Wanderausstellung *Meisterwerke aus Österreich* durch ganz Europa und die USA reisen. Das „fliegende Depot" sollte nach dem Krieg das Image Österreichs im Ausland verbessern und diente gleichzeitig als wichtige Einnahmequelle für den Wiederaufbau.[245] Freilich litten die Kunstwerke unter den jahrelangen Wander-

242 Siehe dazu: Plenderleith, James, Preservation of museum objects in war-time, in: Nature. July 24 (1943), S. 94–97. Ich danke herzlich Anne Biber.

243 Rawlings, F. Ian G., The National Gallery in war-time, in: Nature, January 30 (1943), S. 123–128.

244 Hase, Albrecht, Der Schutz der Insektensammlungen gegen Anthrenusfrass durch Eulan, in: Museumskunde N.F. 9 (1937), S. 25–27; Gassner, Ludwig, Begasung der Pflanzensammlungen im Herbarium, Kew, in: Museumskunde N.F. 10 (1938), S. 26–27; Gassner, Ludwig, Die Bekämpfung von Museumsschädlingen, in: Museumskunde N.F. 9 (1937), S. 15–18; Titschack, Erich, Der Schutz von Museumsgegenständen gegen Mottenfrass, in: Museumskunde N.F. 9 (1937), S. 19–24.

245 Mehr dazu bei: Haupt (1991), S. 198f.

ausstellungen.[246] In den 50er-Jahren kam es unter der Verwaltung des Österreichischen Bundesdenkmalamtes zur zentralisierten Unterbringung ehemals arisierter, enteigneter und geraubter Kulturgüter in der Kartause Mauerbach. Simon Wiesenthal nannte das Depot in der Kartause eine „Galerie der Tränen“. Trotz der ab 1969 wiederholten Veröffentlichung der Depotliste konnte nur ein Bruchteil der dort verzeichneten 1.231 Positionsnummern (8.422 Einzelobjekte) restituiert werden. 1996 kam es in der umstrittenen „Mauerbach-Benefizauktion zugunsten der Opfer des Holocaust“ zur Versteigerung der Sammlung.[247]

---

246 Der damalige Direktor der Gemäldegalerie Ludwig Baldass protestierte 1949 gegen weitere Wanderausstellungen, da die Gemälde durch die vielen Reisen stark Schaden genommen hatten. Baldass suchte aus Protest um Frühpensionierung an. Das Ministerium zeigte sich unbeeindruckt. Haupt (1991), S. 199.

247 Haslinger, Kurt, Mauerbach und der lange Weg bis zur Auktion: 1969–1996, in: Theodor Brückler (Hg.), Kunstraub, Kunstbergung und Restitution in Österreich 1938 bis heute, Studien zu Denkmalschutz und Denkmalpflege Bd. 19, Wien – Köln – Weimar 1999, S. 39–52, S. 42; Loitfellner, Sabine, NS-Kunstraub und Restitution in Österreich. Institutionen – Akteure – Nutznießer, in: Verena Pawlowsky/Harald Wendelin (Hg.), Enteignete Kunst. Raub und Rückgabe. Österreich von 1938 bis heute, Wien 2006, S. 13–35, S. 24.

Das Museumsdepot der Gegenwart

Georg Waldemer hat 1998 mit einem kleinen Aufsatz einen großen Stein ins Rollen gebracht. Er verwies auf das Desiderat, sich mit der jüngsten Geschichte des Depots auseinanderzusetzen, und lieferte mit seiner kommentierten Auswahlbibliografie im Tagungsband *Das Museumsdepot* (1998) einen großartigen Grundstock zur weiteren Recherche.[248] Beschränkt hat er sich dabei vorwiegend auf Depotbauten aus der zweiten Hälfte des 20. Jahrhunderts. Fachtagungen und Publikationen, die für Waldemer als Meilensteine galten, sind das von ICOM und der UNESCO veranstaltete Treffen zur Museumsorganisation in Washington (1976),[249] die 1991 vom United Kingdom Institute for Conservation (UKIC) einberufene Tagung *Storage* in London,[250] gefolgt von der britischen Museums Association 1992 in Manchester, 1994 das Depot-Symposium im Musée National des Techniques in Paris[251] und schließlich 1998 die erwähnte erste deutschsprachige Fachtagung über das Museumsdepot in München. Das von ICOM angeregte Handbuch zum Bau und Betrieb von Depotbauten von Verner E. Johnson und Joanne C. Horgan (1979)[252] galt lange Zeit als Standardwerk. Die beiden AutorInnen waren ab den 60er-Jahren mit der Planung von Depotbauten in den USA betraut und brachten ihren Erfahrungsschatz zu Papier. York Langenstein (1998) sah die Entwicklung des Depots in der zweiten Jahrhunderthälfte in Zusammenhang mit der Veränderung der Ausstellungspraxis, der Ausdünnung der Schausammlungen, die in den 1970er-Jahren ihren Höhenpunkt erreicht hatte. Ab dieser Zeit schenkte man auch den Depots vermehrte Aufmerksamkeit, und dies wiederum intensivierte die Fachdiskussion innerhalb der RestauratorInnenschaft und angrenzender Disziplinen über Aufbewahrungsbedingungen und Sammlungspflege.[253] Spätestens seit dem legendären

---

248 Waldemer, Georg, Kommentierte Auswahlbibliographie, in: Walter Fuger/Kilian Kreilinger/Landesstelle für die nichtstaatlichen Museen in Bayern (Hg.), Das Museumsdepot. Grundlagen – Erfahrungen – Beispiele, München 1998, S. 274–284.

249 Siehe insbesondere: Daifaku, Hiroshi, Collections: Their care and storage, in: UNESCO (Hg.), The organisation of museums. Practical advice, Paris 1967, S. 119–125.

250 Norman, Mark/Todd, Victoria/UKIC (Hg.), Storage. Papers given at a UKIC conference Restoration '91, London in October 1991, preprints, London 1991.

251 Ferriot, Dominique/Jacomy, Bruno (Hg.), Les reserves dans les musées. Colloque international – The reserve collections in museums. International symposium, Paris 1995.

252 Johnson, Verner E./Horgan, Joanne C., Museum Collection Storage, UNESCO Technical Handbooks for museums and monuments 2, Paris 1979.

253 Langenstein, York, Kulturgut in unseren Händen: Das Depot – Prüfstein verantwortlicher Museumsarbeit, in: Landesstelle für die nichtstaatlichen Museen in Bayern (Hg.), Das Museumsdepot. Grundlagen – Erfahrungen – Beispiele, Museums-Bausteine Bd. 4, München 1998, S. 11–25, S. 12, 14.

Ottawa Kongress (1994)[254] entwickelt sich auf internationaler Ebene das Forschungsgebiet der *preventive conservation*, wo das Museumsdepot als Handlungsraum eine zentrale Rolle einnimmt, in Riesenschritten. Die zögerlichen Anfänge sind heute längst überwunden und die einschlägigen konservierungswissenschaftlichen Forschungsarbeiten kaum mehr zu überblicken. Es gibt einen regen Austausch von Fallbeispielen zur Planung und Einrichtung von Depots auf Fachtagungen und in der Fachliteratur. Praktische Ratgeber für die alltägliche Sammlungspflege im Museumsdepot[255] erfreuen sich großer Beliebtheit, vor allem bei ungeschulten MitarbeiterInnen kleinerer Museen.

ZUR TYPOLOGIE DES MUSEUMSDEPOTS DER GEGENWART (SCHWERPUNKT ÖSTERREICH)

In den letzten Jahrzehnten haben einige große Museen hauseigene Tiefspeicher errichtet oder bestehende Gebäudekomplexe abseits des Museums umgewidmet. Solche zum Museumsdepot adaptierte Gebäude ehemals gewerblicher, industrieller oder militärischer Nutzung zählen wohl gegenwärtig zum häufigsten Depottyp. Die jüngste Entwicklung weist jedoch in Richtung Depotneubau an der Peripherie (sogenanntes „Zentraldepot"). Am Beispiel ausgewählter Museen in Wien und Graz lässt sich eine auch für andere Museumsstädte repräsentative, wenn auch nicht immer linear zu denkende Entwicklungsgeschichte in der zweiten Hälfte des 20. Jahrhunderts und am Beginn des 21. Jahrhunderts skizzieren: Keller – Tiefspeicher – Adaptierung – Neubau.

Im Laufe von hundert Jahren verzeichneten die Sammlungen der Stadt Wien über fünfzig Depots an unterschiedlichsten Standorten. Nach dem Zweiten Weltkrieg hat man zwei Hauptdepots in einer aufgelassenen Remise in Meidling/Tivoligasse (1948) und einer ehemaligen Schule in der Brigittenau/Karajangasse (1951) eingerichtet. 1972

254 IIC (Hg.), Preventive conservation. Practice, theory and research. Preprints of the contributions to the Ottawa Congress, 12–16 September 1994, London 1994.

255 Brokerhof, Agnes W., Buggy biz – integrated pest management in collections. Fluffy stuff – integrated control of mould in archives, Instituut Collectie Nederland, Amsterdam 2007; Huber, Joachim/Lerber, Karin von, Handhabung und Lagerung von mobilem Kulturgut. Ein Handbuch für Museen, kirchliche Institutionen, Sammler und Archive, Bielefeld 2003; Illes, Véronique/Derion, Brigitte, Guide de manipulation des collections. Illustrations de Daniel Tingry, Paris 2004; Pinniger, David, Pest Management. A practical guide, Cambridge 2008; Scottish Museums Council (Hg.), An illustrated guide to the care of costume and textile collections, London 2000 [online-Version unter www.collectionslink.org.uk, Zugriff 2.1.2012]. Seit 2011 wird von UNESCO und ICCROM für kleinere Museen mit knappen finanziellen Ressourcen ein kostenloses *online-tool* zur selbstständigen Evaluierung und Reorganisation ihrer Museumsdepots angeboten: RE-ORG. A new tool for museum storage reorganization, http://re-org.info/en, Zugriff 20.10.2011. RE-ORG wurde im Rahmen des dreijährigen UNESCO-Projekts Preventive Conservation of Endangered Museum Collections in Developing Countries (2008–2010) entwickelt.

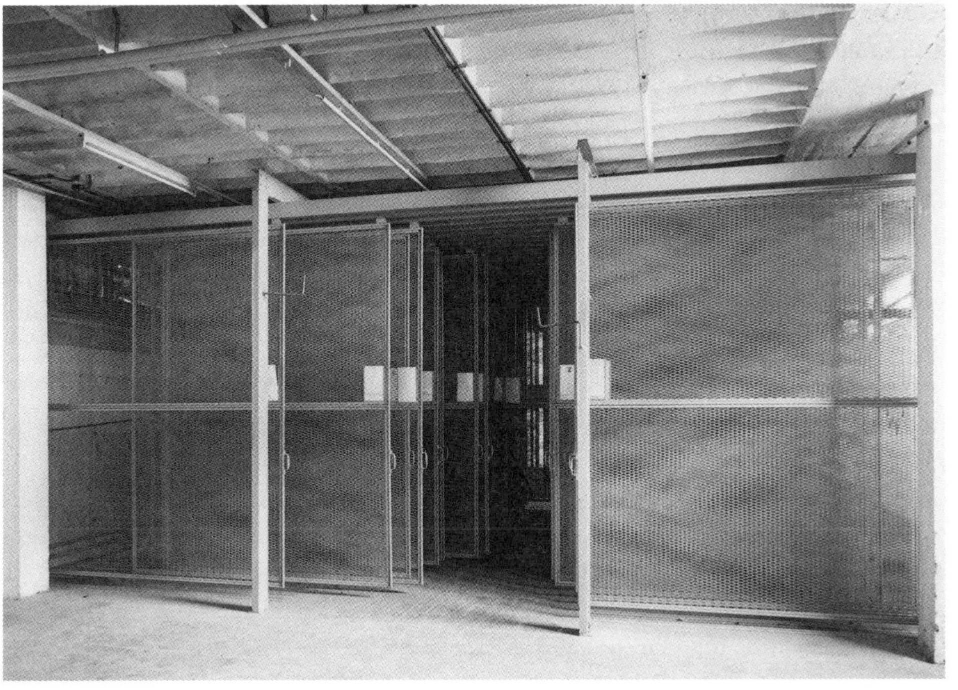

Abb. 15: Gemäldedepot im 20er-Haus in Wien (erbaut 1962, Zustand 2008)

wurde das sogenannte Zentraldepot des Wien Museums in einem ehemaligen Gebäude des Auktionshauses Dorotheum im 15. Wiener Bezirk Rudolfsheim-Fünfhaus untergebracht.[256] 2004 konnte für die Modesammlung, die bis dahin an vier verschiedenen Standorten gelagert war, ein auf höchstem Niveau ausgestattetes Mode- und Kostümdepot in Simmering eingerichtet werden.[257] Jahrelange Verhandlungen mit der Stadt Wien über die adäquate Unterbringung des Großteils der Bestände des Wien Museums – immerhin eine Million Objekte auf acht Standorten mit einem jährlichen Wachstum von etwa 4.000 Objekten[258] – haben schließlich 2012 zu einem Ergebnis geführt: Ein neues Zentraldepot soll 2013 bezogen werden.[259] Das Stammhaus, das 1959 eröffnete Wien Mu-

256 Deutschmann, Wilhelm, Kat.-Nr. 68-68/2/4 (Die Depots der Städtischen Sammlungen), in: Historisches Museum der Stadt Wien (Hg.), Hundert Jahre Historisches Museum der Stadt Wien, Aust.Kat., Historisches Museum der Stadt Wien am Karlsplatz 21.5.–30.8.1987, Wien 1987, S. 129–132. Vgl. auch: Kassal-Mikula (2008), S. 11–15. Für beide Hinweise danke ich Monika Sommer.

257 Karner, Regina, Das neue Depot der Modesammlung des Wien Museums, in: Zeitschrift für Waffen- und Kleidungsgeschichte 1/2005, Sonderdruck, S. 13–23, S. 13f.

258 Kos, Wolfgang, Wien Museum neu, öffentlicher Vortrag am 13.1.2011 im ecm-Masterlehrgang für Ausstellungstheorie und -praxis an der Universität für angewandte Kunst Wien.

259 N.N./APA, Wien Museum erhält neues Depot, in: Der Standard, 14. Juni 2012.

seum am Karlsplatz von Architekt Oswald Haerdtl, verfügt teilweise noch heute über die ursprüngliche von Haerdtl geplante Depoteinrichtung; der Bestand an Schubladenkästen für die archäologischen Kleinfunde im Keller hat hohen Design- wie Funktionswert und steht mittlerweile unter Denkmalschutz.[260] Aus heutiger Sicht muten die (leider nur mehr selten erhaltenen) Depotausstattungen der 50er- und 60er-Jahre immer als zu klein dimensioniert und „bescheiden" an, doch waren damals bereits viele Standards erfüllt, die in den folgenden Jahrzehnten erhöht wurden. So verfügte auch das sogenannte 20er-Haus (1962) von Architekt Karl Schwanzer, ehemals Museum des 20. Jahrhunderts in Wien, heute 21er-Haus, über ein für damalige Verhältnisse recht großzügiges Gemäldedepot im Keller (Abb. 15), das mit Lastenaufzug und eigener Zulieferungsrampe erreichbar war. Die ausziehbaren Gitterwände, die beim Umbau 2009 entsorgt wurden, boten immerhin eine Hängefläche von über 500 m².[261] Sprach man hier noch von Kellerdepots, plante man bald darauf schon Tiefspeicher.

Im Wiener Stadtzentrum haben einige wenige der am Ring liegenden Museen den Vorzug eines unter dem historischen Museumsbau eingebauten Tiefspeichers oder adaptierten Kellers, beispielsweise das Naturhistorische Museum Wien (1986), das Österreichische Museum für angewandte Kunst (1993) oder das Museum für Völkerkunde (2008). 1986 wurde mit dem Bau des Tiefspeichers für das Naturhistorische Museum begonnen. Durch den Bau der nahe gelegenen U-Bahn-Station am Volkstheater ergab sich die Möglichkeit zur gemeinsamen Nutzung der erforderlichen Infrastruktur und der Baumaschinen. Damals wurde ein viergeschoßiger Tiefspeicher mit 4.600 m² Nutzfläche errichtet.[262] Der zweigeschoßige Tiefspeicher des Österreichischen Museums für angewandte Kunst in Wien (MAK) wurde im Zuge der Generalsanierung des MAK 1989–1993 erbaut. Obwohl das MAK eines der ersten Museen Wiens mit einem eigenen Depot (1909) war, hatte sich die Situation bis in die 1980er-Jahre dramatisch zugespitzt. Die Sammlung war derart gewachsen, dass Keller, Gänge, Treppenhäuser, Büros und sogar ganze Ausstellungsflächen zu dauerhaften Depots umgewidmet werden mussten. Mit einer Nutzfläche von 3.400 m² sollte der neue Tiefspeicher nach der 1988 durchgeführten Bedarfserhebung Platz für 200.000–300.000 Objekte (ca. 42.000 Inventarnummern) bieten.[263] Mittlerweile ist auch dieser Tiefspeicher zu klein geworden, sodass für

260 Universität für angewandte Kunst Wien/Institut für Konservierung und Restaurierung, Das Archäologie-Depot „K 17" im Wien Museum, Konservatorische Bestandsaufnahme und Umlagerung, Frühjahr 2006, Projektleitung: M. Griesser-Stermscheg, unveröffentl. Bericht, im Auftrag des Wien Museums.

261 Universität für angewandte Kunst Wien/Institut für Konservierung und Restaurierung, Rundgang durch das 20er-Haus (2008), Bestandsdokumentation und Befundung, Mai 2008, Projektleitung: M. Griesser-Stermscheg, unveröffentl. Bericht im Auftrag des Österr. Bundesdenkmalamtes, S. 25f.

262 Riedl-Dorn (1998), S. 231.

263 Trummer, Manfred, Der Tiefspeicher des MAK, unveröffentlichtes Manuskript zur Sommerakademie 2006 „Sammlungspflege und Depotmanagement" der Universität für angewandte Kunst Wien.

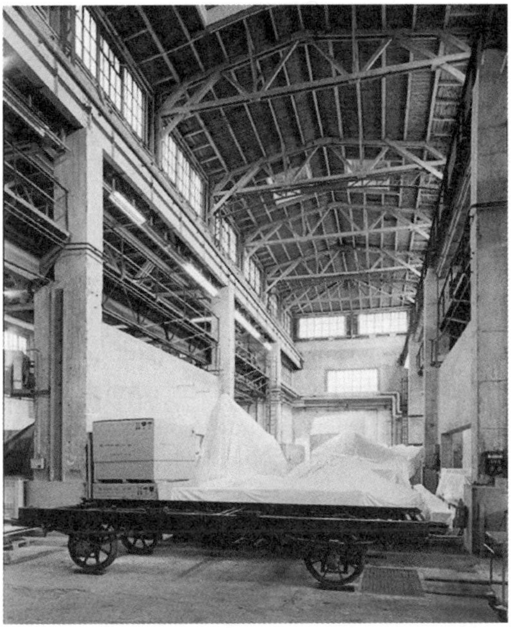

Abb. 16: Depot des Technischen Museums Wien in der ehem. Kesselschmiedehalle der Pauker-Werke (1907/08, Zustand 2010)

das Gegenwartskunst- und Möbeldepot der nahe gelegene Gefechtsturm Arenbergpark, ein achtgeschoßiger, äußerst massiver Stahlbetonbau aus dem Zweiten Weltkrieg, angemietet wurde.

Im 1918 eröffneten Technischen Museum Wien, bei dem wie erwähnt keine Depotflächen vorgesehen waren, standen nur die Dachböden als provisorische Depots zur Verfügung, die über Jahrzehnte auch als Dauerprovisorium genutzt wurden. Anlässlich der Generalsanierung ab 1991 und der dadurch notwendigen Schließung des Museums kam es schließlich zur Räumung der Dachböden und der Schausammlung. Die Sammlungen wurden zunächst in insgesamt sieben Außendepots an fünf Standorten in Wien, Niederösterreich und dem Burgenland deponiert. Innerhalb von nur drei Jahren gelang dann das logistische Meisterstück, sämtliche zu deponierenden Objekte in nur zwei Standorten in Wien zu konzentrieren. Die Gesamtdepotfläche konnte durch eine optimierte Aufstellung und die Entsorgung von eingelagertem Ausstellungsmaterial von 21.700 m^2 auf 17.200 m^2 reduziert werden. 2002 verzeichnet die Museumsdatenbank 85.909 Datensätze für die deponierten Bestände, von einem Vielfachen an Einzelobjekten (Objektgruppen) ist aber auszugehen.[264] Helmut Lackner (2002) zieht Resümee über die erfolgte Umlagerung: In seinem Beitrag in den *Blättern für Technikgeschichte* stellt er die nun als Depotgebäude adaptierten ehemaligen Industriebauten in Breitensee und Floridsdorf als architektonische „Schau-Objekte" der technikgeschichtlichen Sammlungen dar – ein höchst interessanter, doch üblicherweise vernachlässigter Ansatz in der ohnehin spärlichen institutionellen Reflexion über hauseigene Depots. Das von Architekt Robert Oerley 1916/17 errichtete sogenannte Zeiss-Gebäude in Breitensee diente bis 1926 als Produktionswerk der Firma Zeiss (Feinmechanik) und ab 1929 dem Philips-Konzern (ehem. Wiener Radiowerke). Seit 1987 ist das Gelände Kaserne. Die Observatoriumskuppel des

264 Lackner (2002), S. 110–112.

fünfstöckigen Industriebaus galt bereits bei seiner Errichtung als technisches Pendant zur Goldkuppel der nahe gelegenen Steinhof-Kirche von Otto Wagner. Beim zweiten Depotgebäude handelt es sich um die ehemaligen Pauker-Werke in Floridsdorf, einem der wichtigsten Industriestandorte der Monarchie. Die 1907/08 errichtete Kesselschmiedehalle, eine dreischiffige Halle mit erhöhtem Mittelschiff und Ziegelfassade, dient dem Technischen Museum heute als Depot für Großobjekte (Abb. 16).[265]

Unser letztes Fallbeispiel für Depotadaptierungen beleuchtet die Depots eines der größten Museen Österreichs. Das Universalmuseum Joanneum in Graz ist für eine Sammlung von über 4,5 Millionen Objekten verantwortlich. Lange sprach man im Joanneum von „gewachsenen Depots“, die in den unterschiedlichen Sammlungshäusern an verschiedenen Standorten in Graz und der Steiermark in Kellern, Dachböden, Gängen oder Büros entstanden waren. 1996 wurde an der Grazer Lastenstraße das erste professionell geplante Depot mit einer Nutzfläche von 2.000 m² für das Joanneum angelegt. 2009 folgte das Sammlungs- und Studienzentrum (SSZ) in Graz-Andritz mit zusätzlichen 4.000 m² Depotfläche und einer kalkulierten Platzreserve von 10–20 Prozent. Beide Grazer Depots dienten übrigens ursprünglich als Schuh-Lager (Humanic und Stiefelkönig). Zusammen mit weiteren Standorten des Universalmuseums verfügt das Joanneum 2011 über eine Depotfläche von insgesamt 10.000 m².[266]

Trotz finanzieller Engpässe der öffentlichen Hand wurden in jüngster Zeit noch einige besonders luxuriöse Depotprojekte verwirklicht: Im deutschsprachigen Raum zählen zu den Vorzeigeprojekten zweifellos das Sammlungszentrum der Schweizerischen Landesmuseen in Affoltern nahe von Zürich (2007) (Abb. 17) oder das Kulturdepot des Niederösterreichischen Landesmuseums in St. Pölten (2009). Dennoch ist festzustellen, dass durch den zunehmenden Ökonomisierungsdruck immer öfter pragmatisch angelegte Nutzbauten entstehen, die sich vom Bautyp des repräsentativen Depot-Kulturbaus wie in Zürich oder St. Pölten entfernen.[267] Während in den 1980er-Jahren viele Tiefspeicher errichtet wurden, ist die Depotadaptierung bestehender Gebäude eine Tendenz der 1990er-Jahre. Joachim Huber (2011) merkt an, dass sich allmählich die Erkenntnis durchsetzte, dass derartige Umnutzungen gegenüber einem Depotneubau „bei einer Gesamtbetrachtung nicht effektiv“ seien, weil man bei der Umgestaltung der zweckfremden Bausubstanz oft mit unvorhersehbaren Problemen und erhöhten Kosten zu rechnen hätte.[268] Die laufenden Betriebskosten belasten, über mehrere Jahrzehnte gerechnet,

265 Lackner (2002), S. 112–123.

266 Freundliche Auskunft von Silvia Millonig, Leiterin des Referats Registratur im Universalmuseum Joanneum Graz, am 26.1.2011.

267 Huber, Joachim, Nachhaltige Depotplanung. Die Verantwortung des Nutzers, in: Restauro 3 (2011), S. 27–30, S. 27.

268 Huber (2011), S. 27.

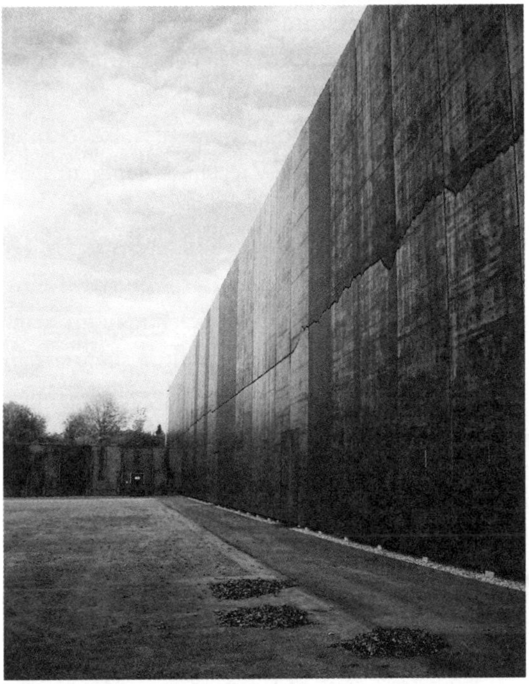

Abb. 17: Sammlungszentrum der Schweizerischen Landesmuseen (2007), Affoltern am Albis. Stücheli Architekten Zürich. Die Fassadenplatten aus unbehandeltem Stahl umläuft eine Trennlinie gemäß der Topografie der Schweizer Grenze.

das Budget um ein Vielfaches der Investitionskosten. Durch die konsequente Planung von Passiv-Neubauten kann eine beträchtliche Kostenreduktion im Energieverbrauch erreicht werden.[269] Ein Neubau in Passivbauweise ist beispielsweise das Zentraldepot der Museumslandschaft Kassel (2012).[270] Eine bemerkenswerte Initiative ging auch vom Fraunhofer-Institut für Bauphysik aus, das 2011 eine Studie zur Realisierung energieeffizienter Lösungen für Depotbauten vorlegte: Ziel ist die Vermarktung von modularen Depot- und Archivgebäuden in Deutschland und Europa. Die vorfabrizierten Fertigbaumodule des „modularen Nullenergiedepots" seien beliebig erweiterbar, einfach zu beschaffen, wartungsarm und bilanzieren im Betrieb energieneutral, so die Studie.[271] Heute sind bereits mehrere Anbieter am Markt, welche „die serienmäßige Herstellung von Depots" durch ein erweiterbares Modulsystem realisieren können.[272] Wegen der hohen Miet-, Kauf- oder Nutzungskosten im Stadtzentrum befinden sich die meisten Depotneubauten an der Peripherie. Manche werden sogar auf der grünen Wiese errichtet (Abb. 18). Jüngstes Beispiel ist das Zentraldepot des

269 Lerber, Karin von/Huber, Joachim, Unbezahlbare Depots für Kulturgut? Ein langfristig angelegtes Kostenbewusstsein in Museen ist gefragt, in: museum aktuell, Juli 2008, S. 8f.

270 Miersch-Süß, Ines, Herausforderung „Projekt Sammlungsdepot". Eine Einführung, in: Restauro 4 (2012), S. 55–60, S. 60.

271 Klemm, Lars, Energieeffiziente Lösungen für Depot- und Archivbauten, blog 3.10.2011, http://www.restauro.de/blog/energieeffiziente-loesungen-fuer-depot-und-archivbauten.html, Zugriff 3.1.2012. Das Projekt „Das modulare Nullenergiedepot – neue Wege für Depot- und Archivbauten" wurde im Rahmen einer internationalen Fachtagung (2011) im Europäischen Kompetenzzentrum für energetische Altbausanierung und Denkmalpflege (Kloster Benediktbeuern) vorgestellt.

272 Vgl. Magnusson, Yngve/Plitzko, Klaus-Peter, Storage MP1: Neue Wege zum Betrieb eines Museumsdepots, in: museum aktuell, Juli 2008, S. 18–22, S. 22.

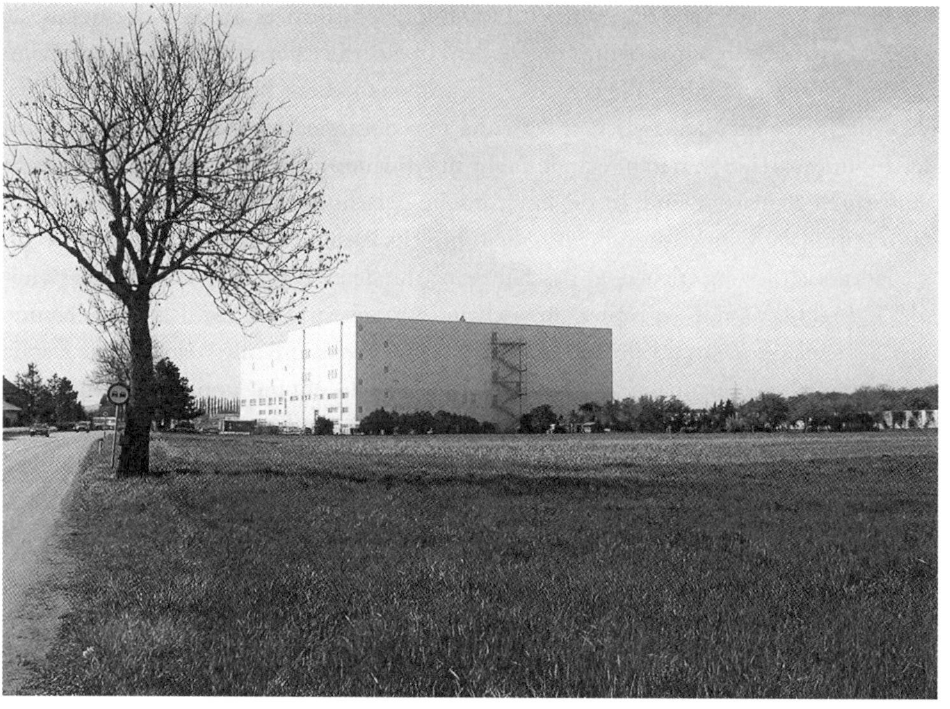

Abb. 18: Zentraldepot-Neubau (2011)

Kunsthistorischen Museums Wien, ein kostenoptimierter Funktionsbau in Niederösterreich, mit dessen Eröffnung neue technische wie konservatorische Standards im österreichischen Depotbau gesetzt werden konnten.[273]

Die Bezeichnung „Zentraldepot" bezieht sich allerdings nur darauf, dass die Sammlungen zentralisiert lagern, denn die Depotgebäude liegen alles andere als zentral. Die räumliche Trennung zwischen Stammhaus und Zentraldepot führt in manchen Fällen zur allmählichen Entfremdung zwischen den Verantwortlichen und ihrer Sammlung, zum umstrittenen Phänomen der „schleichenden Nachbarschaft".[274] Vorbei sind die Zeiten, als sich die Arbeitsplätze der KustodInnen noch in oder nahe den Sammlungen befanden. Ein Stich von Benjamin Zix (um 1815) illustriert eindringlich die Inventari-

273 Fleck, Stefan/Reuter, Karl/Huber, Joachim, Das kostenoptimierte Kunstdepot unter Einhaltung zeitgemäßer Standards. Das Beispiel des neuen Zentraldepots KHM Wien, Teil 1: Das Gebäude, in: Restauro 4 (2012), S. 61–63.

274 Huber, Joachim, Paradigmenwechsel im Museumsdepot? Masse, Ewigkeit und Tragbarkeit in der Sammlungserhaltung, Vortrag am 16.1.2011 im Hofmobiliendepot – Möbel Museum Wien, im Rahmen der schnittpunkt-Veranstaltung (www.schnitt.org) Gegen den Stand der Dinge: „01. Wo die Dinge stehen: Das Museumsdepot als Archiv".

sierung der Objekte im Louvre durch Dominique-Vivant Denon – es scheint fast, als würde der Kustos in seiner Sammlung baden. In einer berühmten Serie von Aquarellen hat der Maler Carl Goebel die tägliche Arbeit in den kaiserlichen Sammlungen im Unteren Belvedere in Wien zwischen 1875 und 1891 dokumentiert. Auf einer Darstellung der Bibliothek (1889), deren Wände nicht mit Büchern, sondern mit Gemälden und Miniaturen gepflastert sind, ist die kuratorische Forschung am Originalobjekt sichtbar, das traditionelle Objektstudium, also die (übrigens in den Kulturwissenschaften derzeit wieder Aktualisierung erlebende) Beschäftigung mit dem „Ding" an sich, entweder allein oder in Diskussion mit der KollegInnenschaft.[275] 1921 äußerte sich Wilhelm Bode empört über das geplante Zentraldepot des Völkerkundemuseums in Berlin-Dahlem: die Depotsammlung in den „Neubau nach Dahlem" zu schaffen, „ein unglaublich törichter Plan, 25 Kilometer entfernt von der Schausammlung, mit der sie doch in stetem Kontakt und Austausch sein sollte!".[276]

Ein Zentraldepot an der Peripherie hatte sich hingegen Architekt Paulgerd Jesberg 1970 in seinem utopischen „Gesamtmuseum der Zukunft" (einer Konzentration verschiedener Teilmuseen unterschiedlicher Ausrichtungen) für seine Heimatstadt Stuttgart erträumt. Er ging davon aus, dass die bestehenden Museumsbauten den modernen Anforderungen an das Sammeln, Bewahren und Vermitteln nicht mehr gewachsen waren. Seine Vision eines öffentlich zugänglichen Depotbaus in den Neubaugebieten der Universitäten außerhalb des Stadtzentrums sollte einen „neuen Lebensraum" zwischen Gesamtmuseum und Gesamthochschule, fern jeder repräsentativen Bedeutungsarchitektur, entstehen lassen. Dem gegenüber steht das „urbane Informationszentrum", das er mit einem leeren Bühnenraum, aber mehr noch mit einem Warenhaus vergleicht, in dem, wie er meinte, das Unverkäufliche, nämlich Ideen und Erlebnisse in wechselnden Ausstellungen, verkauft werden soll. Hier sollte dem wissenschaftlichen Bildungsauftrag des Gesamtmuseums entsprochen werden, dem Forschungsauftrag jedoch in den Depots.[277] Wir wissen es heute leider besser: Die meisten großen Museen verfügen durch das Tagesgeschäft, das blühende Ausstellungswesen und den Leihverkehr kaum über Kapazitäten, ihre vermeintlich zweit- oder drittklassigen Sammlungen im Zentraldepot ausreichend zu beforschen. Darin besteht die Kritik am nicht zentral gelegenen Zentraldepot: Ob-

275 Kriller (1991), S. 107, 109, Abb. 98.

276 Bode (1997), Bd. 1, zit. S. 434, 452; ders. (1997), Bd. 2, S. 340: Der Bau in Dahlem wurde 1914 begonnen, musste 1916 kriegsbedingt eingestellt werden, obwohl erst zwei Geschoße ausgeführt waren. 1921 wurde beschlossen, das Gebäude vereinfacht fertig zu stellen und als Depot für das Völkerkundemuseum zu nutzen.

277 Jesberg, Paulgerd, Das Museum der Zukunft – Aufgabe, Bau, Einrichtung, Betrieb, in: Gerhard Bott (Hg.), Das Museum der Zukunft. 43 Beiträge zur Diskussion über die Zukunft des Museums, Köln 1970, S. 138–156, S. 147f.

wohl die konservatorischen und sicherheitstechnischen Rahmenbedingungen meist ideal sind, entfernt uns die Dezentralisierung von den Sammlungen und damit vom Herzstück jedes herkömmlichen Museums. Die Forschung am überall abrufbaren Digitalisat ersetzt keinesfalls die Arbeit am deponierten Originalobjekt. Zu bedenken ist, dass die veränderten, manchmal zu einspurigen Methoden der Objektforschung langfristig auch das Wissen um unsere Sammlungen empfindlich beeinflussen können.

DEPOTSTANDARDS UND DAS GRÜNE MUSEUM

In der Depotausstattung sind die Standards heute extrem hoch und lediglich eine Frage des jeweiligen Museumsbudgets. Zahlreiche Firmen haben sich auf die Herstellung von Depotmöbeln spezialisiert. Die regelmäßig stattfindenden Fachmessen für Depot- und Ausstellungstechnik wie die *mutec* in München oder die *exponatec* in Köln präsentieren die jeweils neuesten Entwicklungen. Einen guten Überblick zu gängigen Systemen (von einfachen Holzregalen, Fachbodenregalen aus verzinktem Stahlblech, Weitspann-, Schwerlast-, Paletten- oder Kragarmregalen, Kompaktanlagen und beweglichen Zugregalen für die Hängung von Gemälden auf Gitterwänden bis hin zu Planschränken für Flachwaren) bietet Rainer Köhnlein (1998)[278] (Abb. 19, Abb. 20, Abb. 21). Für bewegliche Kompaktanlagen geben die Hersteller üblicherweise eine Platzersparnis von etwa 80 Prozent an. Seit den 1970er-Jahren bemühen sich Museen und Ausstattungsindustrie um die Optimierung platzsparender, beweglicher Systeme. Ein Stimmungsbild von 1970 gibt Peter Anselm Riedl, damals Professor für Kunstgeschichte in Heidelberg, der eine „Neuschichtung des Bestandes" in allen Museen forderte: „Die finsteren Depots sollten verschwinden, alle Stücke in hellen, klimatisierten Räumen mit fahrbaren Hängewänden und übersichtlichen Regalen zugänglich gemacht werden. [...] Ein Höchstmaß an Mobilität und Konvertibilität müsste gewährleistet sein. Versetzbare Trennwände, Vitrinen und Sockel könnten die Anpassung an wechselnde Ausstellungsansprüche und -techniken garantieren. [...] Nicht die Rotation des Museumsguts [...] kann das Ziel der angeregten Einrichtung sein, vielmehr die Herstellung einer grundsätzlichen Wandlungsfähigkeit."[279] Architekt Paulgerd Jesberg kommt den Wünschen nach Mobilität und Wandlungsfähigkeit in der bereits erwähnten utopischen Darstellung seines Gesamtmuseums (1970) entgegen. Die Sammlungen in den Depots erfuhren in Jesbergs Gesamtmuseum eine enorme Aufwertung. Seine

278 Köhnlein, Rainer, Überblick zur Depotausstattung mit Beispielen aus der Praxis, in: Walter Fuger/Kilian Kreilinger/Landesstelle für die nichtstaatlichen Museen in Bayern (Hg.), Das Museumsdepot. Grundlagen – Erfahrungen – Beispiele, München 1998, S. 81–98.

279 Riedl, Peter Anselm, Das Museum der Zukunft, in: Gerhard Bott (Hg.), Das Museum der Zukunft. 43 Beiträge zur Diskussion über die Zukunft des Museums, Köln 1970, S. 221–226, S. 223.

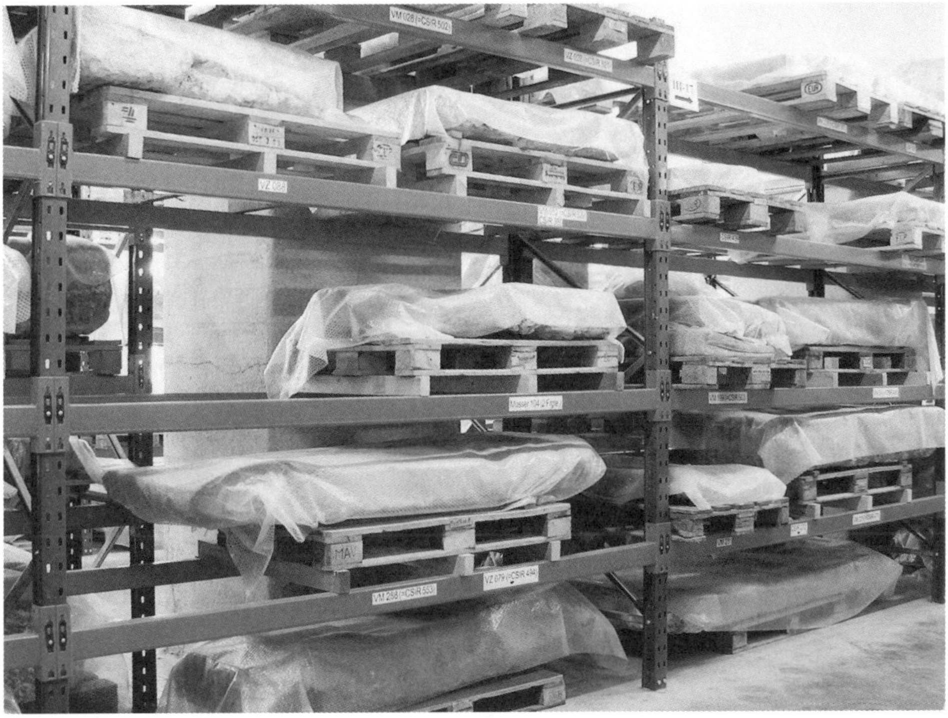

Abb. 19: Bestücktes Schwerlastregal in einem Steindepot (2009)

Depotutopie orientierte sich an einem zugänglichen Bücherspeicher einer Freihandbibliothek: Alles ist jederzeit für jeden präsent. Durch die technische Ausstattung der Depots wird dies ermöglicht. Das von Jesberg in reizvollen Handzeichnungen illustrierte Depot (Abb. 22) ist mit sogenannten Karussell-Exponatständern, Paternoster und Förderanlagen mit Objektbehältern ausgestattet. Über Förderschienen an der Decke gleiten die Exponate in zylinderförmigen Vitrinen zu den BetrachterInnen. Industrielle Montagebrücken führen die BesucherInnen durch das technische Labyrinth. Über die Wahl der Inventarnummer (wie bei einem Telefon) können die BesucherInnen das gewünschte Sammlungsobjekt abrufen. Kleine Objekte können wie bei einem Warenautomat bestellt werden, Gemälde und Grafiken erscheinen auf Transportwänden, frei oder hinter Glas. Den offenen Depots sind Studiensäle und Bibliotheken angegliedert, wo sich die BesucherInnen vertiefen können. Bereits 1970, lange vor dem Internet-Zeitalter, spricht Jesberg von elektronischen Datenbanken, die weltweit vernetzt und für alle frei zugänglich sind.[280] Das um 2000 eingerichtete Depot der Albertina in Wien, ein automatisches Hochregallager für knapp eine

280 Jesberg (1970), S. 143–146.

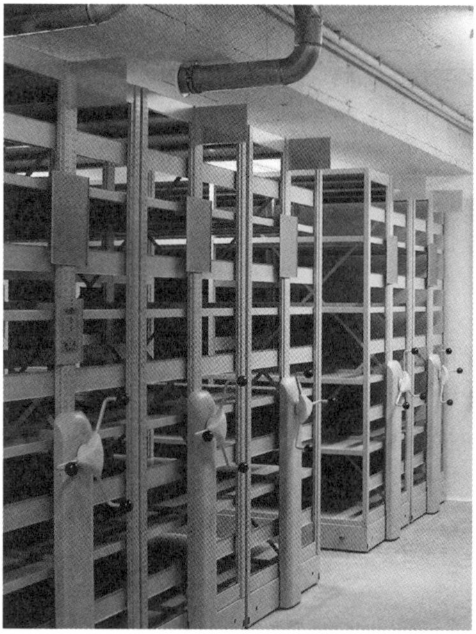

Abb. 20: Kompaktus-Schrankanlage in einem noch unbestückten Depot (2010)

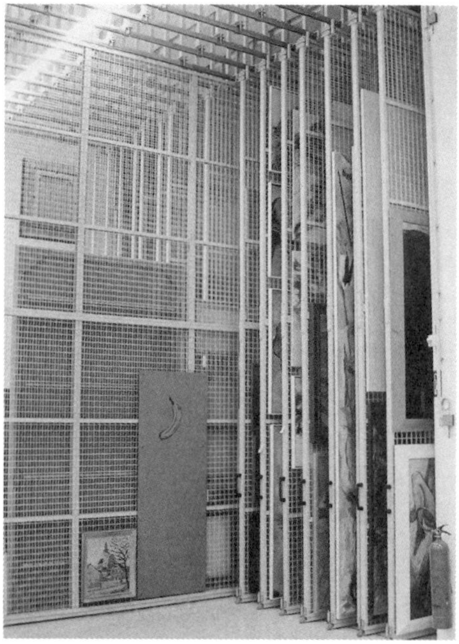

Abb. 21: Gitterzugwand in einem Gemäldedepot (2010)

Million Grafiken und andere Kunstwerke der Sammlung Albertina, hätte Jesberg sicherlich beeindruckt. Die Anlage ist vollautomatisiert: Gewünschte Objekte können nicht von Menschenhand aus den Regalen entnommen werden, zwei Roboter erledigen dies. Traurige Berühmtheit in den Medien erlangte das Depot anlässlich eines Wassereinbruchs 2009, nach dem die Sammlung blitzartig evakuiert werden musste. Die Situation bei der Bergung war angespannt, weil die Stromversorgung mehrfach zusammenbrach. Ein Entnahmevorgang durch die Roboter dauert immerhin „bange 50 Sekunden", in Summe für alle eingelagerten Kunstwerke dreieinhalb Tage.[281] Nach diesem Vorfall wurde die Sinnhaftigkeit von vollautomatisierten Depotsystemen, welche im Ernstfall ein erhebliches Risiko für die eingelagerten Sammlungen bedeuten können, erneut diskutiert. Dabei geht es auch um die Frage nach dem Umgang mit Energieressourcen. Gerüchteweise hört man immer wieder von Museen, die zur Senkung der Betriebskosten in der Nacht oder am Wochenende die Vollklimatisierung im Depot aussetzen; eine äußerst kurzsichtige Maßnahme, denn die dadurch verursachten sturzartigen Klimaschwankungen können Schäden verursachen. Ein vollautomatisiertes Depot ohne Strom ist nicht denkbar. Krankenhäuser

281 Trenkler, Thomas, Wassereinbruch im Albertina-Depot, in: Der Standard, 24.6.2009.

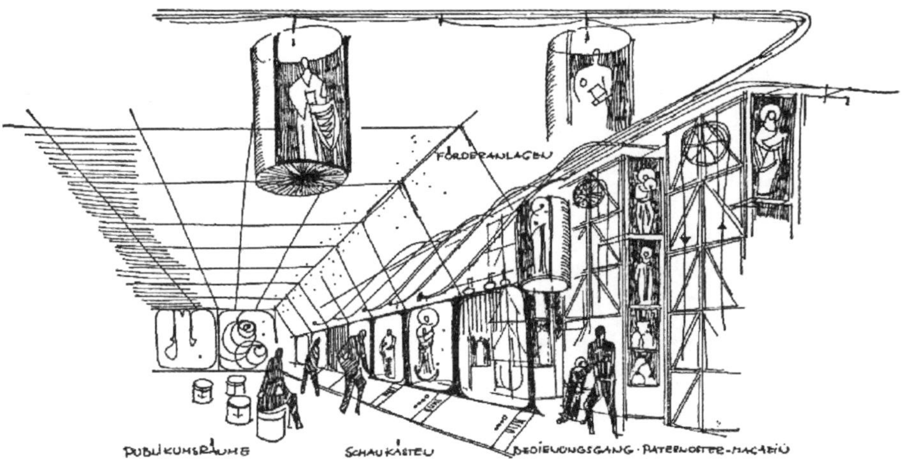

Abb. 22: Utopisches Depot im Gesamtmuseum von Paulgerd Jesberg (1970)

verfügen für Stromausfälle über Notstromaggregate, doch wie viele Museen können sich derartige Investitionen leisten?

Eine neue Grün-Bewegung, eine lose, doch immer größer werdende Gruppe von Sammlungsverantwortlichen, ArchitektInnen, BauphysikerInnen, NaturwissenschaftlerInnen, RestauratorInnen und KuratorInnen sucht unter dem Sammelbegriff „Das Grüne Museum" nach Antworten. 2008 haben die beiden amerikanischen Kunsthistorikerinnen Sarah Brophy und Elizabeth Wylie ihren Ratgeber *The green museum* publiziert, der über Nacht zur Pflichtlektüre in Museumskreisen wurde.[282] Seit 2010 bietet die Deutsche Kongress GmbH in Zusammenarbeit mit der Forschungsallianz Kulturerbe, der Deutschen Bundesstiftung Umwelt und den deutschsprachigen RestauratorInnenverbänden die Veranstaltungsreihe *Das grüne Museum* in verschiedenen Städten in Deutschland, Österreich und der Schweiz an. Die kommerziell ausgerichtete *road-show* versammelt dieselben ExpertInnen, die sich ansonsten auf Fachtagungen treffen würden, allerdings in wesentlich kürzeren Intervallen und meist mit aktuellen, auch nach regionaler Relevanz abgestimmten Themen. Grundsätzlich geht es um ökonomische wie ökologische Effizienz sowie um nachhaltige Entwicklung, konkret um das Museum als Bauaufgabe, Klima im Museum und Nachhaltigkeit als Managementaufgabe. Der Begriff

282 Brophy, Sarah/Wylie, Elizabeth, The green museum. A primer on environmental practice, Lanham 2008.

der nachhaltigen Entwicklung, der Nachhaltigkeit oder *sustainability*, wurde 1987 im sogenannten Brundtland-Report (die Vorsitzende der Kommission war die norwegische Ministerpräsidentin Gro Harlem Brundtland) von der Weltkommission für Umwelt und Entwicklung definiert: „Sustainable development is development that meets the needs of the present without compromising the ability of future generations to meet their own needs."[283] Ein Wiener Forschungsprojekt, das ebenfalls im Zeichen der Grün-Bewegung steht, untersuchte Möglichkeiten der Langzeitaufbewahrung in nicht klimatisierten Depots durch die Verpackung von Metallobjekten, synthetischen Materialien oder pestizidbelasteten Objekten in Kunststoff-Folien. Die Projektergebnisse wurden für die Praxis adaptiert und finden bereits in vielen kleinen und großen Museen Österreichs Anwendung. Den Forschungsrahmen bot ein mehrjähriges Kooperationsprojekt (2005–2009) zwischen dem Kunsthistorischen Museum Wien, dem Essl Museum, der Universität für angewandte Kunst Wien und dem Österreichischen Forschungsinstitut für Chemie und Technik (ofi), unterstützt von der Österreichischen Forschungsförderungsgesellschaft.[284]

KLIMAWANDEL IM MUSEUMSDEPOT

Dass sich die Erde kontinuierlich erwärmt und allmählich ein Klimawandel beträchtlichen Ausmaßes droht, haben (fast) alle längst zur Kenntnis genommen. Wie sich dies auf unser Kulturgut auswirken wird, ist Untersuchungsgegenstand internationaler Forschungsprojekte, so im von der EU geförderten Projekt *Noah's Ark* (2004–2007), bei dem die Bedrohung weltberühmter Baudenkmäler in Europa im Mittelpunkt stand.[285] Einige der Projektergebnisse, wahrlich traurige Prognosen, wurden 2008 im Rahmen der vom *International Institute for Conservation of Historic and Artistic Works* (IIC) initiierten Veranstaltung *Climate change and museums collections* in London präsentiert.[286] In der Diskussion der Relation von Außen- und Innenklima wurde klar, dass Ursache und Wirkung sehr nahe beieinanderliegen. Zwar sind im Innenraum verwahrte Sammlungen weniger von den direkten Folgen des Klimawandels betroffen als Monumente und

283 United Nations World Commission on Environment and Development (Hg.), Our Common Future. Brundtland Report (1987), S. 54. [http://en.wikisource.org/wiki/Brundtland_Report, Zugriff 3.1.2012.]

284 Technologische Studien 7 (2011), Sonderband: Entwicklung von Standard-Kunststoffverpackungslösungen für Sammlungs- und Museumsdepots, insbes. S. 10–40.

285 Noah's Ark. Global climate change impact on built heritage and cultural landscape, http://noahsark.isac.cnr.it.

286 IIC (Hg.), Climate change and museum collections, Inaugural event of IIC-Dialogues for the new century. Discussions on the conservation of cultural heritage in a changing world, The National Gallery, London 17.9.2008, edited transcription, http://www.iiconservation.org/dialogues/IIC_climate_change_transcript.pdf, Zugriff 11.1.2009.

Gebäude im Außenbereich, jedoch trägt die künstliche Klimatisierung im Museum, also das Bemühen, die Sammlungen bei möglichst konstanter Luftfeuchte und Temperatur durch Klimaanlagen zu erhalten, u.a. zum hohen Energieverbrauch und jener wiederum zum globalen Klimawandel bei.

Doch dürfen die hart erkämpften Standards, die berüchtigten 50 % +/–5 relativer Luftfeuchte (RH) und 20° C +/–2, aufgegeben werden? Die 2010 vom IIC in Milwaukee veranstaltete Podiumsdiskussion *The Plus/Minus Dilemma* und ihre online verbreitete Transkription, griff diese Frage konsequenterweise auf. Die anwesenden führenden Köpfe der internationalen Restaurierungsszene kamen dabei zu keinem größeren gemeinsamen Nenner als den ohnehin in der Museumspraxis tolerierten 50 % +/–10 RH.[287] Die Standards im *ASHRAE Handbook*, dem verbindlichen Leitfaden der *American Society of Heating, Refridgerating and Air-Conditioning Engineers*, legten auf Anraten des *Canadian Conservation Institute* (CCI) bereits 1999 einen Toleranzbereich von +/–10 % RH und 5–10° C zulässiger jahreszeitlich bedingter Schwankungen für Klimaanlagen in Museen fest.[288] David Erhard und Marion Mecklenburg vom Smithsonian Institute bewiesen schon 1994 die Zulässigkeit erhöhter Toleranzbereiche, nämlich 50 % RH +15.[289] Die veröffentlichten Werte waren damals höchst umstritten, fußten aber auf Laborversuchen, welche die empirischen Beobachtungen vieler in der Praxis tätigen RestauratorInnen bestätigten. 2004 sorgte die Umstellung des Smithsonian Museum auf nun gültige 45 % +/–8 RH bei einer Temperatur von 21° C +/–2 erneut für internationale Aufregung. 2007 ergänzten Erhard und Mecklenburg, dass Schwankungen zwischen 30–60 % RH für gemischte Sammlungen im Depot die mechanischen Eigenschaften der Werkstoffe nicht negativ beeinflussen würden. Ausnahmen sind Metalle, die trocken, oder Fotografien und Filme, die besonders kühl (5–8° C) gelagert werden sollten.[290] 2008 revidierten die Tate, das Victoria & Albert und das British Museum in London ihre zulässigen Toleranzbereiche auf 40–60 % RH und 16–25° C (unter Berücksichtigung von Objekten, die ein spezielles Mikroklima brauchen). Und 2010 konnte das Smithsonian in seinen

287 IIC (Hg.), The Plus/Minus Dilemma. A way forward in environmental guidelines, IIC-Dialogues for the new century. Discussions on the conservation of cultural heritage in a changing world, edited transcription, Milwaukee 13.5.2010, http://www.iiconservation.org/dialogues/Plus_Minus_trans.pdf, Zugriff 12.12.2010.

288 Michalski, Stefan, Museum climate and global change. Doing the right thing for both, in: Reflections on Conservation 2011, Canadian Conservation Institute, S. 9–11, S. 10.

289 Erhard, David/Mecklenburg, Marion, Relative humidity re-examined, in: Roy Ashok/IIC (Hg.), Preventive Conservation: Practice, theory and research. Preprints of the contributions to the Ottawa Congress, IIC, London 1994, S. 28–31.

290 Erhard, David/Mecklenburg, Marion/Tumosa, Charles, Applying science to the question of museum climate, in: Tim Padfield/Karen Borchersen (Hg.), Museum microclimates, Contributions to the Copenhagen conference 19–23 November 2007, Kopenhagen 2007, S. 11–18, S. 15.

immerhin 640 Gebäuden seit der Umstellung 2004 eine Energiekosten-Ersparnis von 17 Prozent nachweisen.[291] Weitere Forschungen differenzieren in den Empfehlungen des Toleranzbereiches noch stärker nach Materialien. Man geht also dazu über, nicht den Ausgangswert von 50 oder 55 % RH weiter zu zementieren, sondern ein tatsächlich „kritisches Klima" für die diversen Materialien zu definieren, um den Museen auf diese Weise mehr individuellen Handlungsraum anzubieten. Allerdings haben wir es im Museumsdepot meist mit gemischten Sammlungen zu tun.

Die Diskussion um die Grenzwerte wurde durch Energiekrise und Klimawandel-Forschung zwar neu entfacht, ist aber eine historische. Es ist auch eine Geschichte von Missverständnissen, Ungenauigkeiten und vielleicht sogar Nachlässigkeiten.[292] 1960 hatte ICOM (*International Council of Museums*) von 37 Museen deren empfohlene Klimawerte abgefragt und dies in Folge veröffentlicht. Diese Zusammenstellung wurde leider nicht als einfache Datensammlung rezipiert, sondern als verbindliche Richtlinie: Der Mittelwert der Liste ergab 50 % RH +/–5 bei 18° C (konstant) und dieser Mittelwert wurde zum Grenzwert. Erst 1996 setzte der schwedische Forscher Jan Holmberg diesem Missverständnis endgültig ein Ende: Er wies nach, dass die Richtwerte nicht auf ausreichender Forschung basiert hätten, dies aber keinen Niederschlag in der Rezeption erfahren hatte.[293] Der von 1960 bis 1985 an der National Gallery in London tätige Naturwissenschaftler Garry Thomson wird durch sein Standardwerk *The Museum Environment* (1978) gerne als Erfinder der Grenzwerte für Luftfeuchte, Temperatur und Licht bezeichnet. Leider wurde er auch immer wieder für Fehlinterpretationen seiner Empfehlungen verantwortlich gemacht, obwohl er die von ihm selbst gestellte Frage „How much RH variation can be tolerated?" in seinem Buch so beantwortet: „The choice of RH level depends on several factors but cannot go too far from 50 or 55 %. [...] The tolerance usually quoted of +/–4 or 5 % RH is based more on what can be expected of an air-conditioning plant than on what exhibits can actually stand without deterioration, which is not known in any detail"[294]

Die englischsprachige Literatur spart die Entwicklung im deutschsprachigen Raum meist aus. Ab 1910 spiegelt die deutsche Zeitschrift *Museumskunde* das hohe Niveau der Überlegungen zum richtigen Museumsklima. Im Mittelpunkt steht die Lösung der so-

291 Michalski (2011), S. 10.

292 Herdin, Marcus, Von Vermutungen, Wissen, Nachlässigkeit und Verantwortung. Gedanken zu Klimavorgaben und Energieeinsparungen in Museen, in: Restauro 7 (2012), S. 61–69.

293 Schrems, Barbara, Beleuchtung und relative Luftfeuchtigkeit. Über die Entstehung der Grenzwerte, in: Johanna Diehl/Martina Griesser-Stermscheg/Eva Hottenroth/Barbara Schrems/ÖRV (Hg.), Restaurierung und Zeitgeist, 18. Tagung des Österreichischen Restauratorenverbandes, MUMOK Wien, 14.–16.11.2002, Wien 2003, S. 56–60, S. 56.

294 Thomson, Garry, The museum environment. Second edition, Oxford 1986, S. 119.

genannten Heizfrage und wie man der trockenen Luft in Museumsräumen am besten entgegenwirken kann.[295] Schon 1910 wird in der Alten Pinakothek in München ein Monitoring-Konzept eingeführt, das die regelmäßige Kontrolle durch die hauseigene RestauratorInnenschaft, die dreimal jährliche Erstellung eines Zustandsprotokolls und sogar die Anwendung feiner Messinstrumente für die durch die Heizung bedingten Verwölbungen und Risse an Holztafeln vorsieht.[296] Aus einem Werbeinserat von 1911 wissen wir, dass sowohl die Alte Pinakothek München als auch das Kaiser Friedrich-Museum Berlin jeweils 8 Stück Hygrometer zur Messung der Luftfeuchte verwendeten.[297] Die ersten Klimaanlagen in Deutschland wurden ab 1955 eingerichtet, einer der Vorreiter war das Germanische Nationalmuseum in Nürnberg, gefolgt vom Museum Folkwang Essen, den Staatlichen Museen in Berlin-Dahlem und der Neuen Nationalgalerie in den 60er- und 70er-Jahren.[298] Um 1970 erwachen kritische Stimmen in der deutschen Museumslandschaft, die sich gegen die technische Vollklimatisierung positionieren. Die „natürliche Klimatisierung" durch bauseitige Verbesserungen an der (historischen) Gebäudehülle sollte stattdessen den natürlichen Wärmeausgleich und starke Klimaschwankungen puffern.[299] Die Planer des Historischen Archivs der Stadt Köln, dessen dramatischen Einsturz wir im März 2009 miterleben mussten, boten 1971 mit der „natürlichen Magazinklimatisierung" eine sinnvolle Alternative zur Vollklimatisierung mit Klimaanlage.[300] „Der Verlaß auf automatische Klimatisierung ist Leichtsinn, eine Klimaanlage, die 24 Stunden täglich arbeitet, und das müßte sie, ist rasch überfordert",[301] so der Direktor

295 Stegemann, R., Die Lösung der Heizfrage bei Gemäldegalerien und ähnlichen Sammlungsgebäuden, in: Museumskunde 10 (1914) , S. 133–145.

296 Berger, Ernst, Die Aufgaben des Konservators in unseren Museen, in: Museumskunde 6 (1910), S. 236–243.

297 Museumskunde 7 (1911), Anzeigenteil im Anhang, o.S.: „Rissige Bilder / zerfallende u. notleidende Skulpturen. / Dem zerstörenden Einfluß zu trockener Luft in den Sammlungsräumen kann nur durch / ständige Kontrolle durch ein / genaues Psychrometer-Hygrometer / entgegengewirkt werden. Es benützen z.Zt. das Kaiser Friedrich-Museum berlin 8 Stück / die alte Pinakothek München 8 Stück / Draka-Hygrometer / Mark 32,– / Zu beziehen von Dr A. Katz, Waiblingen, Württbg."

298 Simon, Stefan, Das grüne Museum – Zwischen globalem Klimawandel, konservatorischen Anforderungen und Energieeffizienz, öffentlicher Vortrag am 7.4.2011 im Rahmen der Veranstaltung „Das Grüne Museum. Effizienz und Nachhaltigkeit in Museen" in Wien.

299 Deilmann, Harald, Zukunft des Museums? Funktion, Bautyp und Standort, in: Bott, Gerhard (Hg.), Das Museum der Zukunft. 43 Beiträge zur Diskussion über die Zukunft des Museums, Köln 1970, S. 39–51, S. 45. Harald Deimann war Professor für Bauplanung an der Universität Dortmund und freier Architekt.

300 Stehkämper, Hugo, „Natürliche" Magazinklimatisierung, in: Der Archivar 26 (1973), Sp. 450–460; Stein, Hans, Fragen der Anwendung des Kölner Modells im Archivbau, in: Der Archivar 45 (1992), Sp. 409–424.

301 Seiler, Harald, Das Museum zwischen vorgestern und übermorgen, in: Bott, Gerhard (Hg.), Das Museum der Zukunft. 43 Beiträge zur Diskussion über die Zukunft des Museums, Köln 1970, S. 256–265, S. 263f.

des Niedersächsischen Landesmuseums Hannover Harald Seiler (1970). In den letzten Jahrzehnten ist es durch defekte Klimaanlagen tatsächlich zu Schäden an deponierten Sammlungen gekommen, in Österreich zuletzt 2005 im Tiefspeicher des Tiroler Landesmuseums Ferdinandeum in Innsbruck.[302]

Andrea von Martius (2004) gibt in ihrem Beitrag *Von natürlichen Klimaschwankungen in Museen und den Möglichkeiten, ihnen auf natürliche Weise zu begegnen* eine komprimierte Zusammenschau unterschiedlicher Strategien der „natürlichen Klimatisierung" für museale Sammlungen.[303] Dem britisch-dänischen Klimaforscher Tim Padfield und seinem Team sind über die letzten Jahre wertvolle Erfahrungsberichte zum *passive air conditioning* und zur energieeffizienten Klimatisierung von Archiven und Depots zu verdanken, die heute Grundlage jeder verantwortungsvollen Planungsarbeit sein sollten.[304] Bei Museumsneubauten denkt man immer öfter an die Errichtung von Passivhäusern, beispielsweise beim (leider nicht realisierten) Zu(g)bau des Technischen Museums Wien (2009).[305] Im deutschsprachigen Raum hat sich insbesondere Henning Großeschmidt im Bereich der „Temperierung" verdient gemacht: Planungsziel ist ein gleitendes Raumklima mit Schwankungsbreiten, die der jeweiligen Sammlung angepasst sind.[306] Unter dem Titel „Ökosystem Museum" stellte 2011 Alfons Huber ein neuartiges Betriebskonzept für die Sammlungen in der Neuen Burg Wien vor, dem die Reaktivierung des bauzeitlichen „Luftbrunnens" (vgl. Schloss Schönbrunn) zugrunde liegt.[307] Grundsätzlich

302 Tiroler Landesrechnungshof (Hg.), Tiroler Landesmuseum Ferdinandeum unter Berücksichtigung des Tiroler Volkskunstmuseums und der Galerie im Taxispalais 9.1.2006, Zl. VE-0600/, S. 55–66, http://www.tirol.gv.at/fileadmin/www.tirol.gv.at/landtag/landesrechnungshof/downloads/berferdinandeum.pdf, Zugriff 2.1.2012.

303 Martius, Andrea von, Von natürlichen Klimaschwankungen in Museen und den Möglichkeiten, ihnen auf natürliche Weise zu begegnen, in: museum aktuell Nov. 2004, S. 9–14.

304 Padfield, Tim/Larsen, Poul Klenz/Jensen, Lars Aasbjerg/Ryhl-Svendsen, Morten, The potential and limits for passive air conditioning of museums, stores and archives, in: Tim Padfield/Karen Borchersen (Hg.), Museum microclimates, Contributions to the Copenhagen conference 19–23 November 2007, Kopenhagen 2007, S. 191–198; Larsen, Poul Klenz/Ryhl-Svendsen, Morten/Jensen, Lars Aasbjerg/Bohm, Benny/Padfield, Tim, Konstantes Raumklima und niedriger Energieverbrauch – kein Widerspruch, in: Restauro 7 (2012), S. 53–60.

305 Ljubić, Valentina, Klimawandel (auch im Museum) oder der Versuch vorherzusehen, was Museumsobjekte von einem Passivhaus erwarten können, in: Martina Griesser-Stermscheg/Gabriela Krist (Hg.), Metallkonservierung – Metallrestaurierung. Geschichte, Methode und Praxis, Wien 2009, S. 281–289.

306 Kotterer, Michael/Großeschmidt, Henning/Boody, Frederick/Kippes, Wolfgang (Hg.), Klima in Museen und historischen Gebäuden. Die Temperierung, Wissenschaftliche Reihe Schönbrunn, Wien 2004; Großeschmidt, Henning, Stabilisierung des Raumklimas als Grundlage sachgerechter Bewahrung oder: Das temperierte Haus, sanierte Architektur und Großvitrine, in: Walter Fuger/Kilian Kreilinger/Landesstelle für die nichtstaatlichen Museen in Bayern (Hg.), Das Museumsdepot. Grundlagen – Erfahrungen – Beispiele, München 1998, S. 49–79.

307 Huber, Alfons, Ökosystem Museum. Ein konservatorisches Betriebskonzept für die Neue Burg in Wien, Dissertation an der Akademie der bildenden Künste, Wien 2011.

charakterisieren sich Projekte alternativer Klimaplanung durch eine präzise bauphysikalische Analyse im Vorfeld, das Arbeiten *mit* der Gebäudehülle und nicht gegen sie, den Versuch zur Reaktivierung historischer Systeme (bei historischen Bauten), die Schulung der MitarbeiterInnen, keine oder nur minimale Klimatechnik im Depot oder, wenn nötig und möglich, die Verwendung erneuerbarer Energien.

Wenn man bedenkt, wie jung die Empfehlungen zur Einhaltung der +/–50 % RH sind, und dem gegenüberstellt, welch hohes Alter viele Sammlungsobjekte erreicht haben, ergibt sich als logische Konsequenz die Frage nach dem Einfluss des historischen Klimas. Mit der Verabschiedung der Europäischen Norm (EN) 15757 durch das Europäische Komitee für Normung wurde hierzu 2010 ein Meilenstein gesetzt.[308] Die Bedeutung des „historischen Klimas" für alle Entscheidungen über das künftige Aufbewahrungsklima wurde als Priorität für Museums- und Depotplanungen festgelegt. Eine empirische Erkenntnis vieler in der Museumspraxis tätigen RestauratorInnen, die bisher in der Fachdiskussion kaum berücksichtigt wurde, konnte somit erstmals verbindlich definiert werden.[309] So stehen organische und hygroskopische Objekte mit ihrer individuellen Klimageschichte und ihrer bemerkenswerten Fähigkeit, sich zu akklimatisieren, als Ausgangspunkt für weitere Planungen im Mittelpunkt, und nicht etwa die technische Kapazität einer Klimaanlage oder die wenig alltagstauglichen Ergebnisse von Laborversuchen an nicht gealterten, oft wenig repräsentativen Dummies oder Prüfkörpern. Die EN 15757 legt fest: „Jede Änderung eines bestimmten historischen Klimas kann problematisch sein, auch wenn die neuen Bedingungen im Hinblick auf die Langzeit-Erhaltung besser zu sein scheinen. Bei plötzlichen Änderungen kann das Spannungs-Dehnungs-Verhalten einen ‚Klimaschock' erzeugen, der zu noch stärkeren Beschädigungen führen kann. Selbst wenn die Änderung langsam erfolgt, kann sie dennoch Spannungen erzeugen und Beschädigungen verursachen."[310] Der zentrale Paragraf 5.3 (Priorität des historischen Klimas) lautet: „Wurde der Zustand von Gegenständen aus organischen hygroskopischen Materialien, die über einen längeren Zeitraum (mindestens 1 Jahr) in einem besonderen Mikroklima aufbewahrt wurden, von qualifizierten Fachleuten [...] für zufriedenstellend befunden, sollte das historische Klima im Raum, einschließlich der mittleren RH-Werte, des Bereiches der Variabilität der natürlichen Zyklen, z.B. jahreszeitlich oder täglich, und

---

308 ÖNORM EN 15757:2010-09 (Österreich) oder DIN EN 15757:2010-12 (Deutschland): Erhaltung des kulturellen Erbes – Festlegungen für Temperatur und relative Luftfeuchte zur Begrenzung klimabedingter mechanischer Beschädigungen an organischen hygroskopischen Materialien.

309 Definition: „klimatische Bedingungen in der Mikroumgebung, unter denen ein Gegenstand des kulturellen Erbes stets oder für eine lange Zeitdauer gehalten wurde (mindestens ein Jahr) und an die er sich akklimatisiert hat." EN/Europäisches Normungsinstitut (Hg.), Schluss-Entwurf FprEN 15757, April 2010, Deutsche Fassung, vorgelegt vom Technischen Komitee CENT/TC 346, S. 6 (§ 3.5), unveröffentlicht.

310 EN (2010), S. 7.

der Änderungsgeschwindigkeiten, unverändert bleiben. Die einzigen annehmbaren Änderungen sind Verbesserungen, die Schwankungen der Klimabedingungen vermindern. [...] Dies gilt auch für Transport und Lagerung."[311]

EXPLODIERENDE SAMMLUNGEN IM DEPOT

2011 veröffentlichte *BBC News* ernüchternde Zahlen über die Prozentsätze von deponierten Sammlungen und die dafür erforderlichen Lagerkosten für die Londoner Museen. Das British Museum hat beispielsweise fast seine gesamten Bestände – 99 Prozent – eingelagert, das Natural History Museum und das Science Museum 95 Prozent.[312] Im Allgemeinen gilt: Je größer die Sammlung, desto weniger wird im Verhältnis dazu ausgestellt, je kleiner, desto mehr. Darin liegen der Vorteil und die Chance der kleinen Museen. Genauere Statistiken sind für den britischen Raum verfügbar: Die größten Anteile der Sammlungen im Depot haben Film-, Tonband-, geologische, numismatische und ethnografische Sammlungen.[313] Kunstmuseen haben tendenziell mehr *on display* als technische, natur- oder kulturhistorische Museen. Insbesondere in kulturhistorischen Museen führte die Nobilitierung von Alltagskultur in den letzten Jahrzehnten zum steilen Anstieg der Wachstumskurven bei deponierten Sammlungen. In Großbritannien ging man 2005 durchschnittlich von einem jährlichen Wachstum von 1,5 Prozent aus, das würde innerhalb von 47 Jahren eine Verdoppelung der Bestände bedeuten.[314] 1998 schätzte man dort die öffentlichen Sammlungsbestände auf insgesamt 149 Millionen Objekte, auf eine/n EinwohnerIn kämen somit mindestens drei Objekte.[315] Wie steht es nun um den Zustand der Sammlungen im Depot? Hierzu liegt uns der 2005 in den USA publizierte *Health Heritage Index* vor, dessen Umfrageergebnisse Entrüstung in der Öffentlichkeit auslösten: Nur 11 Prozent der US-amerikanischen Museen meinten, über adäquate Depotausstattungen zu verfügen; 58 Prozent gaben sogar an, dass vor allem durch schlechte

---

311 EN (2010), S. 9 (§ 5.3).

312 N.N., The 99 % of the British Museum not on show, BBC News London 31.3.2010, Zugriff 15.3.2011, http://news.bbc.co.uk/local/london/hi/people_and_places/arts_and_culture/newsid_8595000/8595594.stm; N.N., London museums urged to show more 'hidden' artefacts, BBC News London 19.1.2011, Zugriff 8.2.2011, http://www.bbc.co.uk/news/uk-england-london-12214145; Kandell, Geraldine, Cross calls for new debate on stored collections, Museums Association 26.1.2011, Zugriff 8.2.2011, http://www.museumsassociation.org/news/26012011-cross-calls-for-new-debate-on-stored-collections.

313 Keene, Suzanne, Collections for people. Museums' stored collections as a public resource, London 2008, S. 50, 82 [http://www.ucl.ac.uk/storedcollections/report_files, Zugriff 2.1.2010].

314 Keene, Suzanne, Collections: Treasure or trash?, in: Politics and positioning. Museums Australia Conference, Sydney 2005, Zugriff 30.12.2011, http://www.suzannekeene.info/authored.html.

315 Davies, Peter, Disposals: Debate, dissent, dilemma, in: ders. (Hg.), Museums and the Disposals Debate, Edinburgh 2011, S. 20–42, S. 21f.

Lagerung und mangelnde Pflege erhebliche Schäden in den Depots entstünden.[316] Die UNESCO geht aktuell davon aus, dass etwa 60 Prozent der Depots weltweit einer teilweisen oder kompletten Reorganisation bedürfen, um ihre Bestände langfristig erhalten zu können. Bei einer über drei Monate 2011 durchgeführten Umfrage beteiligten sich 1.500 Museen aus 136 Ländern. Ein Viertel der befragten Museen gab an, dass ihre Depots so überfüllt seien, dass eine Nutzung der Sammlungen unmöglich oder äußerst schwierig sei. Zwei Drittel klagten über zunehmende Platznot, Mängel in der Logistik oder der Schulung der MitarbeiterInnen. Ein Viertel der befragten Institutionen verfügt über keine oder nur mangelhafte Inventarisierung der Depotbestände, ein Zehntel leidet unter permanentem Schwund und Diebstahl.[317]

Auf die Museen im deutschsprachigen Raum sind diese Zahlen nur teilweise übertragbar. Hier besteht eine gewisse Kluft zwischen den großen von der öffentlichen Hand finanzierten Sammlungen und den kirchlichen sowie den kleineren privaten bzw. gemeinnützigen Vereins- oder Regionalmuseen.

DIE REALITÄT DER REGIONALMUSEEN

Die international geführte, weitgehend akademische Diskussion gilt es nun auf die Realität der kleinen und mittleren Museen herunterzubrechen. Am Beispiel der etwa 700 niederösterreichischen Regionalmuseen lässt sich ein durchaus auch auf andere Regionen übertragbares Bild skizzieren. Basierend auf dem regen Rücklauf einer von der Volkskultur Niederösterreich BetriebsGmbH 2010 durchgeführten Fragebogenaktion im Rahmen der „Qualitätsoffensive Museumsdepots in Niederösterreich“ zur Inventarisierung und Lagerung der Objekte in den Museen Niederösterreichs wurden einige Sammlungen exemplarisch für einen Ortsaugenschein ausgewählt. Die Ergebnisse dieser Bestandsaufnahme (2011) ergaben:[318] Die Schausammlungen präsentieren sich in einem gepflegten Zustand. Die Situation in den vielfach in Kellern und Dachböden untergebrachten Depoträumen ist teilweise katastrophal. Meist herrscht akute Platznot, aber auch chaotische Zerstreuung durch willkürliches Deponieren in großen, aber nicht adäquaten Lagerräu-

316 Heritage Preservation with the Institute of Museum and Library Services (Hg.), A Public Trust at Risk: The Heritage Health Index Report on the State of America's Collections (2005), www.heritagepreservation.org/hhi/, Zugriff 30.12.2011.

317 UNESCO/ICCROM (Hg.), Stored but not safe: Museum collections are at risk worldwide, 28.11.2011, http://www.unesco.org/new/en/culture/themes/dynamic-content-single-view/news/stored_but_not_safe_museum_collections_are_at_risk_worldwide/, Zugriff 30.11.2011.

318 Griesser-Stermscheg, Martina, Bestandsaufnahme und Konzept (Mai 2011), im Rahmen des Projektes „Qualitätsoffensive Museumsdepots in Niederösterreich“, unveröffentlichter Bericht, im Auftrag der Niederösterreichischen Volkskultur GmbH.

men. Fast alle Depots sind in historischen Gebäuden untergebracht, die ursprünglich nicht für museale Nutzung vorgesehen waren. Schmale Treppenaufgänge oder notdürftige Adaptierungen erschweren die Zugänglichkeit und Manipulation. In Sammlungen, bei denen die Depoträume überfüllt oder durch die Gebäudebeschränkung erst gar nicht vorhanden sind, werden Exponate wie historische Kästen in den Schauräumen als Depotmöbel verwendet. Einige Museen haben ihre Depoträume in Außenstellen untergebracht, die oft monatelang unfrequentiert bleiben. Generell mangelt es an Übersicht und Kontrolle, meist fehlen vollständige oder aktualisierte Standortverzeichnisse. Nicht immer haben die Museen allein die Schlüsselhoheit über die externen Depots oder eine Alarmsicherung. Langfristig kommt es daher, wie in einzelnen Fällen schon bemerkt wurde, zu Schwund. Bei allen überprüften Sammlungen gibt es keine Trennung zwischen dem Depot für Sammlungsobjekte und dem Lager für Gebrauchsmöbel, Vitrinen, Verpackungsmaterial oder sogar Müll. Keine der Sammlungen ist vollständig inventarisiert, was eine ordnungsstiftende Trennung in Depot und Lager umso schwieriger macht. Die notwendige Umlagerung würde eine parallele Bewertung und Inventarisierung erfordern, doch fehlen dazu die personellen Ressourcen, aber manchmal auch die fachliche Kompetenz im (ehrenamtlichen) Team. Bis auf eine Ausnahme mangelt es den Sammlungen an einem Leitbild und einem schriftlich formulierten Sammlungsprofil. Dies wiederum führt zur unkontrollierten Annahme von Schenkungen, was zur Überfüllung der Depots mit Objekten, die in keinem Bezug zur Sammlung stehen, beiträgt. Manche dieser Objekte sind sperrig (z.B. landwirtschaftliche Geräte, Hobelbänke oder Spinnräder), verbrauchen Platz und werden so in- und übereinander gestapelt (Abb. 23). Besondere Sorgenkinder sind archäologische Fragmente ohne regionale Bedeutsamkeit, die schachtelweise auf ihre Bearbeitung warten. Die klimatischen Bedingungen sind meist unzureichend für die Langzeitlagerung der Objekte und die Schimmelbildung stellt ein Gesundheitsrisiko für die MitarbeiterInnen dar. Nicht temperierte Depots machen Depotarbeit im Winter oder längere Aufenthalte zur Sammlungsbearbeitung fast unmöglich.

Im Rahmen eines von der Niederösterreichischen Landesregierung geförderten Projektes (2012–2016) wurden, basierend auf der Bestandsaufnahme, Handlungsfelder ausgewählt, die zwar den spezifischen Bedürfnissen einzelner Museen entsprechen, nach Abschluss der Pilotphase aber auch auf andere Sammlungen der Region übertragbar sein sollen. Das Programm basiert auf vier Säulen, nämlich Zentralisieren, Profilieren, Inventarisieren und nötigenfalls Entsammeln. Zum Entsammeln, der kontrollierten Abgabe von Museumsgut, erklärten sich viele der beteiligten Sammlungsverantwortlichen grundsätzlich bereit, um dem unkontrollierten Zuwachs der Vergangenheit Herr werden zu können. Ein Beispiel dafür ist ein dem historischen Alpinsport gewidmetes Ski-Museum. Im feuchten Keller verrosten Hunderte Paar Skier, die seit Jahren als ungebetene Schenkungen aus der regionalen Bevölkerung einlangen. Jene abzugeben oder zu entsor-

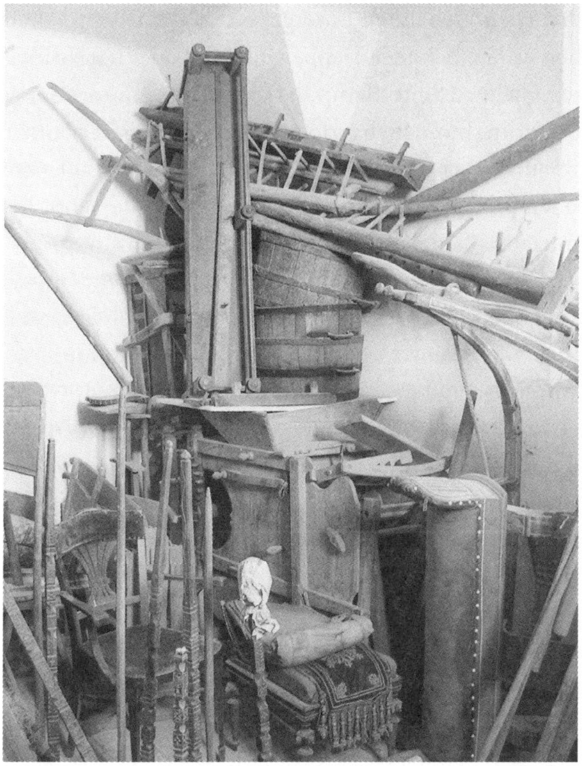

Abb. 23: Depot in einem Regionalmuseum (2011)

gen würde jedoch vorab die Erstellung eines Leitbildes und die vollständige Bewertung der Bestände bedingen. Im ehrenamtlich organisierten Kontext kann die verbindliche Einigung auf ein gemeinsames Leitbild und dessen Einhaltung zur ersten Hürde werden, die qualifizierte Bewertung der Bestände zur zweiten.

STRATEGIEN DES ENTSAMMELNS: SAMMLUNGSQUALIFIZIERUNG

Überfüllung und Begrenztheit charakterisieren gegenwärtig die Situation in vielen Museumsdepots. Ratlosigkeit macht sich breit über ständig wachsende Bestände, unübersichtliche An-Sammlungen, deren Erhaltung, Pflege und Verwaltung immer schwieriger wird. Es besteht Handlungsbedarf. Entrümpeln? Die Praxis sucht nach Modellen, welche eine Neubewertung vorhandener Bestände und möglicherweise sogar ihre Abgabe zulässt. Doch wie kann es öffentlichen Museen gelingen, Objekte abzugeben, ohne ihren Erhaltungsauftrag zu sabotieren und das in sie gesetzte Vertrauen zu zerstören? Und wer wäre schon befähigt, eine endgültige, auch für die Zukunft gültige Bewertung vorzunehmen, angesichts der sich laufend ändernden Methoden der wissenschaftlichen

Bewertung? Kann doch heute niemand mit Sicherheit wissen, was morgen Wert haben wird.

Der umstrittene Begriff „Deakzession" bedeutet mehr als Entsammeln, Abgabe, Abtretung, Tausch, Übereignung, Entsorgung, Versteigerung etc. Der Begriff sollte immer auch Sammlungsqualifizierung beinhalten. Diese kann, muss aber nicht zwingend dazu führen, dass sich eine Sammlung von Beständen trennt. Eine Abgabe von Museumsgut – beispielsweise ein kurzfristig beschlossener Verkauf mit dem alleinigen Zweck, das Museumsbudget aufzubessern – ist ohne vorherige Sammlungsqualifizierung ethisch nicht vertretbar. Dies ist hier kein Thema, es geht vielmehr um aktuelle Strategien und Beispiele im internationalen Umfeld, wo sich nicht nur die Rechtslage, sondern auch der öffentliche Diskurs um ein bisheriges Tabuthema erheblich von der Situation im deutschsprachigen Raum unterscheiden. Innerhalb des gängigen englischen Begriffspaars *deaccession and disposal* gilt es ebenfalls zu differenzieren: *Deaccession*, das Gegenteil von *accession* (Aufnahme und Inventarisierung im Museumsbestand) beschreibt nach erfolgter Sammlungsqualifizierung die dauerhafte Ausgliederung eines Objekts aus dem Inventar, wobei sich das deakzessionierte Objekt als Teil einer sogenannten *inactive collection* durchaus noch im Museum befinden kann, beispielsweise als Anschauungsgegenstand für Vermittlungsaktivitäten. *Disposal* hingegen ist die endgültige physische Abgabe eines Objekts nach der *deaccession*, sei es durch Entsorgung, Tausch oder Verkauf.[319]

EIN ALTES DILEMMA: DEAKZESSION

Wir beginnen mit einem historischen Beispiel, das zeigen soll, dass Sammlungsqualifizierung und Deakzession kein neues, neoliberales Schreckgespenst ist, sondern ein altes Dilemma der Museumspraxis darstellt. Quelle ist ein von Direktor Karl Woermann 1907 in der *Museumskunde* publizierter Aufsatz über die Entwicklung der Gemäldegalerie im Dresdner Zwinger.[320] Beim Neubau des Zwingers 1856 war kein Depot mitgeplant worden, nicht alle Gemälde fanden daher bei der Neueinrichtung Platz: Es waren 2202 Gemälde ausgestellt und 701 befanden sich im so bezeichneten „Vorrat". Da man die Einrichtung eines dauerhaften Depots damals noch ausschloss, wurde zwischen 1859 und 1861 eine Klassifizierung, also eine Sammlungsqualifizierung, durchgeführt. Das Ergebnis: Von den 701 „vorrätigen" sollten 60 „erstklassige" Gemälde in die noch freie oberste Reihe der Galerie gehängt, 75 der „zweite Klasse" an die königlichen Schlösser verteilt und schließlich 566 „drittklassige" Gemälde, also der Großteil, mit „geringem Erlös"

319 Hadfield, Jessica, Deaccession and disposal: The theory in context, in: Peter Davies (Hg.), Museums and the Disposals Debate, Edinburgh 2011, S. 84–102, S. 86.

320 Woermann (1907), S. 140–157.

versteigert werden. Unter diesen versteigerten Gemälden befand sich beispielsweise auch *Der Traum des Hl. Joseph* von Raphael Mengs (1773/74), heute im Kunsthistorischen Museum Wien. Ähnliches hören wir 1888 auch vom Wiener Museum für Kunst und Industrie: Es sei nämlich „zum Oefteren [...] ein Ausschießen und Entfernen der unbrauchbar gewordenen Objecte nothwendig, in Folge dessen auch eine Umarbeitung der Inventare und Kataloge".[321]

Deakzession und die Abgabe von Museumsgut sind ein Thema, das insbesondere in wirtschaftlichen oder politischen Krisenzeiten immer wieder aufs Neue verhandelt wird, damals wie heute. Im Rahmen der Österreichischen Museumsreform nach dem Ersten Weltkrieg empfahl das Unterrichtsministerium als vorläufige Notmaßnahme den Verkauf von Dubletten aus den ehemals kaiserlichen, nun verstaatlichten Sammlungen.[322] Im Dezember 1918 wurde allerdings auch das bis heute in Österreich gültige Ausfuhrverbotsgesetz erlassen, um das Abwandern von wichtigen Kunstwerken ins Ausland kontrollieren und gegebenenfalls auch verhindern zu können. Zeitzeuge Wilhelm Bode berichtet von den hohen „unsinnigen Preisen" bei den großen Versteigerungen nach dem Ersten Weltkrieg in Budapest, Wien, München und Berlin, vom großen Publikumsandrang, aber auch von der Entrüstung der dem Kunsthandel gegenüber abgeneigten Fachleute.[323] In Deutschland verpflichten sich noch 1918 die Mitglieder des gerade gegründeten Deutschen Museumsbundes dazu, keine Handelsgeschäfte mit ihren Sammlungen zu betreiben und sich klar von den Interessen des Kunstmarktes abzugrenzen.[324] Über den 1923 abgewickelten Verkauf von Dubletten aus den Sammlungen des Kunsthistorischen Museum Wien urteilte der Museumschronist Herbert Haupt rückblickend (1991), dass die Verluste weit größer gewesen seien als der Gewinn. Besonders schwer betroffen war das Monturdepot durch den Verkauf von mehr als zweihundert historischen Uniformen und Livreen. Auch scheinbar wertlose Dubletten stellten sich im Licht neuer Forschungserkenntnisse als eigenständige, teils bedeutende Kunstwerke heraus.[325] Ähnliches kommt auch heute noch vor: 2007 wurde bei der Auktion eines aus einer (nicht genannten) öffentlichen Sammlung stammenden Selbstporträts von Rembrandt als Kopie eines anonymen Schülers um rund tausend englische Pfund versteigert. Kurz darauf stellte das Amsterdamer *Rembrandt Research Project* die Echtheit der

321 k.k. Österr. Museum für Kunst und Industrie, Jahresbericht 1888, Wien 1889, S. 1.

322 Siehe dazu: Posch, Herbert, Umbruch und Kontinuität – Wiener Museen am Übergang von der Monarchie zur Ersten Republik und das Scheitern einer Aneignung, in: Gottfried Fliedl/Roswitha Muttenthaler/Herbert Posch (Hg.), Museumsraum – Museumszeit. Zur Geschichte des österreichischen Museums- und Ausstellungswesens, Wien 1992, S. 139–154.

323 Bode (1997), Bd. 1, S. 405.

324 Koetschau, Karl, Die zweite Tagung des Deutschen Museumsbundes in Würzburg am 29. und 30. Mai 1918, in: Museumskunde 14 (1918), S. 49–56, S. 51 f.

325 Haupt (1991), S. 95.

kleinen Kupfertafel fest und setzte den neuen Wert mit etwa zehn Millionen Pfund an. Das aufgewertete Gemälde befindet sich nun in Privatbesitz.[326] Die historische Reihe der Irrtümer und Fehlentscheidungen bei der Abgabe von Museumsobjekten wäre noch beliebig weit fortzusetzen.

Allerdings gibt es auch Argumente, die *für* eine kontrollierte Abgabe, aber besser noch für die konsequente Einhaltung eines Sammlungsprofils im Vorfeld sprechen. „Spätestens seit der Mitte des 16. Jahrhunderts galt das schiere Anhäufen von echten und vermeintlichen Schätzen als ungebildet."[327] Schon Samuel Quiccheberg fordert in seinem Traktat von 1565 die Einhaltung einer Sammlungssystematik, indem er das Sammeln um seiner selbst willen ablehnt und meint, dass er „von keinem noch so reichen und sorgfältigen Menschen glaube, daß seine Lebensdauer ausreiche, alles zu sammeln".[328] Durch wahllose Sammelleidenschaft befürchte er einen Qualitätsverlust für jede Sammlung.[329] Johann Daniel Major (1674) rät dazu, für die Erweiterung einer Sammlung Platzreserven zu kalkulieren, „hin und wieder einen ledigen Raum zu lassen", damit die Ordnung in den Fächern durch neu hinzukommende Objekte nicht immer verändert werden muss. Major mahnt zu einer kontrollierten Erweiterung unter Einhaltung eines nach Gattungen gegliederten Sammlungsprofiles. So möge beispielsweise in einer Naturalkammer an „Artificial-Sachen [...] kein Überfluß nicht seyn".[330] Nach Carl von Linné (1707–1778) wäre es Aufgabe des Sammlers, sich um die „Zahl der Arten" zu bemühen: Dies ist aber nicht als Aufforderung zur Akkumulation, sondern als Aufforderung zur Reduktion und zur genauen Bestimmung statt bloßen Vermehrung der Zahl zu verstehen; jede Art schließe irgendein überflüssiges Merkmal aus.[331] 1782 bedauert der Entomologe Johann Christian Fabricius seine Kollegenschaft im British Museum: Die ganze Sammlung sei mit „einer Menge mäßiger und schlechter Stücke überhäuft. Sie müssen alles aufheben, sie dürfen nichts ausschließen, nichts tauschen, wodurch ihnen die Freiheit fehlt, das Unnütze wegzuschaffen, und die Gelegenheit, auf eine leichte Art die Sammlung zu vermehren."[332] Sammeln kann nicht nur erfreuen, sondern auch enorm belasten, ansammeln noch mehr. Die Qualität der Arbeit mit der Sammlung leidet dann unweigerlich. Paul Valéry (1923) fasst zusammen: „Das Vermögen, diese immer voller werdenden

326 Grosvenor, Bendor, Deaccessioning in practice: How to make sure we get it right, in: Peter Davies (Hg.), Museums and the Disposals Debate, Edinburgh 2011, S. 56–71, S. 60.

327 Mundt (1989), S. 10.

328 Roth (2000), S. 91.

329 Roth (2000), S. 260.

330 Major (1674), S. 14.

331 Müller-Wille (2001), S. 37.

332 Raffler (2007), S. 272f., nach: Maurer, Michael (Hg.), O Britannien, von Deiner Freiheit einen Hut voll. Deutsche Reiseberichte des 18. Jahrhunderts, München 1992, S. 350f.: Briefe aus London vermischten Inhalts (1784).

Speicher zu nutzen, steigt keineswegs mit ihrem Wachstum. Unsere Schätze erdrücken uns und verwirren uns. […] Da müssen wir notwendig erliegen. Was tun? Wir werden *oberflächlich*.“[333]

DER DELTAPLAN UND SEINE FOLGEN

Österreich verfügte nach dem Ersten Weltkrieg über einen ehrgeizigen Masterplan zur Reform der nun staatlichen Museen. In seinem *Memorandum zur Neuorganisation der Wiener Museen 1919–1925* plädierte der Kunsthistoriker und Denkmalpfleger Hans Tietze im Anschluss an die Depot-Bewegung der Vorkriegszeit für ein „Entrümpeln“ der Schausäle vieler Museen.[334] Doch auch die Niederlande hatten damals Großes vor. Profilierung und Zentralisierung lauteten die Leitmotive der holländischen Museumsreform, die in der deutschen *Museumskunde* (1923) äußerst umstritten reflektiert wurde. Durch die klare Abgrenzung aller Sammlungen zueinander sollten Schausäle und Depots „entrümpelt“ sowie Überschneidungen vermieden werden. Die Reformgegner sprachen sich für die gewachsenen Strukturen und die Beibehaltung einer heterogenen Sammlungslandschaft innerhalb des Landes aus.[335] Viele Jahrzehnte später wurden dann einige der frühen Reformgedanken tatsächlich verwirklicht.

Der niederländische Deltaplan (*Deltaplan for the preservation of cultural heritage*) wurde weltweit zum methodischen Schulbeispiel für eine Reform, in deren Mittelpunkt die Sammlungen in den Depots standen. Eine großzügige staatliche Geldspritze von 150 Millionen Dollar ermöglichte im Zeitraum von 1990 bis 2000 insgesamt 17 niederländischen Museen die konsequente Inventarisierung, Digitalisierung und Sammlungsqualifizierung aller vorhandenen Bestände. Die teilweise verheerenden Zustände in den Depots, vor allem in den ethnografischen Sammlungen der ehemaligen Kolonialmacht, wurden zu Beginn des Deltaplans mit „a process of natural selection occurred, by the laws of nature instead of men“ umschrieben. Zur Qualifizierung der Bestände einigte man sich auf möglichst allgemein nachvollziehbare, wenn auch sehr dehnbare, kulturhistorische Bewertungskriterien. Die Ergebnisse der Qualifizierung wurden abschließend

---

333 Valéry, Paul, Das Problem der Museen (1923), in: Kristina Kratz-Kessemeier/Andrea Meyer/Bénédicte Savoy (Hg.), Museumsgeschichte. Kommentierte Quellentexte 1750–1950, Berlin 2010, S. 187–191, S. 189.

334 Tietze, Hans, Die Zukunft der Wiener Museen, Wien 1923, zit. S. 27. Siehe dazu: Posch (1992), S. 139–154; Krapf-Weiler, Almut, Zur Neuorganisation der Wiener Museen 1919–1925 unter der Leitung von Hans Tietze, in: Hadwig Kräutler/Gerbert Frodl (Hg.), Das Museum. Spiegel und Motor kulturpolitischer Visionen 1903–2003. 100 Jahre Österreichische Galerie Belvedere, Wien 2004, S. 159–178. Dank an Monika Sommer.

335 Kauffmann, Hans, Wie Holland seine Museen reformieren möchte, in: Museumskunde 17 (1923), S. 18–30.

in vier Kategorien quantitativ (in Prozent) ausgewiesen: Kategorie A gilt als „Spitze des im Besitz der Niederlande befindlichen Kulturerbes = unersetzbar" (22 %), Kategorie B umfasst „Objekte ohne großen wissenschaftlichen Wert, aber höchste Attraktivität für die Ausstellung" (40 %), C beinhaltet „Objekte, die nicht in A oder B passen, aber für die Sammlung wichtig sind" (30 %) und D waren „Objekte, die nicht zur Sammlung gehören" (8 %).[336] Objekte der Kategorie D, also als nicht zur Sammlung gehörig definierte Objekte, wurden entweder an Dauerleihgeber retourniert, anderen Museen zum Tausch angeboten, der *inactive collection* eingegliedert oder, wenn alle diese Möglichkeiten erschöpft waren, deakzessioniert, also verkauft oder entsorgt. Noch heute profitieren die niederländischen Museen vom Deltaplan, da er zur umfassenden Aufarbeitung von bis dahin stark vernachlässigten Sammlungsteilen führte. Viele Depots wurden bei dieser Gelegenheit neu strukturiert und eingerichtet, außerdem konnte zusätzliches Personal geschult werden. Die Erfahrungen, die man im Zuge des Deltaplans gemacht hatte, mündeten 2000 in die Publikation *Dutch guideline for deaccessioning of museum objects*, die 2006 in zweiter, überarbeiteter Auflage erschien. Seit 2007 verfügen die niederländischen Museen über eine online-Datenbank zum gegenseitigen Tausch von Objekten und Dubletten. Und seit 2008 – man höre und staune – ist es über das Internetportal von *ebay* sogar möglich, aus dem Museumsinventar ausgeschiedene Objekte, also ehemaliges niederländisches Kulturgut, online zu ersteigern.

Im zuletzt 2004 revidierten *ICOM Code of Ethics* steht (§ 2.13): „Die Aussonderung […] darf nur […] unter Erwägung des öffentlichen Vertrauensverlustes erfolgen, den ein derartiges Vorgehen möglicherweise nach sich zieht."[337] Allen Museen, die den Weg der Sammlungsqualifizierung und Deakzession bereits beschritten haben, scheint das hohe Risiko eines Vertrauens- und Imageverlustes bewusst zu sein – um dem vorzubeugen, betreibt man umfangreiche Öffentlichkeitsarbeit. Das Centraal Museum Utrecht beispielsweise präsentierte alle für eine Abgabe ausgewählten 1.470 Objekte in einer fünfwöchigen Sonderausstellung (2006). Durch ein engagiertes Begleitprogramm wurde der Prozess für die Öffentlichkeit so transparent wie möglich gestaltet. Während der Ausstellung wurden die Objekte anderen Museen offen zum Tausch angeboten: 51 Prozent der Objekte landeten auf diese Weise in etwa 40 niederländischen Museen. Dann erst erfolgte die Versteigerung der restlichen Objekte bei Sotheby's.[338]

---

336 De Ruijter, Martijn, Deltaplan approach, Vortrag und workshop am 21.1.2008, UNESCO-ICCROM specialized seminar for endangered collections in developing countries, ICCROM Rom. Ich danke Martijn de Ruijter (Amsterdam) für die aufschlussreichen Gespräche und heißen Diskussionen.

337 ICOM (Hg.), Ethische Richtlinien für Museen von ICOM (2004), deutsche autorisierte Übersetzung (2010), § 2.13, http://www.icom-oesterreich.at, Zugriff 4.1.2012.

338 Van de Werdt, Errol, Deaccessioning in perspective, in: Peter Davies (Hg.), Museums and the Disposals Debate, Edinburgh 2011, S. 432–455, S. 447.

In Großbritannien war es die National Museum Director's Conference 2003, welche das Thema Deakzession endgültig salonfähig machte, und das nicht zuletzt auf Druck des britischen Rechnungshofes. Die Beiträge dieser mittlerweile fast legendären Konferenz sind im Tagungsband *Too much stuff? Disposal from Museums* nachzulesen. Das seit 1988 in Großbritannien gültige Registrierungssystem wurde mit der Veröffentlichung des *Accreditation Standard. The Accreditation Scheme for Museums in the UK* (2004) ersetzt. Bei Nichteinhaltung kann dem Museum die Akkreditierung aberkannt werden und damit auch das Recht auf öffentliche Subventionen. Als wesentliche Anforderungen für eine Akkreditierung sind die Erstellung eines klaren Sammlungsprofils, seine regelmäßige Aktualisierung, Abstimmung und Überprüfung (Nachweispflicht: alle fünf Jahre), ein maximaler Inventarisations- und Dokumentationsgrad der Sammlung sowie eine realistische Erhaltungsstrategie für vorhandene Bestände und Ankäufe vorgegeben. Ein Werkzeug zur Erlangung dieser ehrgeizigen Ziele ist der 2008 erschienene *Disposal Toolkit. Guidelines for museums in the UK*, ein betont niederschwelliges, didaktisch aufbereitetes Handbuch zur Deakzession. Überhaupt sind die britischen und niederländischen Leitfäden zur Deakzession auf leichte Verständlichkeit ausgelegt, enthalten nur kurze Texte, Checklisten und schematische Illustrationen. Der Praxisbezug steht im Vordergrund. Die Publikationen sind als Druckwerk kostenlos und online im Volltext erhältlich.[339] Die ethische Komplexität des Problems wird in den Broschüren weitgehend ausgespart, parallel dazu entsteht jedoch eine Fülle an englischsprachiger Fachliteratur, in der die Herausforderung ethisch, sammlungspolitisch und juristisch analysiert und reflektiert wird.[340] Die Museen der USA, wo die lange Tradition der *deaccession* sich erheblich von der europäischen unterscheidet, gelten vielfach als Vorbilder. Die Briten und Niederländer sind im europäischen Vergleich sicher am leidenschaftlichsten, wenn man so sagen darf, dem „Deakzessionismus" verfallen, doch rumort es europaweit. In Dänemark beispielsweise wurde mit den *Danish Guidelines for Deaccessioning* (2005) festgelegt, dass der Verkauf eines bereits inventarisierten Museumsobjektes zwar verboten, sehr wohl aber die Entsorgung in begründeten Fällen gestattet sei. Der „nicht mehr restaurierbare Zustand" eines Objektes kann hier der ausschlaggebende Faktor sein – eine zweifelsfrei sehr schwierige Definition.

Die Situation in Deutschland und Österreich

In Deutschland wurde die Diskussion um Sammlungsqualifizierung und Deakzession in den letzten Jahren insbesondere von den Freilichtmuseen und den Museumsbünden

339 www.deaccessioning.eu. Ständig aktualisierte europäische online-Plattform für Deakzession.
340 Siehe dazu jüngst: Peter Davies (Hg.), Museums and the Disposals Debate, Edinburgh 2011.

als Interessenvertreter von kleinen und mittleren Regionalmuseen getragen. Zum Thema Sammlungsqualifizierung veranstaltete der Sächsische Museumsbund 2006 einen interessanten Fortbildungstag, um nur eine der Initiativen zu nennen.[341] In einem *Positionspapier zur Problematik der Abgabe von Sammlungsgut* (2004) nahmen ICOM Deutschland und der Deutsche Museumsbund auf den *ICOM Code of Ethics* Bezug, der konkrete Richtlinien für Abgabe, Verkauf und Entsorgung vorgibt, gleichzeitig aber auf die Bedeutung der jeweiligen Trägerschaft des Museums, die rechtliche Stellung und die endgültige Entscheidungsgewalt durch die nationale Gesetzgebung hinweist (§ 2.12–2.17). Die knifflige Frage der Bewertung umging man im deutschen Positionspapier mit der Orientierung am Versicherungswert der Objekte. Abzugebende Objekte wurden in drei Kategorien unterteilt: Kategorie A umfasst Objekte mit einem Versicherungswert von mehr als 250.000 Euro, Kategorie B gilt für Objekte von 1.000 bis 250.000 Euro und C betrifft alles unter einem Versicherungswert von 1.000 Euro. Das Positionspapier sah die Einrichtung externer Expertenkommissionen vor: Eine „kleine" Kommission sollte für Kategorie B-Objekte, eine „große" für A-wertige Gegenstände zuständig sein. Für Objekte der Kategorie C (unter 1.000 Euro) sollte die fachlich verantwortliche Museumsleitung entscheiden, wenn dies der Sammlungskonzeption entspräche und der Vorgang schriftlich dokumentiert werde.[342] Vermutlich erwies sich dieses Modell als wenig praktikabel, denn schon 2010 veröffentlichte der Deutsche Museumsbund ein neues *Positionspapier zum Sammeln und Abgeben von Museumsgut*, eine im Vergleich zu den englischsprachigen Leitfäden bemerkenswert umfassende Anleitung, die nach Sammlungstypen differenziert und für die Museumspraxis hilfreiche Fallbeispiele bietet. Zur Kernaufgabe des Sammelns wird auch das richtige Vorgehen bei Nicht-Annahme eines Objektes, beispielsweise beim Ablehnen einer ungewollten Schenkung, beschrieben. Für die kultur-, natur- oder technikhistorische Bewertung könne man sich an den Kategorien des niederländischen Deltaplans orientieren. Die noch 2004 empfohlene Kategorisierung nach Versicherungswerten wurde revidiert. Es wird lediglich angemerkt, dass die „Einhaltung des beschriebenen Verfahrens [das Prozedere der Abgabe, Anm.] bei werthaltigen Sammlungsgütern, deren Versicherungswert bei über 1.000 Euro liegt" unverzichtbar sei.[343]

Dass in Deutschland jedoch schon länger professionell deakzessioniert wird, zeigt das von der Stiftung Niedersachsen und dem EU-Fonds für Regionale Entwicklung geförderte

341 Sächsischer Museumsbund e.V. (Hg.), Qualität des Sammelns, Fortbildungstag des Sächsischen Museumsbundes am 6.11.06 in Leipzig, Sonderheft, Informationen des Sächsischen Museumsbundes 34 (2007). Für diesen Hinweis danke ich Christine Haupt-Stummer.

342 Deutscher Museumsbund/ICOM Deutschland, Positionspapier zur Problematik der Abgabe von Sammlungsgut, in: Museumskunde 2 (2004), S. 88–91, § 2.2.

343 Deutscher Museumsbund e.V. (Hg.), Nachhaltiges Sammeln. Ein Positionspapier zum Sammeln und Abgeben von Museumsgut (2010), § 5.1, http://www.museumsbund.de, Zugriff 4.1.2012.

Projekt SAMMELN!. Während einer zwischen 2001 und 2004 von 15 Museen durchgeführten Inventarisierungskampagne, in der entgegen allen guten Vorsätzen „nur" 13.500 von 100.000 Objekten erfasst werden konnten, entstand die Idee zu einem methodischen Experiment: Da, wie man resümierte, „die Qualität der Sammlungen von der Quantität der Objekte verschüttet" war, wagten die beteiligten Museen von 2004 bis 2006 erneut den Versuch einer Bestandserfassung, diesmal jedoch nach Sammlungsgruppen. Zu jeder Sammlungs- bzw. Objektgruppe wurden folgende Daten erfasst: Leitobjekte, Anzahl der Einzelobjekte, Standort(e), Inventarisierungsgrad (0–100 %), Foto (ja/nein), Restaurierungsbedarf (0–100 %), museumsinterne Bewertung (Kategorie 1–4) und wer die Bewertung wann vornahm. Die Einteilung nach den Bewertungskriterien in vier Kategorien orientierte sich am niederländischen Deltaplan. Kategorie 4 beschrieb Sammlungsgruppen, die „ohne Bedeutung für das Museum und ohne Bezug zum Profil" sind, in diesem Fall sieben Prozent des Gesamtbestandes. Von diesen anscheinend „bedeutungslosen" Objekten waren aber nur 25 Prozent entsprechend inventarisiert und dokumentiert gewesen. Es musste also eine Korrekturschleife eingezogen werden, um mehr über diese „unbekannten Objekte" zu erfahren. Man holte sich zusätzliche Expertise von außen. Nach dieser neuerlichen Bewertung fanden 13 Prozent wieder Aufnahme in die Kernsammlung. Der Rest wurde über eine Internet-Börse anderen Museen zum Tausch angeboten oder, wenn dies nach drei Monaten keinen Erfolg zeigte, verkauft oder entsorgt.[344]

In Österreich bietet die rechtliche Situation kaum Möglichkeit zur Deakzession. Die Rechtsgrundlage, das Verkaufsverbot für die österreichischen Museen, hängt von der jeweiligen Trägerschaft ab. Den Bundesmuseen ist durch das Bundesmuseen-Gesetz (BGBl I Nr. 115/1998 idF BGBl I Nr. 14/2002) der Verkauf der ihnen anvertrauten Kulturgüter verboten. Die Landesmuseen unterliegen eigenen Landesvorschriften,[345] welche aber den bundesrechtlichen Regelungen nicht widersprechen dürfen. Diese, aber auch alle anderen Museen, die sich im Eigentum von Gebietskörperschaften oder Religionsgemeinschaften befinden (z.B. Bezirks-, Stadt- und Gemeindemuseen, kirchliche oder klösterliche Sammlungen, Vereinsmuseen etc.) unterliegen dem österreichischen Denkmalschutzgesetz. Die Veräußerung von Objekten aus öffentlichen Sammlungen bedarf nach § 6/1 des österreichischen Denkmalschutzgesetzes der Bewilligung des Bundesdenkmalamtes. Die bisherige Praxis spiegelt eine äußerst restriktive Haltung vonseiten des zuständigen Amtes.

---

344 Heisig, Dirk (Hg.), Ent-Sammeln. Neue Wege in der Sammlungspolitik von Museen, Ostfriesland-Stiftung der Ostfriesischen Landschaft, Aurich 2007.

345 Krilyszyn, Rudolf, Dürfen österreichische Museen Kunst verkaufen?, in: Dirk Boll (Hg.), Marktplatz Museum. Sollen Museen Kunstwerke verkaufen dürfen?, Zürich 2010, S. 106–111, S. 109: Einige Landesvorschriften sehen die Möglichkeit einer Veräußerung von Kunstgegenständen mit Genehmigung der Landesregierung, welche ihrerseits davor die Zustimmung des jeweiligen Landtages einzuholen hat, vor.

Trotz der strikten Handhabe gibt es Diskussionsbedarf in der Fachöffentlichkeit. Eine wichtige Initiative hierzu war der Niederösterreichische Museumstag 2009 *Ent/sammeln*, veranstaltet vom Museumsmanagement Niederösterreich. VertreterInnen von technischen, archäologischen, kirchlichen, kultur- und naturhistorischen Sammlungen kamen zu Wort und beschrieben einerseits den Leidensdruck, unter dem viele SammlungsleiterInnen angesichts überquellender Depots stehen, andererseits aber das hohe Verantwortungsbewusstsein im Kampf für die Erhaltung und Erschließung ihrer Bestände. Deutlich wurde die Ambivalenz gegenüber dem Prozess der Deakzession. Noch ist in Österreich jedoch zu wenig bekannt, dass es sich bei einer professionell durchgeführten Deakzession nicht einfach um die Abgabe von einzelnen Objekten handelt. Deakzession ist, wie gesagt, das letzte Glied einer langen Kette, die Sammlungsqualifizierung heißt. Voraussetzungen dafür sind die Existenz eines Sammlungsprofiles, dessen Einhaltung und regelmäßige Kontrolle, die Abstimmung mit benachbarten oder ähnlichen Sammlungen sowie ein maximaler Dokumentations- und Inventarisationsgrad. Eine Sammlungsqualifizierung kann jeder Sammlung Nutzen bringen, die Kenntnisse darüber vertiefen und damit die museumsinterne und öffentliche Wertschätzung steigern. Dieser Prozess erfordert allerdings viel Zeit, Personal und Geld. Zum Prozess der Deakzession in Museumsalltag lassen wir eine US-amerikanische Kollegin vom *National Trust for Historic Preservation* zu Wort kommen: „When records are incomplete, as they so often are, the deaccessioning process is the last opportunity to make the information as complete as possible. It can be frustrating to spend this time on improving information for collections that we aren't planning to keep. However we must maintain at least a photograph and enough descriptive information to identify the proposed deaccession in case questions about it come up again in the future, and in my experience, they often do."[346] Abschließend das wichtigste Argument gegen einen Verkauf von Objekten: „Museumssammlungen werden für die Öffentlichkeit stets treuhänderisch verwaltet. Sie sind nicht das finanzielle Aktivvermögen einer Gesellschaft, sondern deren ideelles."[347] Und unsere Ideale können und dürfen wir nicht verkaufen. Aber gegen die klare Profilierung und Qualifizierung einer Sammlung ist nichts einzuwenden – im Gegenteil, eine Entlastung im Objektbestand durch Tausch oder in begründeten Ausnahmefällen sogar durch Entsorgung, kann Museen helfen, sich auf die jeweiligen Kernaufgaben zurückzubesinnen und zu konzentrieren.

---

346 Anderson, Terri, Too much of a good thing: Lessons from Deaccessioning at National Trust Historic Sites, in: Peter Davies (Hg.), Museums and the Disposals Debate, Edinburgh 2011, S. 230–253, S. 245.

347 Demandt, Philipp, Lecks im Erinnerungsspeicher? – Warum Museen keine Kunstwerke verkaufen sollten, in: Dirk Boll (Hg.), Marktplatz Museum. Sollen Museen Kunstwerke verkaufen dürfen?, Zürich 2010, S. 163–169, S. 165.

STRATEGIEN DES ZEIGENS: DAS ÖFFENTLICHE DEPOT

Es wurde mucksmäuschenstill im Saal, als bei der jährlichen Versammlung der britischen MuseumsdirektorInnen in London 2003 folgende Fragen vom britischen Rechnungshof an die Anwesenden übermittelt wurden: „What percentage of the collections has not been on display during, say, the last ten years? What sort of policy do you have for objects which are, in effect, never put on show?"[348] Für die großen westlichen Museen gilt als Mittelwert, dass nur ungefähr ein Zehntel der tatsächlich vorhandenen Sammlungsbestände ausgestellt ist. Wozu dienen die großen Bestände also, die nicht ausgestellt sind? Die Forderung nach „Nutzung" dieser Sammlungen und ihrer vollen Zugänglichkeit, der Druck hohe Lagerungskosten rechtfertigen zu müssen und nicht zuletzt der politische Ruf nach national abgestimmten Sammlungsstrategien werden immer größer. Trotz des Bewusstseins, dass rein ökonomische Betrachtungen der Philosophie des Sammelns fundamental widersprechen, müssen sich viele Museen dem politischen und finanziellen Druck beugen. Immer mehr Museen verbesserten in den letzten Jahren die Zugangsmöglichkeit zu ihren Sammlungen, sei es durch Online-Kataloge digitalisierter Bestände oder aber durch das Öffnen der Tore zu den Depots. Das angesammelte Kapital, die Sammlungen, lassen sich so präsentieren, und die notwendigen Erhaltungskosten vor einer breiten Öffentlichkeit rechtfertigen. Das öffentlich zugängliche Depot ist gegenwärtig also oftmals als strategische Position zu verstehen.

Bekannte Varianten des zugänglichen Depots sind einerseits das „Schaudepot" (*visible storage*), wo man deponierte Objekte entlang eines vorgegebenen Pfades hinter Glas oder anderen Distanzhaltern betrachten kann, und andererseits das „begehbare Depot" (*visitable storage*), wo sich die BesucherInnen ohne Abgrenzungen frei bewegen oder in geführten Rundgängen das Depot besuchen können. Eine Sonderform des öffentlichen Depots ist das „Studiendepot", wo für eine Fachöffentlichkeit das Angebot besteht, in meist eigens dafür adaptierten Räumen im oder nahe dem Depot Depotbestände einzusehen. Per definitionem nicht zu Schaudepots gezählt werden können als Depot inszenierte Sammlungspräsentationen oder Sonderausstellungen im „Depot-Stil", auch wenn es momentan Mode zu sein scheint, derartige Inszenierungen als „Schaudepot" zu betiteln.

Im europäischen Raum wurde das *live storage*-Konzept erstmals 1955 im Musée d'Ethnographie in Neuchâtel und 1969 im Musée National des Arts et Traditions Populaires (*musée-laboratoire*) in Paris umgesetzt.[349] Für den US-amerikanischen und kanadi-

348 National Museum Directors Conference (NMDC) (Hg.), Too much stuff? Disposal from Museums. National Museum Directors Conference 2003. London 2003, S. 1.

349 Waldemer (1998), S. 277–280.

schen Raum gilt das Museum of Anthropology in Vancouver als Pionier des *public storage*, wo man mit der Neuaufstellung in den frühen 1970er-Jahren ein klares Bekenntnis zur Demokratisierung des Museums abgeben wollte.[350] Aus museologischer Sicht maßgebliche frühe Publikationen zum *visible storage* hat Michael Ames (1977/1985) verfasst. Schon damals konnte Ames die Popularität von zugänglichen Depots nachweisen.[351] Heute sind wir um viele weitere Erfahrungsbeispiele reicher. Das Modell erlebt in den letzten Jahren Hochkonjunktur.[352]

DER VERBORGENE ORT

Dass das Museumsdepot meist ein verborgener Ort ist, stellt gleichermaßen seine größte Stärke und Schwäche dar. Was man nicht sieht, wird leicht in seiner Pflege vernachlässigt. Bleibt das Museumsdepot der Öffentlichkeit verschlossen, gibt es aber auch Anlass zu Spekulationen über die geheimnisvollen Lagerhallen und Tiefspeicher. Verborgene Orte wie das Museumsdepot erwecken Interesse, Einblicke in das Depot versprechen Spannung beim Publikum. Längst haben dies auch die Marketingabteilungen der großen Museen erkannt und nutzen das zugängliche Depot als Marketing-Tool. Erinnern wir uns des Richtwertes, dass nur etwa ein Zehntel der vorhandenen Sammlungsbestände in den großen Museen ausgestellt ist. Stellen wir dem die Ergebnisse zweier britischer Umfragen gegenüber: Drei Viertel der befragten MuseumsbesucherInnen wussten zum Zeitpunkt der Befragung gar nicht, dass sie meist nur ein Zehntel der vorhandenen Bestände in den Sammlungspräsentationen der Museen sehen.[353] Nach dieser Rechnung besteht also anscheinend großes Potenzial, eine Vielzahl zusätzlicher BesucherInnen durch Öffnung der Depots in die bisher unbekannten Sammlungen zu locken. Als das Science Museum London 2004 begann, Depot-Touren für eine breite Öffentlichkeit anzubieten, stellte sich der Erfolg schnell ein. Über mehrere Monate waren die Führungen völlig ausgebucht. Ein gutes Beispiel also für die Erfolgsgeschichte des begehbaren Depots, zumindest was die BesucherInnenzahlen betrifft, die aus Perspektive des klassischen Marketings ein wichtiges Kriterium darstellen. Und das Schaudepot? Eine von der Marketingabteilung des National Railway Museum York durchgeführte Befragung ergab, dass rund 85 Prozent der BesucherInnen vom Schaudepot des Museums sehr angetan

350 Bohlen, Celestine, Museums as Walk-In Closets: Visible Storage Opens Troves to the Public, in: New York Times am 8. Mai 2001.

351 Waldemer (1998), S. 280.

352 Auszüge aus diesem Kapitel wurden veröffentlicht in: Griesser-Stermscheg, Martina, Das Schaudepot und das begehbare Depot: Sammlungen ausstellen?, in: schnittpunkt – Charlotte Martinz-Turek/Monika Sommer (Hg.), Storyline. Narrationen im Museum, Wien 2009, S. 229–248.

353 Keene, Suzanne, Fragments of the world: Uses of museum collections, Oxford 2005, S. 121.

waren. Als Gründe hierfür wurden die kaum gestaltete Präsentation, das „Abenteuer", der Blick hinter die Kulissen der Museumsarbeit, die dichte Aufstellung der Objekte und der nicht „zensierte" bzw. durch ein kuratorisches Konzept vorgegebene Blick auf die Sammlung angegeben.[354]

Doch worin genau liegt der Reiz am geheimnisvollen Ort Museumsdepot, die Faszination am Verborgenen? Der österreichische Filmdramaturg Christian Mikunda (2002) analysiert den verborgenen Ort als verbotenen Ort und sieht darin ein Mittel zur strategischen Dramaturgie: Das Prinzip des verbotenen Ortes funktioniert so, dass eine kognitive Landkarte aufgerufen wird, die Anwendung dieser Landkarte aber durch Verbote und Regeln verzögert wird. Eine kognitive Landkarte ist vereinfacht gesagt das latent erlernte innere Bild eines Ortes. Kognitive Landkarten bleiben langfristig im Gedächtnis, und können sogar von Orten entstehen, an denen man sich physisch noch nie befunden hat. Jede und jeder von uns trägt diese mit sich: die Pyramiden, den Südpol, Disneyland, ein Gefängnis, einen Dachboden, einen Bücherspeicher oder ein Museumsdepot. Durch die verzögerte Konfrontation der kognitiven Landkarte mit der Realität entsteht emotionale Spannung und Exklusivität. Exklusivität im doppelten Sinne – Luxus und Ausschluss –, denn „der verbotene Ort ist nicht selten Ausdruck einer Machtstellung, der Abgrenzung einer privilegierten gesellschaftlichen Gruppe vom Rest der Welt".[355] Nach Jean Baudrillard (1968) hält „der possessive Sammler" sein Objekt in Gewahrsam, in „Schutzhaft". Das Gefühl, etwas für sich zu haben, ist genussreich, vor allem durch das Wissen um die Begehrlichkeit all jener, die durch die Zugangsbeschränkung frustriert werden.[356] Michel Foucault hat in *Überwachen und Strafen* (1975) auf die enge Verwandtschaft von Gefängnis und Museum hingewiesen. Nur einige der Gemeinsamkeiten sind Kontrollsysteme, Besuchszeiten, Sicherheitsvorkehrungen („hier gegen Einbrüche, dort gegen Ausbrüche"), innere Schleusen bzw. Leitsysteme für BesucherInnen oder Häftlinge.[357] Im klassischen Marketing werden oft künstliche Hemmschwellen und Zutrittsbeschränkungen aufgebaut, um Exklusivität zu erzeugen; beispielsweise durch Gesichtskontrollen bei elitären Events oder durch steife Freundlichkeit im Empfangsbereich teurer Mode-Boutiquen. Dieselbe Exklusivität entsteht beim Zutritt ins Museumsdepot, nach Überwindung der Sicherheitskontrollen, wenn die Tür zum Depot entriegelt wird.

354 Keene (2005), S. 126.

355 Mikunda, Christian, Der verbotene Ort oder die inszenierte Verführung: Unwiderstehliches Marketing durch strategische Dramaturgie, Frankfurt – Wien 2002, S. 116. Für diesen Hinweis danke ich Kerstin Schütz-Müller.

356 Baudrillard, Jean, Das System der Dinge. Über unser Verhältnis zu den alltäglichen Gegenständen, Frankfurt 2001 (1. Aufl. 1968), S. 128.

357 Schütz, Anton, Die fröhliche Götzendämmerung. Anmerkungen zur Museumsrevolution, in: Peter Noever (Hg.), Tradition und Experiment. Das Österreichische Museum für angewandte Kunst Wien, Salzburg – Wien 1988, S. 277–287, S. 279.

Wer es schafft, diese Schwelle zu überwinden, fühlt sich auserwählt. Denn „etwas aufbewahren bedeutet zugleich auch etwas verbergen. Wer das Verborgene findet, [...] erlangt Herrschaftswissen.“[358]

DAS SCHAUDEPOT

International herausragende Schaudepots gibt es beispielsweise im Metropolitan Museum of Art in New York (Abb. 24), im Musée du quai Branly in Paris oder in der Pinakothek der Moderne in München. In Wien machten das Hofmobiliendepot/Möbel Museum Wien und das Jüdische Museum Wien den Anfang. Seit 1996 bietet sich im obersten Stockwerk des Jüdischen Museums die Gelegenheit, die Sammlungsbestände in einem Schaudepot einzusehen. Bei den gezeigten Gold- und Silberschmiedearbeiten, Alltagsgegenständen und Archivalien handelt es sich um nach 1938 geborgene Gegenstände aus zerstörten Synagogen und privaten Haushalten. Heute stehen sie in einer verglasten Kompaktanlage dicht an dicht gestellt. Durch die gestaffelten Regale ergibt sich für die BetrachterInnen im Durchblick ein mehrfach überlagertes Bild. Die Sammlung präsentiert sich so als vielschichtiger und sensibler Bestand, dessen Geschichten hier öffentlich aufbewahrt werden. Gleichzeitig zur Eröffnung des Schaudepots im Jüdischen Museum liefen die Umbauarbeiten im Hofmobiliendepot/Möbel Museum Wien, welches 1991 mit einem Symposium die geplante Neugestaltung zum Gegenstand einer öffentlichen Fachdiskussion gemacht hatte.[359] Der historische Depotcharakter, der „Gerümpel-Stil“ der Möbel- und Interieurlager des kaiserlichen Hofes, sollte erhalten bleiben und als Kontrapunkt zu „überdidaktisierten Museumskonzepten“ stehen.[360] Diese Entscheidung war ungewöhnlich und doch zugleich naheliegend, war doch das Hofmobiliendepot seit dem Ende der Monarchie dem Publikum schrittweise zugänglich gemacht worden und somit entgegen der konventionellen Entwicklung anderer ehemals höfischer Sammlungen allmählich zum „begehbaren Depot“ mutiert. Alfred Polgar berichtet 1929 dazu: „Jetzt haben die Leute vom Depot aus ihren Möbellagern eine Ausstellung gemacht. Das ging ohne viel Mühe. Sie hängten eine Tafel hin: ‚Es wird gebeten, die Gegenstände nicht zu berühren‘ und schrieben auf die Türen ‚Ein-

358 Mikunda (2002), S. 156.

359 Barta-Fliedl, Ilsebill/ Parenzan, Peter (Hg.), Lust und Last des Erbens: Die Sammlungen der Bundesmobilienverwaltung Wien, Museum zum Quadrat Bd. 4, Wien – Klosterneuburg 1993. Für die freundlichen Gespräche danke ich Ilsebill Barta.

360 Barta-Fliedl, Ilsebill, Die Geschichte des kaiserlichen Hofmobiliendepots in Wien, in: Katalin Dózsa (Hg.), Tanulmányok Budapest Múltjából XXIX, Budapest Történeti Múzeum, Budapest 2001, S. 377–380, S. 380. Für diesen Hinweis danke ich Eszter Aczel.

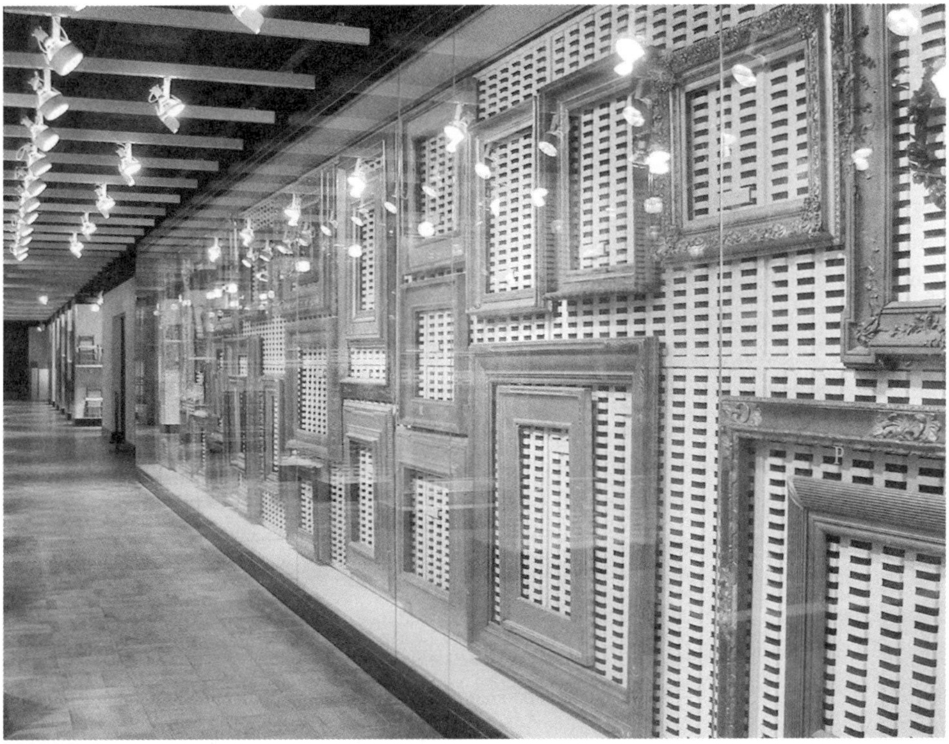

Abb. 24: Schaudepot im Henry R. Luce Center for the study of American Art, American Wing, Metropolitan Museum of Art, New York (2010)

gang' und ‚Ausgang'."[361] Wesentlich aufwändiger gestaltete sich der Umbau zum Schaudepot in den 1990ern.

Ebenfalls ein Symposium rundete die Eröffnung des 2003 fertiggestellten Schaumagazins des Focke-Museums in Bremen ab. Oberste Prämisse in der Aufstellung war es, soviel wie möglich einzulagern, auch auf Kosten der wissenschaftlichen Systematik, gleichzeitig aber zu vermeiden, durch „aneinandergereihte Depotschränke den Besucher zu langweilen".[362] Das Konzept gibt nun eine Gliederung nach dem Alphabet vor. Die Verständnisebene ist bewusst einfach gehalten. Unter dem Buchstaben A wie „Anfangen" finden sich unter anderem Eingangstüren, Schlüssel und Taufscheine, unter E wie „Erfinden" regional bedeutende Erfindungen. Das Konzept sah vor, die Beliebigkeit und Willkür zu betonen, mit der Gegenstände aus ihrem Alltagszusammenhang gerissen,

361 Barta-Fliedl (2001), S. 379.

362 Löhr, A., Das neue Schaumagazin des Focke-Museums (2003), in: Das Gesammelte zeigen, Bremer Landesmuseum für Kunst und Kulturgeschichte, Symposium im Focke-Museum am 20./21. November 2003, www.focke-museum.de, Zugriff 20.2.2007.

musealisiert und enzyklopädisiert werden. Beschriftungen gibt es keine, stattdessen geben Audio-Guides und Medienstationen Informationen über ausgewählte Objekte. Auf sehr persönlicher Ebene vermitteln hingegen sogenannte „HafenseniorInnen“ (erfahrene Fachleute aus dem Hafen) Sammlungsbestände des Museums der Arbeit in Hamburg. In einer nur saisonal geöffneten, abgelegenen Außenstelle im Kaischuppen 50A des Hamburger Hafens ist die Sammlung „Hafenkultur“ seit 2005 als Schaudepot zugänglich. Die Objekte, von skurril anmutenden Tauchglocken bis zu riesigen Schiffsschrauben, werden je nach Größe in Schwerlastregalen oder auf dem Boden stehend präsentiert. Im bereits erwähnten National Railway Museum in York wird hingegen nicht die Schifffahrt, sondern die Welt der Eisenbahn thematisiert. Für das erste Schaudepot dieser Größenordnung in Großbritannien (1998) wurde Industriemobiliar mit einfachsten Mitteln adaptiert. Die Beschriftung ist minimal. Die Industriehalle, die das Schaudepot beherbergt, ist dem Museumsgebäude angegliedert und hat dieselben Öffnungszeiten.

Das Schaudepot eröffnet also Einblicke in einen ansonsten verborgenen Ort. Aber kehren die BesucherInnen auch wieder, ist das Geheimnis erst mal gelüftet? Ja, sie würden gerne wieder kommen – das ergab zumindest die BesucherInnenbefragung im Schaudepot des National Railway Museums. Dabei stellte sich heraus, dass vor allem Jugendliche und Familien beabsichtigten, im Rahmen von gemeinsam geplanten *social activities* wieder zu kommen. Die Möglichkeit zu ungeführten Gruppenbesuchen, die Rundgänge ohne Leitsystem und ohne vordergründige didaktische Aufbereitung waren die häufigsten Argumente.[363] Das Schaudepot verspricht demnach ein soziales und kommunikatives Erlebnis, das an vormuseale Galerien erinnert: Man darf flanieren und promenieren. Angesichts der großen Objektmengen in den meisten Depots können die BesucherInnen keine vollständige Informationsvermittlung über den gesamten Bestand erwarten und umgekehrt wird von den BesucherInnen auch nicht erwartet, sich für alles restlos zu interessieren. Und so können im „Freiraum Schaudepot“ individuelle Geschichten entstehen, die abseits des Ausstellungs- und Aktualitätszwangs über die Sammlung erzählen. Michael Fehr (2010) vergleicht das Schaudepot mit einem Ensemble, in dem sich bisher nicht Beachtetes entdecken lässt, in dem BesucherInnen zu ForscherInnen werden und dadurch das Museum zu neuen Möglichkeiten der Entfaltung bringen können.[364] Das vorgegebene Narrativ von Dauer- und Sonderausstellungen wirke manchmal „wie ein Korsett“, das keine anderen Erkenntnisse für die BesucherInnen zulässt, möglicherweise auch keine Deutung gegen die Museums- oder Sammlungs-

363 Keene (2005), S. 123, 126.

364 Fehr, Michael, Wissenschaftliche und künstlerische Taxonomien. Überlegungen zum Verhältnis von Schausammlung und Schaudepot, in: Tobias G. Natter/Michael Fehr/Bettina Habsburg-Lothringen (Hg.), Das Schaudepot. Zwischen offenem Magazin und Inszenierung, Bielefeld 2010, S. 13–30, S. 13–15.

idee.[365] In diesem Sinne ist auch der Vorschlag von Friedrich von Bose (2011) für das neue Humboldt-Forum in Berlin zu verstehen: Er sieht im Schaudepot eine Chance für ethnologische Museen, Institutionskritik zu üben, wie dies in Kunstmuseen schon länger üblich ist. Der Blick auf die eigene institutionelle Geschichte klärt die BesucherInnen über die musealen Konstruktionen von kolonialen oder postkolonialen Geschichten auf und kann so dazu beitragen, dem tradierten Bild von „Europa" und dem „Rest der Welt" im Schaudepot entgegenzuarbeiten. Das Schaudepot hätte „das Potential, die taxonomische Ordnung des Museums von innen heraus zu reflektieren und zu hinterfragen. Es könnte damit auch die kulturellen Praktiken des Klassifizierens und Deponierens, die den meisten ethnologischen Ausstellungen zugrunde liegen, thematisieren und auch [...] konflikthafte Perspektiven [...] zu Tage fördern."[366]

DAS BEGEHBARE DEPOT

Eine Vielzahl von Museen hat ihre Depots für die Öffentlichkeit geöffnet, bei genauer Betrachtung ist es jedoch nur den wenigsten gelungen, ein tatsächlich begehbares Depot mit freier (!) Bewegungsmöglichkeit in den Depotzonen zu schaffen. Eines der wenigen funktionierenden Modelle war das Gegenwartskunstdepot im Gefechtsturm Arenbergpark des Museums für angewandte Kunst Wien, das seit der Depoteinrichtung 1994 bis 2011 der Öffentlichkeit zugänglich war. Das in zwei Bunkeretagen präsentierte Inventar reichte von frei aufgestellten Großobjekten über raumfüllende Installationen bis zu Grafik und Fotografie in klimatisch abgegrenzten Bereichen. Die gängigere Variante des begehbaren Depots, nämlich Erschließung mittels Führungen durch das Museumsdepot, etablierte sich mittlerweile in vielen Museen. Im Jahr 2004 hat, wie erwähnt, das Science Museum London begonnen, Depot-Rundgänge anzubieten, bald darauf auch das Darwin Centre des Natural History Museum in London. Höhepunkt des Rundgangs ist die Besichtigung eines über acht Meter langen Tintenfisches, eines Nasspräparates, welches zu den Leitobjekten des Museums gehört. Für derartige Exponate, die im Dauerausstellungsbereich komplexe logistische und konservatorische Probleme bereiten, bietet sich die Präsentation im begehbaren Depot als sinnvolle Alternative an; ebenso für Sammlungen, wo die Ensemble-Wirkung auf den ersten Blick im Vordergrund steht. Als Paradebeispiel gilt das in dieser Hinsicht äußerst beeindruckende, sogenannte Gipsdepot im

365 Fehr (2010), S. 25.

366 Bose, Friedrich von, Das Schaudepot. Die museale Ordnung von innen heraus anfechten, in: Friedrich von Bose/Kerstin Poehls/Franka Schneider/Annett Schulze (Hg.), Die x Dimensionen des Musealen. Potentiale einer raumanalytischen Annäherung, Berliner Blätter: Ethnographische und ethnologische Beiträge 57 (2011), Berlin 2011, S. 131–142, zit. S. 139. Ich danke herzlich Nora Sternfeld und Friedrich von Bose für die Diskussionen.

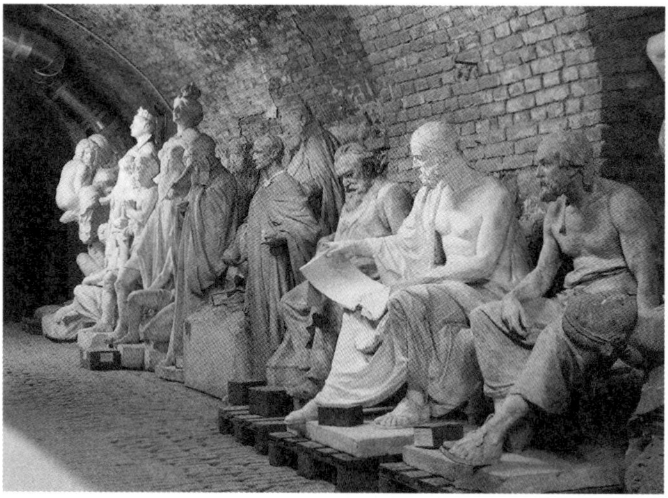

Abb. 25: Gipsdepot der Wiener Ringstraße im Leopoldinischen Trakt der Wiener Hofburg (2007)

Leopoldinischen Trakt der Wiener Hofburg, wo Gipsmodelle und plastische Entwürfe für den Bauschmuck der Wiener Ringstraße zusammengeführt worden sind. Heute wird es von der Burghauptmannschaft Österreich sorgsam verwaltet und ist auf Anfrage im Rahmen von Führungen zugänglich (Abb. 25).

Zweifellos ist das Konzept des begehbaren Depots aus konservatorischer Sicht auch das problematischste. Je wertvoller, kleinteiliger oder empfindlicher die Sammlungen, desto mehr spricht gegen öffentliche Führungen oder individuelle Rundgänge im Depot. GegnerInnen des begehbaren Depots argumentieren jedoch schnell und gerne mit Sicherheitsrisiken, obwohl die Gefahren bei professioneller Bewertung vielleicht sogar geringer als befürchtet einzuschätzen wären. Emotional motivierte Zutrittsverweigerungen von wissenschaftlichem Personal, dem die Verwaltung immerhin öffentlicher Sammlungen anvertraut wurde, sowie ein vermeintliches Exklusivrecht auf deren Beforschung und Publikation sind nicht mehr zeitgemäß: Bei einer Umfrage nach den größten Hindernissen für die Einrichtung eines begehbaren Depots gaben immerhin 25 Prozent der britischen Museen den Unwillen des wissenschaftlichen Personals an. In derselben Umfrage wurden fehlende Sicherheitsvorkehrungen von nur 20 Prozent der Befragten als Hinderungsgrund angeführt.[367]

Erlaubt die Beschaffenheit einer Sammlung die Öffnung des Depots jedoch nicht, weichen inzwischen viele Museen auf die Einrichtung von Studiendepots aus. Das Antonio Ratti Textile Center des Metropolitan Museum of Art in New York offeriert *public storage on demand.* In einem öffentlichen Studierraum neben dem Depot besteht die Möglichkeit, wie im Lesesaal einer Bibliothek, Objekte auf Anfrage aus dem Depot

367 Keene (2008), S. 29.

kommen zu lassen (mit Ausnahme besonders fragiler Stücke), um sie im Studierraum unter die Lupe nehmen zu können. Dafür wurden spezielle Lagerungs- und Transportunterlagen entwickelt. Auch das 2006 eröffnete Bode-Museum in Berlin verfügt über Einrichtungen von Studiendepots mit speziellem Mobiliar. Nach Materialien geordnete Räume beherbergen in verglasten Schränken beispielsweise Kleinbronzen oder Elfenbeinobjekte. Die Aufteilung in Materialgruppen ermöglicht auch die Schaffung von idealen Umgebungsbedingungen, da Temperatur, Luftfeuchte und Beleuchtung pro Raum gemäß den unterschiedlichen Materialanforderungen reguliert werden können.

Ein oftmals angeführtes Argument gegen offene Depots ist die Unordnung im Depot und der dadurch befürchtete Imageverlust des Museums. Dem wäre zu entgegnen, dass ein Depot ein Ort aktiver Museumsarbeit ist und dass die sprichwörtlichen Späne dort fallen, wo gehobelt wird. Was man nicht sieht, bleibt vernachlässigt im Verborgenen und wird für alle Mitwissenden zur dauerhaften Belastung. Was hingegen von den Augen der Öffentlichkeit gesehen wird, wird auch gepflegt. Die Öffentlichkeit schafft Druck, Ordnung zu machen. Warum also nicht die „süße Last“ der musealen Verantwortung mit der Öffentlichkeit teilen? Schaudepots und begehbare Depots thematisieren und „erden“ das Phänomen Sammeln – mitunter entzaubern sie es, ohne ihm aber den besonderen Zauber zu nehmen.

Das Museumsdepot in Theorie und Praxis

„Die Wirkmächtigkeit der Realität wird in der Entwicklung der Wissenschaften allgemein unterschätzt."[368] So plädiert der Wissenschaftshistoriker Nicholas Jardine (2001) für eine „angewandte Geschichtsschreibung", die sich nicht in Theorie erschöpft, sondern weniger glamourösen Rahmenbedingungen der Museumspraxis mehr Aufmerksamkeit schenkt. Die alltäglichen Sachzwänge der Museumspraxis beeinflussen unmittelbar auch die Bewertung des Objekts und damit seine wissenschaftliche Rezeption. Die Auswirkung der Sammelpraxis auf die Wissensgenerierung wurde bisher vernachlässigt. Das steigende Interesse an der materiellen „Dingkultur", vor allem in kulturhistorischen und ethnografischen Sammlungen, nobilitiert zusätzlich die Bedeutung des Alltäglichen und des Notwendigen, weist dem Objekt neuen Quellenwert zu, räumt aber auch dem Prozess des Spurenlesens am Objekt wieder wissenschaftliche Bedeutung ein.

Ausgehend von diesen Trends ist das nun folgende „Theorie-Praxis-Theorie-Modell" entstanden, in dem gängige theoretische Konzepte um praktische Aspekte bereichert und somit Wechselwirkungen sichtbar gemacht werden können. Das Museumsdepot scheint für dieses Experiment zwischen theoretischer Analyse und praxisorientiertem Problembewusstsein ein überaus geeigneter Ort zu sein. Mehr noch: Das Museumsdepot nimmt eine zentrale Stellung im Kreislauf der theoretisch-praktischen Bedeutungsproduktion in musealen Sammlungen ein. Hier laufen alle Fäden zusammen. Langfristig betrachtet ist es das pochende Herzstück jedes Museums.

DAS THEORIE-MODELL

Aus unser aller Dingwelt, also den Milliarden von Gegenständen, die wir täglich produzieren, benützen, verwalten oder wegwerfen – und deren gewaltige Eigendynamik wir dank Krzysztof Pomian (1998) unter der weit gefassten Bezeichnung des „ökonomischen Kreislaufes" zu fassen versuchen –, werden einzelne Gegenstände selektiert und in das System des musealen Gedächtnisses eingespeist. Eine langfristige Bedeutungsvermutung bildet die Basis für die Selektion und die Dekontextualisierung aus dem Primärkontext. Die selektierten Objekte finden über die Dokumentation des Primärkontextes, der Inventarisierung, Eingang in das Museumsdepot. Und nun beginnt das Warten, das Warten auf die Beförderung in der „Objekt-Karriere". Denn jede Langzeitlagerung verfolgt

368 Jardine (2001), S. 209.

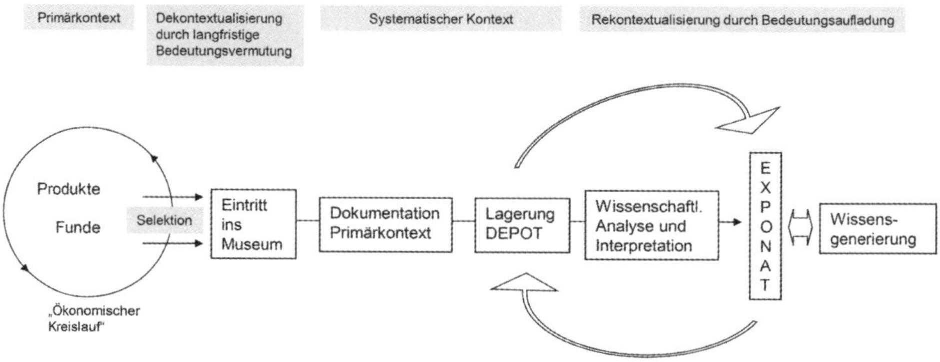

Diagramm 1: **Das Theorie-Modell.** Die untere Ebene beschreibt in stark schematisierter Form (von links nach rechts) den üblichen Handlungsablauf in musealen Sammlungen. Die grau hinterlegten Balken der oberen Leiste spiegeln auf einer Meta-Ebene, wie sich der Kontext durch die jeweils eingeleiteten Handlungen verändert.

ein Ziel, nämlich dass das gesammelte Objekt an Bedeutung gewinnt und tatsächlich zum sichtbaren Bedeutungsträger, zum Semiophor (Pomian), avanciert. Es gilt: „Was im Depot ist, nimmt an jeder Ziehung in der Lotterie der Bedeutungsvergaben teil."[369] Und im Sinne dessen ist der Lotto-Jackpot für jedes Objekt sein Auftritt als Exponat, wo es – durch wissenschaftliche Analyse und Interpretation mit neuer Bedeutung aufgeladen – aktiv zur Wissensgenerierung, zur Geschichts(de)konstruktion, zum aktuellen Diskurs, zur Klärung oder ganz einfach zur ästhetischen Freude beitragen kann. Die Soziologin Hilke Doering (2000) beschreibt den „Weg der Dinge" und die „Musealisierung kultureller Artefakte" anhand der Sammlung des Völkerkundemuseums in Basel durch die genaue Beobachtung alltäglicher Handlungsabläufe. „Es werden Dinge durch Praktiken, die ihnen zustoßen, als museale Objekte konstruiert."[370] In der Dingkarriere eines Objektes unterscheidet Doering zwischen Lagerstück, dem Objekt im Depot, dem Werkstück, während es beforscht, kategorisiert, dokumentiert oder konserviert wird, und dem Ausstellungsobjekt. Wird ein Objekt vom Lagerstück zum Ausstellungsobjekt, wird „im Depot ein Entnahmezettel platziert. Dieser Platzhalter wartet auf die Rückkehr

369 Jürgensen, Frank, Aussetzen. Über Vorgänge zwischen Ausstellung und Depot, in: Ilsebill Barta-Fliedl/ Peter Parenzan (Hg.), Lust und Last des Erbens. Die Sammlungen der Bundesmobilienverwaltung Wien, Museum zum Quadrat Band 4, Wien – Klosterneuburg 1993, S. 23–32, S. 31.

370 Doering, Hilke, Dingkarrieren: Sammelstück, Lagerstück, Werkstück, Ausstellungsobjekt, in: Rosmarie Beier (Hg.), Geschichtskultur in der Zweiten Moderne, herausgegeben für das Deutsche Historische Museum, Frankfurt – New York 2000, S. 263–278, S. 264.

des Ausstellungsstücks. Er stellt klar, dass es sich hier in der Regel nur um einen temporären ‚Aufstieg' handelt."[371]

Fast allen museologischen Theorien liegt zugrunde, dass der Weg eines Objekts ins Museum eine Einbahnstraße darstellt. Gottfried Korff (2000/2002) sieht das Museum als dynamische Symbiose von „Expositionsagentur" und „Deponierungsunternehmen": Das Museum ist Speicher und Aggregat zugleich und steht in wechselseitiger Abhängigkeit, einmal im Modus der Potenzialität (als umfassender Speicher von Sachkultur im Museumsdepot) und zum anderen im Modus der Aktualität (als aktuelle Perspektive auf den Sammlungsbestand in Sonder- und Dauerausstellungen). Aleida Assmann analysiert in ihren *Erinnerungsräumen* (2009) zwei Gedächtnisfunktionen, zum einen das präsent und aktuell gehaltene „Funktionsgedächtnis", zum anderen das zur potenziellen Verfügung bereitgestellte „Speichergedächtnis", beispielsweise ein Archiv oder Depot: „Wird der Grenzverkehr zwischen beiden Gedächtnissen durch eine Mauer versperrt und das Speichergedächtnis als latentes Reservoir von ungebrauchten Möglichkeiten, Relativierungen und kritischen Einsprüchen ausgesperrt, dann wird Wandel ausgeschlossen."[372]

Im musealen Kontext lässt sich aus der Wechselseitigkeit zwischen dem Aktuellen und dem Potenziellen ein Kreislauf beschreiben, aus dem es kein Zurück gibt, sondern nur ein Zirkulieren oder Oszillieren zwischen Lagerzustand und dem temporären Dienst als Bedeutungsträger, das im musealen Kontext einer Sonder- oder Dauerausstellung mit neuer Bedeutung „aufgeladen" wird. Der Depotbestand wird zum Feld, „auf dem sich Prozesse, Sinn zu schaffen, wiederholt abspielen".[373] Dabei werden immer wieder wechselnde Bedeutungen zugeschrieben, abhängig davon, wer wann wofür die Zuschreibung vornimmt. Im Museum produziert die Erkenntnis aus den Objekten keine Dogmen. Denn die Entscheidung, was am Objekt gerade als relevant und bedeutend erscheint, hängt vom jeweiligen Wissenschaftsparadigma ab.[374] Markus Walz (2007) bietet eine kommentierte Auswahl an theoretischen Erklärungsmodellen zum Prozess der Bedeutungsproduktion und des Bedeutungsverlustes von musealisierten Objekten und zitiert führende Theoretiker wie beispielsweise Stephen Greenblatt (1995), Boris Groys (1997), Ivo Maroevic (1998) oder Gottfried Korff (2002).[375] Grundsätzlich scheint man sich im museologischen Diskurs über die These einig zu sein, dass Musealien unterschiedliche

371 Doering (2000), S. 268. In den „Memoiren einer Mumie" geht Doering das mutige Wagnis ein, aus der Ich-Perspektive einer im Museum deponierten Mumie über ihr Leben zu erzählen – eine mitunter sehr amüsante Lektüre für jeden, der Dingkarrieren im Museum verstehen will (ebenda, S. 274–276).

372 Assmann (2009), S. 130–145, zit. S. 140.

373 Jürgensen (1993), S. 31.

374 Muttenthaler, Roswitha, Verfahren von Ein- und Ausschluss. Materielle Kultur und Museumspraktiken, in: Blätter für Technikgeschichte 61 (1999), S. 55–83, S. 69.

375 Walz, Markus, Bulimie musealis. Museumssammlungen zwischen Kulturerbe und Kulturmüll, in: Informationen des Sächsischen Museumsbundes 34 (2007), S. 5–16, insbes. S. 7–10.

Bedeutungen anhaften, die jederzeit abruf- und analysierbar sind. Maroevic unterstellt allen Musealien sogar eine „unbegrenzte Informationsemission". Der Kreislauf ist also tatsächlich endlos. Und im Gegensatz zum Lotto gilt: Je öfter ein Objekt zum öffentlich sichtbaren Exponat wurde, desto höher ist auch die Wahrscheinlichkeit, dass es für andere thematische Kontexte, beispielsweise als Leihgabe für Sonderausstellungen, entdeckt oder weiterführend wissenschaftlich bearbeitet wird. Im Sinne der Objekt-Karriere wird nach oben hin ausgesiebt. Die Exposition an eine Öffentlichkeit, die keinesfalls eine Fachöffentlichkeit sein muss, trägt im Falle partizipatorischer Museums- oder Ausstellungskonzepte dazu bei, die rein wissenschaftlich argumentierte Aufladung zu sprengen und bisher ungeahnte oder gar tabuisierte Aufladungen einzubringen und dem Objekt, sofern dokumentiert, auch für die Zukunft „einzuspeichern".

Interessant ist in diesem Zusammenhang Michael Thompsons *Mülltheorie* (1979/2003). Thompson legt dem Prozess der Bedeutungszuschreibung ein tradiertes Bewertungssystem zugrunde, in dem es zwei Wertkategorien gibt: dem Vergänglichen (heute hier, morgen weg) und dem Dauerhaften (immer präsent, Wert steigt kontinuierlich). Er ergänzt jedoch eine dritte, versteckte Kategorie: *Rubbish*, also Müll oder frei nach Pomian auch Abfall. Das Buch beginnt mit der Erzählung über ein „Müll-Archiv", eigentlich ein Anti-Archiv, in dem der britische Archivar Benjamin Pell (*Benji the Binman*, wie er von der Presse bezeichnet wurde) alle Dokumente, die über Jahrzehnte in seiner Dienststelle entsorgt wurden, fein säuberlich sammelte, ablegte und kategorisierte. Müll stellt laut Thompson die Verbindung zwischen Vergänglichem und Dauerhaftem dar und treibt als unsichtbare Kraft den kontinuierlichen Transfer zwischen beiden Kategorien voran. Gäbe es keinen Müll, könnte auch nichts bewertet werden. Doch welche Menschen beeinflussen den Transfer, wer definiert denn überhaupt Werte, wer profitiert davon, wer leidet möglicherweise darunter? Jene Eigenschaft, die bei Dingen die ständigen Transformationen unterstützt, ist deren „soziale Verformbarkeit. Das Variieren der sozialen Kontrollen […] auf die Kategorien des Vergänglichen, des Mülls und des Dauerhaften […] sind nichts Natürliches", sondern abhängig von sozial bestimmten Variablen.[376] Die Flexibilität im Wertetransfer, die Bedeutungszuschreibung, ist ein Spiel von Macht, Kontrolle und Expertise. In unserem Fall obliegt die Bedeutungszuschreibung den Museen. Können wir den Kontrollmechanismus, auf welche Weise „der Welt der Objekte Dauerhaftigkeit und Vergänglichkeit aufgezwungen werden", transparent machen?[377] Der deutsche Ethnologe Karl-Heinz Kohl (2003) zeichnet Analogien zwischen sakralen Objekten und Museumsobjekten über die Zeiten nach. In der mittelalterlichen Vorstellung waren der

376 Thompson, Michael, Mülltheorie. Über die Schaffung und Vernichtung von Werten, neu herausgegeben von Michael Fehr, Essen 2003, S. 156.

377 Thompson (2003), S. 30.

Heilige und dessen Reliquie Mittler zwischen Welt und Gott. Nur die Reliquie war aus sich selbst heraus heilig, alle anderen Objekte mussten erst durch die Worte des Priesters geheiligt werden. Die Gegenstände wurden durch den Ort ihrer Aufbewahrung heilig, in Kirche und Museum, und nicht aus sich heraus. Kohl fragt: Haben die Museen mit ihrer Deutungsmacht den Platz der Priester eingenommen?[378]

DAS DEPOT ALS UNERMÜDLICHER BEDEUTUNGSGENERATOR

In der Dialektik zwischen Müll und Musealisierung gilt es nach dem Theoriemodell also für jedes Objekt zwei Schwellen zu überwinden: zuerst die Selektion aus dem „Umgebungsmüll", also den Milliarden von Dingen in unserer Umgebung, und den damit verbundenen Eintritt in das Museumsdepot; im zweiten Schritt folgt die Selektion aus dem „Depot-Müll" zum Auftritt als sichtbarer Bedeutungsträger, -speicher und -spender. Die „Entdeckung" eines Depotobjektes kann oft Jahrzehnte dauern, wenn nicht sogar Jahrhunderte. Dafür gibt es zahlreiche Beispiele, wenn die Museen dies auch nicht immer an die Öffentlichkeit tragen. Denn Depotfunde sind zwar einerseits sensationell, andererseits wird von Museen immer noch gemeinhin erwartet, einen lückenlosen Überblick über ihre Bestände zu haben. In dieser enttäuschten Erwartungshaltung kann es leicht zu Irritationen auf beiden Seiten kommen.

Das Wien Museum hat 2011 dem Künstler Karl Wiener (1901–1949) eine kleine Sonderausstellung gewidmet, da kürzlich sein grafischer Nachlass aufgearbeitet wurde. Wiener lebte meist in prekären Verhältnissen, konnte sich am Kunstmarkt nie wirklich durchsetzen und verübte, nachdem er die Nazis im „inneren Exil" überlebt hatte, Selbstmord. Fast fünfzig Jahre (seit 1965) stand die Holzkiste mit seinem dem Museum übergebenen Nachlass im Museumsdepot – unbeachtet, ungeöffnet und ohne im Inventar erfasst worden zu sein. „In Museumskreisen erzählt man, dass die Arbeiten beim damaligen Direktor wenig Gefallen fanden und die Order soll gelautet haben, den Bestand uninventarisiert ins Depot bringen zu lassen. Wieners Werk wurde somit in eine Art museologisches Koma versetzt", schreibt die Kuratorin Lisa Wögenstein, die seit 2002 mit der Aufgabe betraut war, den Nachlass endlich zu inventarisieren, und ihn 2011 teilweise ausstellen konnte.[379]

Widerfahren kann das museologische Koma aber auch einem Alten Meister, beispielsweise dem Gemälde *Infantin Margarita Teresa in blauem Kleid* (1659) von Diego Velázquez, heute prominentes Exponat im Kunsthistorischen Museum Wien. Lange Zeit wurde, ba-

378 Kohl (2003), S. 255–260.

379 Wögenstein, Lisa, Verschollen im Museum. Der Künstler Karl Wiener, in: Wien Museum (Hg.), Verschollen im Museum. Der Künstler Karl Wiener, Illustrierte zur Ausstellung, Wien Museum 5.5.–28.8.2011, S. 1–3, S. 1.

sierend auf einer stilkritischen Zuschreibung, eine Kopie des Gemäldes für das Original gehalten. Erst 1922 wurde das Velázquez-Gemälde „in einem Depot der Wiener Hofburg gefunden", restauriert und in die Gemäldegalerie des Museums aufgenommen.[380]

Aufregung verursachte 2011 der Fund eines halben Dodo-Skeletts im Depot des Grant Museum in London. Der sagenumwobene Vogel ist seit dem 17. Jahrhundert ausgestorben. Weltweit ist kein vollständiges Dodo-Skelett erhalten, und doch finden wir abenteuerlich rekonstruierte Dodo-Präparate in den Schausammlungen der Naturhistorischen Museen in Paris und London.[381] Das Modell des Dodo veränderte sich inzwischen schon mehrfach, wenn auch immer auf Basis derselben Knochenfunde aus den 1860er-Jahren.[382] Umso bereichernder ist der Fund des Grant Museum für die Wissenschaft. Die Knochen waren aus Versehen in einer Schublade mit Krokodilknochen gelagert worden.[383]

Das Museumsdepot trägt aber auch zur Rechtfertigung unberechtigter Aneignungen bei, in dem es eine Sache in Vergessenheit geraten lässt. 1998 wurde im anthropologischen Depot des Naturhistorischen Museums Wien eine Kiste von Gipsmasken aufgefunden. Diese waren im September 1939 von jüdischen Inhaftierten im Wiener Praterstadion unter Zwang abgenommen worden, kurz bevor jene in das Konzentrationslager Buchenwald deportiert wurden. Die Untersuchungen wurden damals von der Anthropologischen Kommission, die sich aus MitarbeiterInnen des Museums und der Universität Wien zusammensetzte, vorgenommen. Ab 1999 wurde der Sammlungsbestand einer entsprechend detaillierten Be- und Aufarbeitung unterzogen. So konnte zumindest ein Teil der Geschichte auch aus Sicht der damals Betroffenen dokumentiert werden, und das Museum war gezwungen, sich mit seiner verdrängten Sammlungsgeschichte auseinanderzusetzen.[384]

Die Sammlungen in den Depots sorgen also dafür, dass innerhalb der unterschied-

380 Kunsthistorisches Museum Wien (Hg.), Restaurierte Gemälde. Die Restaurierwerkstätte der Gemäldegalerie des Kunsthistorischen Museums 1986–1996, Aust.Kat., Kunsthistorisches Museum Wien 16.10.1996–2.2.1997, Wien 1996, S. 184 (Kat.-Nr. 38). Im 18. Jahrhundert war es zum Ovalformat beschnitten worden, vermutlich für die Bespannung auf einen geschwungenen Rahmen. Durch das Ergänzen der fehlenden Bereiche wurde es 1922 wieder zum rechteckigen Format (weitere Restaurierungen 1954 und 1992).

381 Fortey, Richard, Dry store room No. 1. The secret life of the Natural History Museum, London 2008, S. 280. Kustos Richard Fortey (2008) verrät in seinen Backstage-Memoiren über das Natural History Museum London, dass für die Rekonstruktion des Londoner Dodos in den 1950er-Jahren das Federkleid eines Schwans aus der Themse verwendet wurde.

382 Schwarz, Astrid E., Modellierte Naturen und Raummodelle, in: Bernhard Graf/Hanno Möbius (Hg.), Zur Geschichte der Museen im 19. Jahrhundert 1789–1918, Berlin 2006, S. 155–164, S. 159.

383 Kennedy, Maev, Half a dodo found in museum drawer, in: The Guardian 22.2.2011.

384 Berner, Margit, „Die haben uns behandelt wie Gegenstände." Anthropologische Untersuchungen an jüdischen Häftlingen im Wiener Stadion während des Nationalsozialismus, in: Margit Berner/Anette Hoffmann/Britta Lange (Hg.), Sensible Sammlungen. Aus dem anthropologischen Depot, Hamburg 2011, S. 147–167.

lichen Zeitlichkeiten, in denen Museen agieren, die museal-wissenschaftliche Themenbildung, aber auch das Reflexionspotenzial über die eigene Sammeltätigkeit nie festgeschrieben ist. Das Museumsdepot versichert uns gegen alles, das aus einem temporären Weltbild entstehen kann, eine falsche Zuschreibung oder Kategorisierung, einen verheerenden Irrtum, eine Unrechtmäßigkeit, eine gewaltsame Ent- oder Aneignung, oder aber eine vorübergehende ideologische Dienstbarmachung. Eine über mehrere Generationen gesammelte Masse entzieht sich allein schon quantitativ dem vollständigen Deutungszugriff und eröffnet jederzeit neue Handlungsräume für die *Aufteilung des Sinnlichen*, wie Jacques Rancière (2006) aufzeigt. Deponierte Sammlungen ermöglichen die ständige Neuverhandlung von Wissen und damit auch Macht.

HETEROTOPIE, HETEROCHRONIE UND NICHT-ORT

Michel Foucault verdanken wir den Begriff der „Heterotopie" (1966), der sich hervorragend für die Umschreibung des Museumsdepots eignet. Im Gegensatz zur Utopie stellt eine Heterotopie eine tatsächlich realisierte Utopie dar – ein realer Raum, welcher versucht, in seiner Struktur mehrere Räume, die als gegensätzlich erscheinen, zu vereinbaren. Denn durch das Sammeln der Objekte, welche eigentlich nichts miteinander gemeinsam haben als ihre Funktion als Bedeutungsträger, verfolgt das Museum die Idee, alle Zeiten, alle Epochen an einem Ort zusammenzubringen.[385] Das Museumsdepot als „Raum aller Zeiten" ist eine Heterotopie. Boris Groys (2004) ergänzt den Begriff der „Heterochronie": Das Museum als Heterochronie wird zum Archiv der Vergangenheit und Zukunft, ein Ort der wiederholbaren Vergangenheit, der damit „unterschiedliche Zukünfte archiviert".[386] Marc Augé (1994) bezeichnet einen Raum aller Zeiten, hier übertragen auf das Museumsdepot, als „Nicht-Ort": Orte sind üblicherweise von Identität und Geschichte gekennzeichnet; ein Nicht-Ort hingegen besitzt keine eindeutige historische Identität. Er existiert niemals in reiner Gestalt, „vielmehr setzen sich darin Orte neu zusammen, Relationen werden rekonstruiert. […] Es sind Palimpseste, auf denen das verworrene Spiel von Identität und Relation ständig aufs neue seine Spiegelung findet. Dennoch sind die Nicht-Orte das Maß unserer Zeit."[387]

385 Foucault, Michel, Die Heterotopien – Les hétérotopies 1966, in: Foucault, Michel: Die Heterotopien – Les hétérotopies. Der utopische Körper – Le corps utopique. Zwei Radiovorträge. Zweisprachige Ausgabe. Übersetzt von Michael Bischoff, Frankfurt 2005, S. 14, 16.

386 Groys, Boris, Archiv der Zukunft. Das Museum nach seinem Tod, in: Ulrich Borsdorf/Heinrich Theodor Grütter/Jörn Rüsen (Hg.), Die Aneignung der Vergangenheit. Musealisierung und Geschichte, Bielefeld 2004, S. 39–52, S. 51.

387 Augé, Marc, Orte und Nicht-Orte. Vorüberlegungen zu einer Ethnologie der Einsamkeit, Frankfurt 1994, S. 93f.

Das menschliche Bedürfnis nach zeitlicher Relation analysieren viele AutorInnen als Motiv zum Sammeln. Jean Baudrillard (1968) weist historischen Gegenständen innerhalb des modernen Systems die Funktion eines „Zeichens" zu, so wie es Pomian tut. Im musealen Kontext, genauer im Museumsdepot, stellt das alte Objekt die Dimension der Zeit und der Dauer dar.[388] Mit dem menschlichen Unbehagen an der *Kürze des Lebens* (Seneca) argumentiert Odo Marquard (2003), dass Zukunft Herkunft braucht. Je schneller sich unsere Welt ändert, desto mehr wächst das Bedürfnis, Vertrautes mitzunehmen und zu erhalten: das Zeitalter der „Entsorgungsdeponien ist zugleich das Zeitalter der Verehrungsdeponien, der Museen".[389] Marquard unterstellt dem modernen Menschen die Permanenz von Untergangserwartungen und Außerordentlichkeitsbedarf, die als Motivation zum Sammeln gelten. Zur heutigen Innovationswelt, die eine Welt von Diskontinuitäten geworden ist, brauchen die Menschen als Kompensation die Kontinuitätskultur. Marquard erwähnt hier nach der Theorie der *transitional objects* (Übergangsobjekte) vom englischen Psychoanalytiker Donald Winnicott (1971) das längst von der Museologie adoptierte und bis zur Abgegriffenheit strapazierte Beispiel des Teddybären. Kinder, die ihrer vertrauten Umgebung beraubt werden, kompensieren ihr Vertrautheitsdefizit durch die Dauerpräsenz des Vertrauten, beispielsweise durch ihr Kuscheltier. Übergangsobjekte verlieren je nach Entwicklungsphase ihre Bedeutung und werden häufig durch neue ersetzt. Wichtig bleibt aber der Zugriff auf alte Übergangsobjekte.[390] Viele Menschen besitzen auch im Erwachsenenalter noch ihr liebstes Kuscheltier aus der Kindheit, und wenn es sich auch nur in einer Kiste am Dachboden des Elternhauses befindet. Das Wissen um den Zugriff auf die Schätze der Kindheit ist beruhigend. Das Wissen um den Zugriff auf die Schätze der Menschheit im Museumsdepot ist gleichermaßen beruhigend. Durch das institutionelle Sammeln gibt es eine Art Generationenvertrag, der über die Grenzen des eigenen Todes hinaus durch das Deponieren von symbolisch aufgeladenen Beständen das Kontinuum der Zeit sichert und das Vergessen an jene Aufladung verhindern soll.[391] Das Museumsdepot ist „ein Raum der traurigen Abschiede, die wir nicht vergessen wollen".[392] Hannah Arendt (1958/2010) schreibt, dass das lebendig Gehandelte ohne Verdinglichung spurlos verschwinden würde: Dies sei „der

388 Baudrillard (2001), S. 96.

389 Marquard, Odo, Zukunft braucht Herkunft. Philosophische Betrachtungen über Modernität und Menschlichkeit, in: ders., Zukunft braucht Herkunft. Philosophische Essays, Stuttgart 2003, S. 234–246, S. 240.

390 Marquard, Odo, Untergangserwartungen, Außerordentlichkeitsbedarf und Kontinuitätskultur, in: Christa Rohde-Dachser (Hg.), Verknüpfungen. Psychoanalyse im interdisziplinären Gespräch, Göttingen 1998, S. 23–36, S. 33–36.

391 Böhme, Hartmut, Fetischismus und Kultur. Eine andere Theorie der Moderne, Reinbek bei Hamburg 2006, S. 361.

392 Böhme (2006), S. 372.

Preis, den das Lebendige zahlt, um nur überhaupt in der Welt bleiben zu dürfen; und der Preis ist hoch, da immer ein ‚toter Buchstabe‘ an die Stelle tritt, was einen Augenblick lang wirklich ‚lebendiger‘ Geist war. Wirklichkeit und Verlässlichkeit der Welt beruhen darauf, dass die uns umgebenden Dinge eine größere Dauerhaftigkeit haben als die Tätigkeit, die sie hervorbrachte.“[393] Aber auch die Haltbarkeit der von Menschen geschaffenen Dingwelt sei nicht absolut: „Ausgestoßen aus der Welt der Menschen und sich selbst überlassen, wird auch der Stuhl wieder zu Holz werden, und das Holz verwittern …“[394]

DAS „THEORIE-PRAXIS-THEORIE-MODELL“

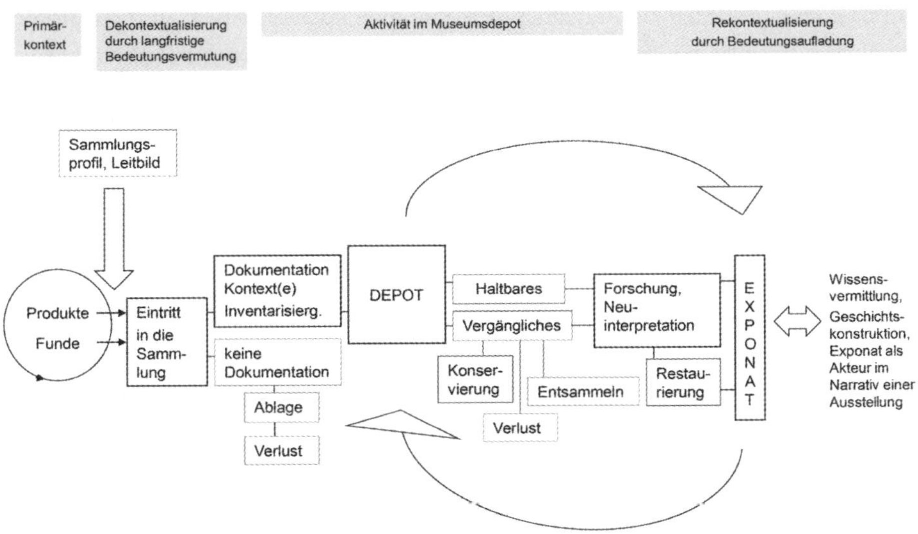

Diagramm 2: **Das Theorie-Praxis-Theorie-Modell.** Der theoretisch konstruierte Handlungsablauf in musealen Sammlungen wird hier um Einflüsse der Museumspraxis erweitert, zergliedert und differenzierter dargestellt. Deutlich werden Abwege, aber auch permanent nötige Aktivitäten zur Dokumentation, Erhaltung und Erforschung. Ziel ist die langfristige Verfügbarkeit für Neuinterpretation und Rekontextualisierung zugunsten von Vermittlung und Aktualisierung in unterschiedlichen Zusammenhängen und Zeitlichkeiten.

Erweiterung und Differenzierung durch Einflüsse der Museumspraxis findet das Theorie-Modell durch das hier entwickelte „Theorie-Praxis-Theorie-Modell“. Weggabelungen im

393 Arendt, Hannah, Vita activa oder Vom tätigen Leben, (1. Aufl. 1958) München 2010, S. 114.

394 Arendt (2010), S. 161.

Diagramm kennzeichnen Abwege, die sich durch praktische Rahmenbedingungen ergeben können, und das theoretisch verhandelte Einbahnsystem infrage stellen. Denn es gibt Ausgänge aus dem System, wenn diese auch meist mit einem Verlust gleichzusetzen sind.

Als Totalverlust gilt beispielsweise ein Objekt, dessen Primärkontext bei Sammlungseintritt nicht dokumentiert wurde und, nach entsprechend langer Ablage, aufgrund fehlender Ansatzpunkte auch keine Nachinventarisierung mehr möglich ist. Beispiele dafür sind archäologische Fragmente aus Notgrabungen, für deren wissenschaftliche Aufarbeitung oftmals keine spontanen Ressourcen zur Verfügung stehen. Eingebürgert hat sich hier der Begriff der „toten Sammlung" oder, im Englischen etwas optimistischer, da eine künftige Wiederbelebung und Reaktivierung nicht ganz ausgeschlossen wird, die erwähnte Bezeichnung der *inactive collection*. Viele Museen verfügen über inaktive Sammlungsanteile. Nur wenige haben jedoch den Mut, dies auch öffentlich zu thematisieren. Einen seltenen Ausnahmefall bildet die während der Generalinventur der Sammlungen des Technischen Museums Wien erarbeitete Strategie zur Aufarbeitung und manchmal sogar Aussonderung von nicht (mehr) inventarisierten, nicht identifizierbaren Objektfragmenten, sogenannten „UdO's" – unidentifizierbare Objekte.[395]

Bewegen wir uns aber auf der anderen, häufigeren Route im Theorie-Praxis-Theorie-Diagramm, werden die Objekte nach ihrem Eintritt ins Museum üblicherweise inventarisiert, systematisiert und (sofern sie nicht für eine zeitnahe Sonderausstellung extra angekauft und gleich nach Anlieferung in die Ausstellungsproduktion eingegliedert werden) im Museumsdepot konservatorisch versorgt und eingelagert. Die Systematisierung im Depot erfolgt in erster Linie nach dem vorhandenen Platzangebot in den Depoträumen sowie nach materiellen Gegebenheiten wie Größe, Format, Materialbeschaffenheit, Zustand und Alterungsverhalten des Objekts. Die Systematisierung nach rein wissenschaftlichen Kriterien macht innerhalb einer ökonomisch gedachten Depot-Ordnung, die räumlich, logistisch und konservatorisch immer das Optimum anstreben muss, wenig Sinn.

Ist das Objekt erst einmal gelagert, gabelt sich der Weg erneut. Aus praktischer Sicht kann der deponierte Bestand nun in „Dauerhaftes" und „Vergängliches" getrennt werden, allerdings nicht im Sinne von Thompsons Mülltheorie, sondern aus materialwissenschaftlicher Sicht. Beide Kategorien unterliegen materialimmanenten, eigendynamischen Prozessen. Diese werden je nach Wertschätzung durch menschliches Zutun beschleunigt oder verlangsamt. Krzysztof Pomian (1998) weist zwar darauf hin, dass aus dem ökonomischen Kreislauf „zu uns nur das gelangt, was nicht von natürlichen Fak-

395 Lackner, Helmut, Ent/Sammeln. Das Beispiel Technisches Museum Wien, in: Stellwand 1 (2009), S. 13–16.

toren [...] zerstört worden ist“[396] – doch die Tatsache, dass auch nur das, was nach dem bereits erfolgten Eintritt in die Sammlung erhalten bleibt, erforscht werden kann, findet nur selten Einzug in die Theorien des Sammelns. Werden vergängliche Materialien in der Pflege der Depotbestände vernachlässigt, verlieren wir diese. Es kommt zum unbemerkten Material- und damit Wissensverlust. Der naturgegebenen Asymmetrie der Überlieferbarkeit sollten wir im Museumsdepot bewusst entgegentreten, und der theoretischen Aporie von der Erhaltung des nicht Erhaltbaren noch viel mehr. Denn wer hat schon Interesse an einer einfältigen Geschichtsschreibung, die nur anhand von Bedeutungsträgern aus „dauerhaften“ Materialien konstruiert wird?

UNRUHE IM MUSEUMSDEPOT

Von der Theorie fast immer vernachlässigt wird die zeitliche Latenzphase im Depot, innerhalb derer oftmals die Entscheidung über den Verfall, die Veränderung oder den dauerhaften Erhalt bedeutungsfähiger Objekte fällt. Korffs These der dynamischen Symbiose zwischen Potenzialität und Aktualität wird im hier skizzierten Theorie-Praxis-Theorie-Modell ein dritter Modus – die Aktivität – hinzugefügt. Dessen unsichtbare Wirkungsmacht kann bestehende Theorien um wichtige Perspektiven aus der Praxis bereichern. Denn es herrscht Unruhe im Museumsdepot.

Ein Ergebnis des niederländischen Deltaplans war wie erwähnt, dass sich rund acht Prozent der Bestände aus Objekten zusammensetzten, die nicht zur Sammlung gehörten, die mehr oder weniger zufällig dort gelandet waren („which ended up there by chance“). Offiziell nicht berücksichtigt wurden die von den Museen verzeichneten Verluste von fünf bis 25 Prozent, die entweder durch Verfall und Zerstörung (Schimmel, Zusammenbruch, Fragmentierung etc.) oder aber durch Schwund, das bloße Nicht-mehr-Auffinden eines ehemals im Inventar verzeichneten Objektes, zustande gekommen waren.[397] Schwund ist kein Kavaliersdelikt, doch zum Schwund kommt es auch in österreichischen Sammlungen. Dies stellt meist ein gefundenes Fressen für die Tagespresse dar, welche Nachrichten aus dem Depot gerne als einfältige Horrormeldungen inszeniert und verabsäumt, die Rahmenbedingungen und Hintergründe der Museumspraxis zu beleuchten: In Innsbruck wurde 2010 das Fehlen von Gemälden und Skulpturen gemeldet, in Linz galt der Standort von Skulpturen als „in Vergessenheit geraten“.[398] 2011 ergab eine Überprüfung, dass die Museen der Stadt Wien ebenfalls Objekte vermissen,[399] 2012

396 Pomian (2001), S. 96.

397 De Ruijter (2008).

398 Trenkler, Thomas, Rechnungshof-Rohbericht: „Unglaubliche Schlampereien“, in: Der Standard, 28.3.2011.

399 N.N., Landesmuseum: 475 Objekte nicht auffindbar, http://tirv1.orf.at/stories/535169, 31.8.2011.

wurden im MAK Wien bezüglich der Standorte einander widersprechende Datenbanken kritisiert.[400] Zuletzt wurde von der Presse sogar die Depotsituation einiger österreichischer Landesmuseen bewertet (2012).[401] Doch differenzierter und vor allem aus einer professionellen Perspektive betrachtet – und unter der selbstverständlichen Voraussetzung, dass Museen immer versuchen, Sorge um ihre Sammlungen zu tragen – wie kommt es tatsächlich zu den Unschärfen? Wie gestalten sich die politischen und budgetären Rahmenbedingungen und davon abhängig die Personalkapazitäten der Museen, wer sind die involvierten AkteurInnen? Was ist in der alltäglichen Museumspraxis überhaupt zu leisten, und was nicht? Diejenigen, die über Zuwachs, Leihgaben und die Mobilität von Sammlungen entscheiden, sind oft nicht diejenigen, die mit den Sammlungen tagtäglich arbeiten, sie pflegen und im Depot für sie verantwortlich sind.

Michael Thompson (2003) macht darauf aufmerksam, dass wir bei Objekten, die lange in der „Müllkategorie" – also in unserem Fall im Depot – verweilten, auf die persönlichen Erinnerungen derjenigen vertrauen müssen, deren Gedächtnis so weit in die Vergangenheit zurückreicht, dass sie sich noch an die Tage erinnern können, wo diesen Objekten keine besondere Bedeutung zukam.[402] Standort-Verzeichnisse sind in der Museumspraxis leider nicht immer vollständig – je größer eine Sammlung, desto häufiger ist dies der Fall. Hinzu kommt, dass Depots an Außenstellen nicht immer mit der zentralen Museumsdatenbank vernetzt sind. Oftmals sind DepotverwalterInnen, die als einzige ständig mit der materiellen Präsenz der Objekte konfrontiert sind, die alleinige Informationsquelle. Schon im Mittelalter wurde der Kämmerer, der die Oberaufsicht über eine Schatzkammer hatte, zur Allegorie der Memoria erklärt, zur zentralen Figur der Gedächtniskunst.[403]

AKTEURE UND AKTEURINNEN

Es herrscht Aktivität im Museumsdepot. Wer sind die AkteurInnen? Beginnen wir bei unseren Vorfahren. Einer der wenig namentlich bekannten Kunstkämmerer war Mat-

400 Leyrer, Georg, Rechnungshof-Rohbericht: Verheerendes Zeugnis für die Ära Noever, in: Kurier, 1.11.2012.

401 N.N., Depots von „elendiglich" bis „erstklassig", http://oesterreich.orf.at/stories/2567481/, 17.1.2013. In Kärnten und Wien wird von besorgniserregenden Zuständen berichtet. Keine Probleme werden im Burgenland, Tirol und Niederösterreich gemeldet. An Platznot leiden Oberösterreich und Salzburg. Nachrüstung bedürfen die Steiermark und Vorarlberg.

402 Thompson (2003), S. 44.

403 Traninger, Anita, Im Keller. Statik, Dynamik und das Raumproblem in der Mnemotechnik der Frühen Neuzeit, in: Harald Tausch (Hg.), Gehäuse der Mnemosyne. Architektur als Schriftform der Erinnerung, Göttingen 2003, S. 41–60 (nach: Wenzel, Horst, Imaginatio und Memoria. Medien der Erinnerung im höfischen Mittelalter, in: Assmann/Hardt [Hg.], Mnemosyne, Stuttgart 1991, S. 57–82, S. 65f.).

thias Schelling, auch Mathias Schalling(er), genannt Mättl. Die Spur zu seiner Persönlichkeit führt über seine Werkstatt. Im Versuch, die Münchner Kunstkammer zu rekonstruieren, erwähnt Lorenz Seelig (2008) einen „wenig anspruchsvollen", nahe dem Eingang gelegenen Eckraum in der vierflügeligen Anlage. Dieser Raum wurde als Manipulations-, Transfer- und Arbeitsraum des Kunstkämmerers identifiziert und enthielt Werkstattmöbel sowie verschiedene Werkzeuge.[404] Mättl betätigte sich nicht nur als „Kunstcamer-Pfleger", sondern auch als Schnitzer, Modelleur und Rahmenmacher im Bereich der Kunstkammer. Zuständig war er später auch für den Ankauf von Grafik, wie bei Quiccheberg vermerkt wird. Seit 1558 am herzoglichen Hof tätig wird er 1588 als „Antiquarius" angeführt.[405] Über seinen Nachfolger Wilhelm Büchler wird 1611 berichtet, dass jener immer „gnug zu schaffen daß er ain Ding sauber vnderhalte".[406] Kämmerer zu sein war sicher keine einfache Sache. Taucht man tiefer in die Berichte über Mättl und Büchler ein, erschließt sich, dass die beiden Kämmerer in Personalunion von Kustos, Restaurator, Vermittler, Reinigungskraft, Hausmeister und Sicherheitsbeauftragter ein vielfältiges Aufgabenfeld zu erfüllen hatten. Dieser Eindruck entspricht dem anspruchsvollen Jobprofil eines Kämmerers, das Major (1674) in seinem Ratgeber für Museen empfiehlt: Der Kämmerer solle ein Universalgelehrter sein, kein Spezialist in nur einer Disziplin, sondern Kenntnisse in Materialkunde, Mathematik, Mechanik, Anatomie sowie empirische Methoden der naturwissenschaftlichen Forschung beherrschen, nicht unbedingt, aber wenn möglich auch Französisch und Italienisch konversieren können. Er solle auch kein Künstler oder Handwerker sein (von Uhrmachern oder Drehern rät Major übrigens explizit ab), aber manuell und technisch geschickt sein, das freie wie dokumentarische Zeichnen und die Geometrie perfekt beherrschen.[407]

Heute wären wohl RestauratorInnen diejenigen, die ein ähnlich breites Anforderungsprofil wie die Kämmerer zu erfüllen haben. Anders als in den geistes- und naturwissenschaftlichen Disziplinen, den seit dem 19. Jahrhundert traditionellen Domänen von KustodInnen und KuratorInnen, basiert die akademische Disziplin der Restaurierung auf einem Drei-Säulen-Modell: Im Mittelpunkt steht die Restaurierung und Konservierungswissenschaft, in ihrem Selbstverständnis eine notwendige und daher überaus enge Symbiose zwischen Theorie und Praxis, flankiert von den Geistes- und Naturwis-

404 Seelig, Lorenz, Die Münchner Kunstkammer, in: Bayerische Akademie der Wissenschaften (Hg.), Die Münchner Kunstkammer, Bd. 3/Aufsätze und Anhänge, München 2008, S. 1–114, S. 22; Diemer, Peter, Kat.-Nr. 3366-3372, in: ebenda, Bd. 2/Kat.-Bd. 2, S. 1048–1050. Die Bayerische Akademie der Wissenschaften wird folgend im Kurztitel mit BAW abgekürzt.

405 Volk, Peter, Kat.-Nr. 943, in: BAW (2008), Bd. 1/Kat.-Bd. 1, S. 303f.

406 Hainhofer, Philipp, Kurtze vertrewliche Relation, wie ich Philippus Hainhofer Burger in Augspurg, meine Rays, nacher Eystatt und München verrichtet habe …, Innsbruck 1611, in: BAW (2008), Bd. 3, Anhang 8, S. 370–377, S. 377.

407 Major (1674), S. 13.

senschaften. RestauratorInnen verfügen gleichermaßen über Kenntnisse der Kunst- und Kulturgeschichte wie über materialwissenschaftliche Untersuchungsfähigkeiten. Das manuelle Geschick versteht sich im praktischen Umgang mit Sammlungen von selbst, auch wenn die Qualifikation der handwerklichen Meisterschaft oft unter- oder geringeschätzt wird. Richard Sennett (2008) spricht von *tacit knowledge*, schweigendes Wissen, das manuelle, handwerkliche Handlungen beschreibt, für welche die Sprache kein adäquates Vermittlungsinstrument ist.[408] RestauratorInnen gehören zu der sich entwickelnden Berufsgruppe der „konstruktiven Intellektuellen" (Bernhard von Mutius).[409] Zuhause sind sie in Theorie *und* Praxis, sie denken und agieren stets transdisziplinär, und das lange bevor dieses Wort Mode wurde. Denn das müssen sie, wenn sie von einem materiellen Sammlungsbestand ausgehen, an den man aus Sicht jeder erdenklichen wissenschaftlichen Disziplin Fragen richten kann. Thompson stellt sich in seiner Mülltheorie auch methodischen Überlegungen: Wie Müll erforschen? Er feuert einen kräftigen Seitenhieb auf methodisch einspurige oder rein theoretische Untersuchungen ab: „Die grundlegende Unvereinbarkeit von ernsthafter Methodik und Müll als Untersuchungsgegenstand besteht darin, dass der Mülltheoretiker sich gleichzeitig mit unterschiedlichen Formen des Diskurses befassen muss."[410]

Sammlungspflege als Schattenarbeit

„Die Dinge sprechen nicht, und es ist auch noch nichts davon bekannt geworden, dass sie Wünsche hegen oder Absichten verfolgen. [...] Gegenstände sind äußerst diskrete Wesen. Man kann sie anreden, beschimpfen oder demolieren – sie äußern sich nicht."[411] Die Sammlungen in den Depots sprechen ebenso wenig. Deren Bedürfnisse zu artikulieren übernehmen DepotverwalterInnen oder RestauratorInnen. Hier tut sich ein immer unterschätztes Spannungsfeld auf: die Sammlungspflege, ein wenig glamouröses Feld der Museumsarbeit. Sammlungspflege passiert im Abseits; abseits von Sonderausstellungen, Eröffnungen oder Pressekonferenzen. Im Schatten medialer oder museumspolitischer Interessen ist Sammlungspflege mit „Schattenarbeit" gleichzusetzen. Der Sozialphilosoph Ivan Illich, dem wir diese Begriffsprägung (1982) verdanken, spricht in seiner ökonomi-

408 Schinzel, Hiltrud, „Schweigendes Wissen" und Kommunikation. Teil 1: Gedanken über ein Fachgebiet im Wandel, in: Restauro 3 (2012), S. 56–63, S. 57 (nach: Sennett, Richard, The craftsman, London 2008, S. 95f.).

409 Hubel, Achim, Denkmalpflege. Geschichte – Themen – Aufgaben. Eine Einführung, Stuttgart 2006, S. 254.

410 Thompson (2003), S. 27.

411 Geimer, Peter, Über Reste, in: Anke te Heesen/Petra Lutz (Hg.), Dingwelten. Das Museum als Erkenntnisort, Schriften des Deutschen Hygiene-Museums Dresden Bd. 4, Köln – Weimar – Wien 2005, S. 109–118, S. 117.

schen Gesellschaftskritik von „moderner Schattenökonomie"; diese sei eine „verschwiegene Ökonomie", eine produktiv-ökonomische Größe, die aber mit Geld nicht messbar ist und meist unsichtbar bleibt. Denn die im Dunkeln sieht man nicht. „Schattenarbeit umfasst jene Zeit, Mühe und Anstrengung, die wir anwenden müssen, um zur gekauften Ware jenen zusätzlichen Wert zu fügen, ohne den wir sie nicht benutzen können."[412] Sammlungsankäufe sind wert- und nutzlos, wenn sie nicht kontinuierlich gepflegt werden. Ohne Pflege ist deren „Konsumation" weder für wissenschaftliche Zwecke noch im Rahmen einer Ausstellung möglich; schon gar nicht, wenn die Objekte lange Zeit im Depot schlummerten. Und Illich schreibt weiter: „Ich verwende das Wort Arbeit, um zu unterstreichen, dass diese Tätigkeit im allgemeinen als lästiger Aufwand von Zeit und Plage erfahren wird."[413] Nicht selten werden konservatorische Vorkehrungen im Museumsalltag als „Plage", hinderlich oder lästig empfunden.

Interessant ist, dass Illich über die Beschäftigung mit Hausarbeit zur Schattenarbeit gelangte. Im Englischen wird aus der engen Verwandtschaft von Sammlungspflege und *housekeeping* kein großes Geheimnis gemacht. Das vom britischen National Trust herausgegebene *Manual of housekeeping* (2006) gilt im Bereich der präventiven Konservierung international als Standardwerk. Es findet in verkürzten Leitfäden von regionalen Museumsverbänden sowie der Denkmalpflege breite Nachahmung. Sammlungspflege beinhaltet Hausarbeit, die wörtliche Arbeit am und im Haus. Der Blick richtet sich von außen nach innen, von der Bauhülle und deren Umgebung über die Gebäude- und Infrastruktur zu den Sammlungsräumen. Erst am Ende der Kette steht das Objekt. Seither unübertroffen hat Stefan Michalski im ICOM-Handbuch *Running a museum* (2004) das spannende Arbeitsfeld der Sammlungspflege umrissen.[414] Ein Umdenken setzte im letzten Jahrzehnt ein. Sammlungspflege wird zum Teamwork zwischen allen Beteiligten und trägt museumsintern zum Aufweichen hierarchischer Strukturen bei. Warum die Last der Verantwortung nicht teilen und dabei den Sammlungen wieder näherkommen? Weg vom Schreibtisch, ab in das Depot. Sammlungspflege verbindet ohne Umwege Theorie und Praxis, kann zur innerbetrieblichen Gesundung von Museen beitragen, bei Unterlassung jedoch zum Erhärten der Fronten. Mit Zahlen lässt sich das nur schwer belegen. Will man Sammlungspflege ökonomisch argumentieren, muss man langfristig denken. Denn sie ist nicht konventionell „produktiv". Es verhält sich vielmehr so, wie niemand trefflicher als Hannah Arendt (1958/2010) es für uns formuliert: In *vita activa* (1958/2010)

---

412 Illich, Ivan, Genus. Zu einer historischen Kritik der Gleichheit, Reinbek 1983, S. 32. Die Originalausgabe erschien 1982 in New York unter dem Titel Gender. Für diesen Hinweis danke ich Andreas Lehne.

413 Illich (1983), S. 164/Anm. 30.

414 Michalski, Stefan, Care and preservation of collections, in: ICOM (Hg.) Running a museum. A practical handbook, Paris 2004, S. 51–89 [http://unesdoc.unesco.org/images/0014/001410/141067e.pdf, Zugriff 2.1.2007].

werden von Arendt drei menschliche Grundtätigkeiten zusammengefasst, das Arbeiten, das Herstellen und das Handeln. Kennzeichen der Arbeit ist, „dass sie nichts objektiv Greifbares hinterlässt, dass das Resultat ihrer Mühe gleich wieder verzehrt wird und sie nur ein Geringes überdauert. Und dennoch ist diese Mühsal, die so gar nichts Dauerndes zustande bringt, in ihrer Vergeblichkeit von einer unüberbietbaren Dringlichkeit."[415] Das Allmähliche, das der Arbeit so eigen ist, entspricht einem Prozess. Und dieses „Prozessdenken steht den Idealen einer am Herstellen orientierten Denkungsart fremd und sogar feindlich gegenüber".[416] Üblicherweise erfährt in unserer Gesellschaft das Herstellen eine größere Bedeutsamkeit als die Arbeit. Eine der wenigen Gleichsetzungen von Herstellen und Arbeiten sieht Hannah Arendt im Beispiel des Ackerbaus, in der Bestellung des Bodens. Landwirtschaftliche Arbeiten „hinterlassen ein Resultat, das die Tätigkeit selbst überdauert und zu einem greifbaren, bleibenden Teil der Welt wird. [...] Der bestellte Boden muss, wenn er Ackerland bleiben soll, immer wieder von neuem bearbeitet werden."[417] Eine bessere Analogie zur Sammlungspflege als diese ist wohl nicht vorstellbar.

Die Arche Noah und die praktische Liste

Als ein Leitmotiv für das systematisch-kontrollierende Sammeln und Bewahren zieht sich die biblische Arche Noah durch die Jahrhunderte. Gerne wird ihre Darstellung als Symbol für das menschliche Abstraktionsvermögen bemüht und die Fähigkeit, wesentliche Komponenten der Schöpfung in einem vom Menschen erdachten Rahmen zu definieren. Eine der schönsten Illustrationen dieses zutiefst musealen Gedankens ist uns von keinem Geringeren als Athanasius Kircher (1602–1680) erhalten. Das legendäre *Musaeum Kircherianum* des deutschen Jesuiten und Universalgelehrten befand sich im Collegio Romano in Rom. Seine 1675 erschienene *Arca Noe* ziert ein schematischer Querschnitt der Arche Noah, die in drei Decks und eine Vielzahl von kleinen Lagerparzellen unterteilt ist. Im obersten Deck tummeln sich Vögel und ein paar wenige Menschen. Im untersten Deck sind die Vierbeiner eingestellt. Im Mitteldeck macht Kircher deutlich, dass eine „Sammlung" nur mit entsprechender Infrastruktur funktionieren kann: Hier werden Vorräte gelagert und hier befinden sich auch Nutztiere, die aber nicht Teil der „Sammlung" sind. Kircher steht mit seiner Illustration in der mittelalterlichen Bildtradition der Arche, in der die Tiere in einem Gitternetz wie in einem Setzkasten paarweise platziert sind.[418] Die der mittelalterlichen Vorlage nachempfundene Ordnung des

415 Arendt (2010), S. 104f.

416 Arendt (2010), S. 392.

417 Arendt (2010), S. 164. Für diesen Hinweis danke ich Andreas Lehne.

418 Als Vorlage diente vermutlich der mittelalterliche Apokalypsenkommentar des Beatus von Liébana (um 975), der im 16. und 17. Jahrhundert oftmals kopiert wurde.

Setzkastens ist als Idealbild zu verstehen. Klaus Minges (1998) schreibt: „Ordnung ist, so dachte man im Mittelalter, wie Funktionalität ein Kriterium für Schönheit. Dinge sind schön, wenn sie gemäß ihrer Bestimmung an ihrem Platze sind und ihrem Zweck dienen.“[419] Der Schöpfungsakt entspricht dem Ordnen des Chaos durch Gott. Während die Natur sich selbst in Ordnung hält, will das vom Menschen Geschaffene hingegen ständig neu geordnet und systematisiert werden. In Demut gegenüber der Schöpfung kann dieser Vorgang immer nur unvollkommen sein. In Notzeiten und Katastrophenfällen, beispielsweise während der biblischen Sintflut, wurden zwar keine neuen Ordnungen erstellt, aber bestehende durch die Reduktion aufs Wesentliche durch künstliche Grenzen geschärft. So ist die Arche Noah ein Symbol für den verzweifelten Versuch, die göttliche Ordnung durch einen abstrakten Nachbau zu bewahren. Dies erinnert an Odo Marquards erwähnte These, dass einer der Antriebe zum Sammeln in der ständigen Untergangserwartung des Menschen besteht. Das Museum wird unter diesem Blickwinkel als Arche Noah gesehen. Der Schiffsbauch ist das Depot.

Als Arche bezeichnet auch Johannes Kentmann seinen bereits erwähnten Fossilienschrank (Abb. 2), die *arca rerum fossilium* im Kompendium *Nomenclaturae rerum fossilium* (1565). Die strenge Platzeinteilung für die Tiere in der Arche wird hier durch die Schubladen für Fossilien ersetzt und die Arche wird zum Schrank. Die einzelnen Schubladen sind nummeriert und ein analog zur Bestückung grafisch aufbereitetes Standortverzeichnis gewährt den Überblick zur Systematik der Sammlung. Durch Kentmanns idealtypisches Standortverzeichnis ist uns das überliefert, was man als frühes Beispiel einer „praktischen Liste“ bezeichnen kann – ein Begriff, den Umberto Eco (2009) eingeführt hat. Anlass war die Einladung des Louvre, einen Veranstaltungszyklus zu kuratieren. In seiner Auseinandersetzung mit den Sammlungen des Louvre widmete sich der italienische Literaturwissenschaftler dem Phänomen der Liste – die Liste als Werkzeug zum jahrhundertealten Versuch, die Weltordnung zu begreifen und überschaubar zu machen, im Museum und anderswo:[420] Eco unterscheidet grundsätzlich zwei Arten von Listen, die poetischen und die praktischen. Der wichtigste Unterschied: Poetische Listen sind nicht räumlich begrenzt. Es sind Listen, wo es ein „und so weiter“ geben kann. Die BetrachterInnen oder LeserInnen ergänzen das Fehlende assoziativ. Bildliche Darstellungen sind grundsätzlich durch den Bildrahmen begrenzt; es sei denn, es handelt sich um Bilder, wo das Gezeigte nur ein beispielhafter Ausschnitt ist und sich ins Unermessliche ausdehnen kann und soll, beispielsweise Schlachtendarstellungen,

419 Minges (1998), S. 22. Minges zitiert Augustin (de musica VI. 46): Nec tamen excessit ordinem rerum, quandoquidem ibi est et ita est, ubi esse et quomodo esse tales, ordinatissimum est. [Wenn ein Ding dort ist und so ist, wo zu sein und wie zu sein für es angemessen ist, dann verlässt es die Ordnung nicht, es ist höchst geordnet.] Ebenda, S. 23.

420 Eco, Umberto, Die unendliche Liste, München 2009.

Prozessionen, Himmelfahrten oder das Jüngste Gericht. Immer wird den BetrachterInnen hier die Erweiterbarkeit außerhalb des Bildausschnitts überlassen. Ganz anders sind hingegen praktische Listen: Sie sind begrenzt und haben eine referenzielle Funktion. Sie beziehen sich auf real existierende Dinge und haben den Zweck, sie zu benennen und aufzuzählen. Das kann eine einfache Einkaufsliste sein, aber auch ein Museumsinventar. Es gibt aber auch Fälle, wo die praktische Liste in eine ordnungsstiftende, räumliche Form überführt wird. Eco nennt als klassisches Beispiel die Darstellung der vier Jahreszeiten von Giuseppe Arcimboldo, aber auch Schaufenster und Warenhäuser. Je größer eine Liste wird, desto nötiger ist ihre Formgebung und Strukturierung. Sonst erfährt die Liste in ihrer Erweiterung eine eigendynamische Umformung und endet im Labyrinth oder gar im Chaos. Auch die Arche Noah wäre eine solche praktische, abgeschlossene Liste.

Jean Baudrillard (1968) stellt hingegen die These auf, dass „ein Gegenstand nur dann einen außerordentlichen Wert erhält, wenn er nicht vorhanden ist. Man sollte überlegen, ob die Sammlung überhaupt dazu angelegt wird, um vollendet zu werden, oder ob hier das Fehlende nicht eine wesentliche, übrigens positive Rolle spielt.“[421] Der Mangel wird zwar als schmerzlich empfunden, aber das ständige Vermeiden des Abschlusses der Sammlung hält die Leidenschaft lebendig. Das Sammeln an sich entspricht genau genommen der Lust an der poetischen Liste. Es ist das Spiel mit dem „und so weiter“, das Sammlerherzen höher schlagen lässt, wenn sie darüber nachdenken, was sie noch nicht besitzen und wie sie ihre Sammlung erweitern können. Eine abgeschlossene Sammlung macht hingegen weniger Spaß, denn sie entspricht einer praktischen Liste und muss demnach auch ganz real und praktisch verwaltet werden. Dieser Kampf zwischen Poesie und Praxis wird im Sammlungsdepot ausgetragen. Dort sind die ehemals poetischen Objektlisten längst zur praktischen Form geworden, entweder nach klaren Strukturen oder als gewachsene, labyrinthische Anlage.

Und nun kommt noch eine poetische Liste hinzu: die Museumsdatenbank. Obwohl auf den ersten Blick ganz und gar nicht poetisch, gestattet sie doch ein „und so weiter“, wenn auch nur hinter vorgehaltener Hand. Denn der Schwerpunkt aller Museen liegt seit Jahren im Ausbau von Datenbanken und der Datenpflege, die übrigens nicht immer synchron zur Pflege der Sammlung – dem zentralen Gegenstand ihrer Verwaltung, ohne den es gar nichts zu verwalten gäbe – läuft. Die Datenbank ist eine mehrdimensionale Liste, ein Findmittel im virtuellen Raum. Sie ermöglicht, das Vergessen zu verwalten. Was in ihr abgelegt wird, wird abgespeichert und faktisch vergessen. Es ist aber nicht so, dass die Fakten „nicht existieren würden – dank der Reste, die ermöglichen, sie wieder

421 Baudrillard (2001), S. 118.

manifest werden zu lassen, wenn das, auf das sie verweisen, interessiert“.[422] 2012 entdeckte das Evansville Museum of Arts, History and Science, Indiana, in seinem Depot das Glasmosaik *Sitzende Dame mit rotem Hut* von Pablo Picasso. Durch einen falsch eingetragenen Datensatz, zuerst im Inventarbuch, dann im Übertrag der Datenbank, blieben das Mosaik und sein Verbleib über 50 Jahre unbekannt.[423] Die „Poesie“ einer Datenbank besteht darin, dass sie als autonomes, virtuelles System Lücken, Fehler oder Erweiterungen ohne Risiko zulässt. Es kann aber auch zur riskanten Interaktion mit der praktischen Liste im Depot kommen, wenn sich Poesie und Praxis im Museumsalltag aneinander abarbeiten. Das falsch eingetragene Gewicht einer sprichwörtlichen Keramik-Vase aus der Ming-Dynastie beeinträchtigt den Datensatz nicht existenziell, sehr wohl aber die Existenz der Vase, wenn beispielsweise ein Depotregal für die Vase gebaut und der Gewichtsangabe im Datensatz vertraut wird, weil für die Begutachtung des Objekts im Depot „wieder mal keine Zeit“ war.

VARIA: DIE BLINDEN PASSAGIERE DER ARCHE NOAH

Das Museumsdepot ist eine praktische Liste, die mit der räumlichen Ordnung korreliert. Theoretisch kann es also kein „und so weiter“ geben. Praktisch gibt es aber Objekte, die sich jeglicher Systematik entziehen und trotzdem einfach da sind. Es sind widerständige Gegenstände. Unter der Kategorie *Varia* versucht „der Museumspraktiker“ sie wiederum verzweifelt zu fassen und zu klassifizieren. Die Museumspraxis zerstört also das Idealbild der Arche Noah. Denn es sind blinde Passagiere an Bord. In den vormusealen Kunst- und Naturalienkammern wusste man schon von ihnen.

Quiccheberg weist am Ende seines Traktates zur Ordnung in der Kunstkammer (1565) darauf hin, dass Objekte, die in anderen Klassen nicht zugeordnet werden können, in Ecken und Nischen auf Tischen und Schränken zur Schau gestellt werden sollen. Die plötzliche Beliebigkeit überrascht bei der Lektüre der sonst so strengen Forderungen nach einem konsequenten Ordnungssystem.[424] Das Titelblatt zum Katalog des *Musei Wormiani*, der Raritäten- und Naturalienkammer des Ole Worm (1588–1654) in Kopenhagen, zeigt uns sogar eine Kiste mit der Aufschrift *VARIA*. Sie steht am Boden (rechts hinten) (Abb. 26), hat sich also noch keinen Platz in der Systematik der Regale errungen; ansonsten weist sie aber Kompartimente und Beschriftung wie die übrigen sorgfältig gestalteten Sammlungsbehälter auf. Titelblätter wie dieses hatten repräsentativen Charakter

422 Esposito, Elena, Die vergessenen Reste: Theorie und Praxis des blinden Flecks, in: Andreas Becker/Saskia Reither/Christian Spies (Hg.), Reste. Umgang mit einem Randphänomen, Bielefeld 2005, S. 13–25, S. 22.

423 Cohen, Patricia, Long-Forgotten Picasso Is a Museum's Windfall, in: New York Times, 12.9.2012. Innerhalb nur weniger Wochen nach dem Fund wurde das Glasmosaik trotz öffentlicher Kritik versteigert.

424 Roth (2000), S. 245.

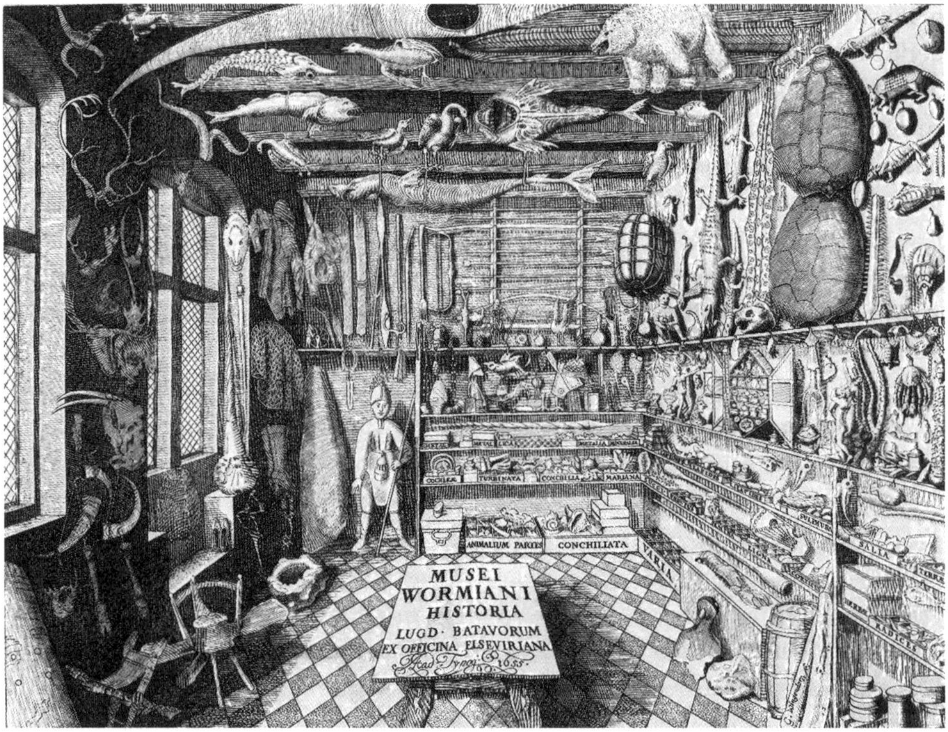

Abb. 26: Museum des Ole Worm (1588–1654) in Kopenhagen

und waren meist idealtypisch komponierte Darstellungen. Umso bedeutender ist, dass die Varia-Box hier ihren berechtigten Platz gefunden hat. Die Praxis des Sammelns wird (noch) nicht verschleiert.

Der siebzehnte der achtzehn Kästen in der Kunstkammer von Erzherzog Ferdinand II. (1529–1595) auf Schloss Ambras wurde „Variokasten" genannt. Er durchbrach das nach Materialien geordnete, strenge System der Aufstellung. Fast zweihundert Objekte – eine Fülle, welche die anderen Kästen bei Weitem übertraf – unterschiedlichsten Materials waren auf drei Fächern, liegend, stehend oder hängend, verteilt: Gefäße, Fächer, ein Buch, ein Messer, Textilien, eine getrocknete Schlangenhaut, Bernstein-Arbeiten, Schuhe, Stiefel, Rosenkränze, eine bunte Mischung von Naturalien, Arteficialien, Mirabilien und Scientifica. Elisabeth Scheicher (1979) vermutet zur Sonderstellung des Variokastens: „Es scheint fast so, als ob gerade die Verschiedenartigkeit der Gegenstände zum Kriterium ihrer Zusammenstellung geworden wäre." Sie räumt aber auch ein, dass „bei einzelnen Materialgruppen, wie z.B. dem Bernstein, die vorhandene Menge nicht zur Füllung eines ganzen Kastens gereicht hätte“.[425] Der Variokasten bildet den Abschluss der Reihe und muss das leisten, was „Variae“ immer leisten muss: alles aufzufangen, dass in der erstellten Kategorisierung keinen rechten Platz findet, aber trotzdem Bedeutung hat. Marlies Raffler (2007) hat in einer Lehrveranstaltung an der Karl-Franzens-Universität Graz mit Studierenden eine quantitative Auswertung des Ambraser Variokastens vorgenommen. Ordnet man die im Inventar verzeichneten Gegenstände den Kategorien Naturalia, Artificialia und Mirabilia zu, fällt die Schwerpunktsetzung zugunsten der Artificialia aus. Im Vordergrund stehe aber das Staunen und die Schaulust, die sich hier dem Klassifizierungssystem verweigert.[426] Ähnlich dem die Kastenreihe abschließenden Variokasten in Ambras gab es auch in der Münchner Kunstkammer von Herzog Albrecht V. (1528–1579) am Ende des Rundgangs in der südöstlichen Ecke einen kleinen, eingefassten Raum, in dem sich unterschiedlichste Objekte wie Handsteine, Rosenkränze und Gläser befanden, jedoch ohne, so Lorenz Seelig (2008), „dass ein kohärentes Programm erkennbar wird“.[427] In Anlehnung an Ambras wäre dieser Raum als „Varioraum“ zu bezeichnen, da ähnliche Charakteristika vorliegen.

Es gibt aber auch Vario-Objekte in unseren Sammlungen, die auf den ersten Blick als solche nicht erkennbar sind. Bei Objekten, deren historische Klassifizierung noch umkämpft war, bestimmte meist das Material die Kategorie beim Deponieren. Während der Französischen Revolution suchte man für riesige Bestände Schutz in den Depots. Nicht immer war sofort klar, wohin die zu bewahrenden Objekte gehörten. Der einbalsamierte Leichnam von Henri de Turenne (1611–1675), der vor Napoleon als einer der bedeutendsten französischen Feldherren galt, wurde vorerst ins Musée d’Historie naturelle gebracht, wo man ihn, das menschliche Präparat, zwischen dem Präparat eines Rhinozeros und eines Elefanten ablegte. Später fand er im Musée des Monuments Francais Platz.[428] Die Systematisierung einer Sammlung kennt also in der Praxis auch andere Parameter als wissenschaftliche, neben dem Material auch Format, Gewicht oder Größe. Bereits Quiccheberg macht in seiner geografischen Kartensammlung auf die Sonderstellung von Großformaten aufmerksam, die man gerollt und getrennt aufbewahren solle.[429] Andererseits resümiert Peter Diemer (2008) bei seinen Überlegungen zur Rekonstruktion der grafischen Sammlung der Münchner Kunstkammer, die in Ladenschränken, Rollen, aber auch vereinzelt über die ganze Kunstkammer verstreut war, dass manche Werke

425 Scheicher, Elisabeth, Die Kunst- und Wunderkammern der Habsburger, Wien – München – Zürich – Innsbruck 1979, S. 123.

426 Raffler (2007), S. 108f., 165. Die Zuordnung erfolgte durch Gunda Achleitner und Katharina Rungaldier.

427 Seelig (2008), S. 24.

428 Ritter (2006), S. 25.

429 Roth (2000), S. 143.

wohl einfach deshalb an der Wand hingen, weil sie für den Schrank zu groß waren.[430] Johann Daniel Major (1674) trägt dem komplizierten Verhältnis zwischen Theorie und Praxis Rechnung, indem er sich dem Problem von zu großen Exponaten wie Krokodilen, Eisbären oder Walfischen widmet, die in kein Regal oder Schächtelchen passen. Das Problem ist vielgestaltig: Die großen Exponate drängen sich optisch in den Vordergrund, erlangen dadurch mehr inhaltliche Bedeutung als ihnen innerhalb der Systematik gebühre, beispielsweise wenn sie gesondert am Boden stehen. Gegen eine Lagerung am Boden spricht jedoch die leichte Erreichbarkeit für Schädlinge aller Art. Vermutlich resultiert daraus auch der Beschluss, die Objekte an die Decke zu hängen, wie wir es von Abbildungen vieler Naturalienkammern kennen. Dass das Krokodil so zum Leitobjekt vieler neuzeitlicher Sammlungen wurde, war vermutlich ursprünglich nicht intendiert und entstand aus einer praktischen Notwendigkeit. Major wettert erzürnt gegen die gestaffelte Hängung von großen Exponaten nach dem, wie er schreibt, Orgelpfeifen-Prinzip. Denn eine solche Anordnung hätte nur praktische Gründe, aber entspräche keinesfalls der inhaltlichen Klassifikation. Denn was außer ihren Dimensionen hätte ein Straußenei mit einer Kokosnuss gemeinsam, ein Rochen mit einem Schildpatt-Panzer? Minerale und Pflanzen sortiere man ja auch nicht nach Größe, sondern nach Art und Eigenschaften, so Major.[431] Er ging zugunsten einer gleichberechtigten Systematik sogar so weit, vorzuschlagen, dem zu großen Exponat „einen Orth zu geben" (leider drückt er sich davor, diesen Ort näher zu lokalisieren) und stattdessen eine im Maßstab verkleinerte Zeichnung als „Conterfait" in das der Systematik entsprechende Fach zu stellen.[432] Gemäß der Tradition der aristotelischen Bildlehre wurde dem abbildenden Conterfait ähnlich sinnstiftende Kraft zugeschrieben wie dem Original selbst. Das Conterfait hatte aber auch praktische Gründe: Ein mit Wasserfarben gemaltes, im Maßstab verkleinertes Abbild sollte laut Major auch lebendige Tiere ersetzen, denn „die würden eine Raritäten-Kammer gar schlecht zurichten" und wären doch am bequemsten im Tiergarten zu betrachten.[433] Aufgeklärt und pragmatisch begegnet Louis-Jean-Marie Daubenton (unter Buffon in Paris Kurator und ab 1749 verantwortlich für die ersten drei Bände der *Histoire naturelle*) dem Problem der Klassifizierung von sehr großen und sehr kleinen Sammlungsobjekten: Für diese Objekte ließe sich kein gemeinsamer Aufbewahrungsort fin-

430 Diemer, Peter, Verloren – verstreut – bewahrt. Graphik und Bücher der Kunstkammer, in: Bayerische Akademie der Wissenschaften (Hg.), Die Münchner Kunstkammer, Bd. 3/Aufsätze und Anhänge, München 2008, S. 225–252, S. 235.

431 Vielleicht würde Major die reizvolle Collage von Schildkröten, Seesternen und anderen Meeresbewohnern, die man als Teilrekonstruktion seit 2005 in der Schatzkammer von Fürst Esterházy Paul I. (1635–1713) auf Burg Forchtenstein bewundern kann, auch mit der Kritik der Beliebigkeit strafen.

432 Major (1674), S. 16.

433 Major (1674), S. 18.

den, vor allem wenn man die verschiedenen Naturbereiche nicht miteinander mischen wollte. Er räumt ein, dass „jedes System, das dem Verstand gefalle, dem Auge beinahe zwangsläufig weniger reizvoll erscheine“. Um ein Gegengewicht „zu den Auswüchsen der Systematisierung“ zu schaffen, hielt er Anordnungen nach ästhetischen oder logistischen Kriterien für möglich.[434]

Schauplatzwechsel London. Als die Sammlungen des Natural History Museum (Eröffnung 1881) sich noch im British Museum befanden, beklagte der Zoologie-Professor Robert Grant (1836) den chaotischen Zustand der Sammlungen: Die zoologischen Präparate seien „completely excluded from all systematic arrangement“ und „placed in the most confused manner about the lobbies, the staircase, the tops of cases, and in all parts of the house“.[435] Illustriert wird dieser Zustand 1845 in einem Aquarell von Georg Scharf sen. Gezeigt werden drei lebensgroße Präparate von Giraffen, die aufgrund ihrer Höhe an keinem anderen Ort als im Stiegenhaus Platz fanden, wo sie aber den Übergang zu anderen Schausälen blockierten. Die Raumhöhe der zoologischen Abteilung war zu niedrig für die Beherbergung der ihr zugehörigen Giraffen. Im neu gebauten Natural History Museum sollte alles anders und besser werden, wie wir aus der Geschichte des Museumsdepots bereits wissen. Hier fanden die Giraffen ursprünglich Aufstellung in der Eingangshalle, wo sich heute der riesige Skelettaufbau des *Diplodocus*-Dinosauriers befindet. Richard Fortey, über Jahrzehnte als Kustos im Natural History Museum beschäftigt, schreibt in seinen Memoiren (2008): „Outside my office loomed stuffed elephants and giraffes covered in tarpaulins, dead exhibits that had once graced the main hall. They were now slightly down-at-heel and neglected, with a few bald bits, and rather sad, like a disused sideshow at a fair.“[436] Was Fortey nicht erwähnt (aber unkommentiert auf einer dem Text folgenden Fotografie abbildet), ist, dass es sich bei diesen Giraffen, gegenüber den früher in voller Lebensgröße ausgestellten, nur um Hals und Kopf handelt. Nur was ist mit den restlichen Körperteilen, vor allem den langen Beinen, passiert? Oder handelt es sich schlicht und ergreifend nicht um dieselben Giraffen, doch wie viele Giraffen braucht ein Museum?

Dass das Problem von zu großen Resten kein ausschließlich historisches ist, können wir einem elektronischen Newsletter des Niederösterreichischen Museumsmanagements entnehmen, der im März 2011 annoncierte: „Kuh und Pferd auszuborgen! Das Museum Traiskirchen stellt anderen Museen ihre lebensgroßen Tiernachbildungen zur Verfügung.“ Die Abbildung der lebensgroßen Kuh, die einen mindestens nochmal so großen überdachten Karren zieht, zeigt die beengte Situation in ihrer momentanen Aufstellung. Die temporäre Leihgabe an ein anderes Museum wäre eine räumliche Entlastung für das Stadtmuseum.

---

434 Stafford (1998), S. 286, vgl. auch Abb. 172 auf S. 279.

435 MacGregor (2007), S. 259.

436 Fortey (2008), S. 17.

Deutlich wurde nun das Problem der räumlich-systematischen Anordnung einer praktischen Liste. Nicht restlos alles lässt sich in eine formgebende Struktur pressen. Nicht immer gelingt es, die Systematik der Sammlung durch ihre räumliche Anordnung abzubilden. In jeder Sammlung gibt es auch Reste. Reste, die zu groß oder zu klein sind oder die sich eben einer Systematik nicht unterordnen lassen, weil deren Klassifizierung durch die Forschung noch nicht gesichert oder deren (kultur)historische Bedeutung noch umstritten ist. Vilém Flusser (1993) schreibt in seinen *Phänomenologischen Skizzen* über *Dinge und Undinge*, es gebe Dinge in seiner Umgebung, die „bei jeder möglichen Klassifizierung unter mehr als eine Klasse fallen. Das ist ein äußerst unbefriedigendes Faktum. [...] Denn die Dinge meiner Umgebung sind meine Bedingung. Was also äußerst unbefriedigend ist, das ist die menschliche Bedingung, die *conditio humana*."[437] Das Museumsdepot spiegelt diese menschlichen Bedingungen. Es produziert Reste.[438] Denn das Depot ist praktische Liste und Varia-Raum zugleich.

DAS MUSEUMSDEPOT IN DER KÜNSTLERISCHEN REZEPTION

Man darf das Übriglassen von Resten, vor allem aus praktischer Sicht, jedoch nicht schönreden. Es gibt seit einigen Jahren eine online-Datenbank, die zum Ziel hat, aussterbende Tierarten zu dokumentieren, *bevor* sie entdeckt werden (*amphibian ark*). Auch nach der Selektion des Noah mussten viele gleich oder ähnlich geartete Lebewesen, die eben nicht das Glück hatten als „Arche-Typ" auserkoren zu werden, ertrinken. Und obwohl uns bis heute eine globale Sintflut im biblischen Sinne erspart blieb, kam es doch in katastrophalen Zeiten immer wieder zu vergleichsweise strengen Selektionen im Museum, beispielsweise in Kriegen. Noah musste selektieren. Eine Steigerung dazu ist jedoch, wenn das bereits Selektierte erneut selektiert werden muss, also bereits in voller Fahrt Ballast abgeworfen werden muss, um überhaupt weiterfahren zu können. Im Ersten Weltkrieg wurde der Louvre so weit wie möglich geräumt. Eine historische Abbildung zeigt den Saal der französischen Malerei des 19. Jahrhunderts nach der Räumung – zurück blieben alle in der oberen Reihe gehängten Großformate (Abb. 27). Das Kriterium ihrer Selektion war ein logistisches und hatte nichts mit kunsthistorischer Bewertung zu tun. Die Galerien wurden zwar zusätzlich gesichert, doch die Großformate wurden dort ihrem Schicksal überlassen, sie wurden sozusagen als Ballast abgeworfen. Alle kleineren Formate wurden ausgerahmt und in das Bergungsdepot verbracht.[439]

---

437 Flusser, Vilém, Dinge und Undinge. Phänomenologische Skizzen, München – Wien 1993, S. 9.

438 Krempel, Ulrich, Das Museum und die Reste. Vom Sammeln, Bewahren und vom Übrigbleiben, in: Andreas Becker/Saskia Reither/Christian Spies (Hg.), Reste. Umgang mit einem Randphänomen, Bielefeld 2005, S. 157–165, S. 159–161, 163f.

439 Grautoff (1919), S. 138.

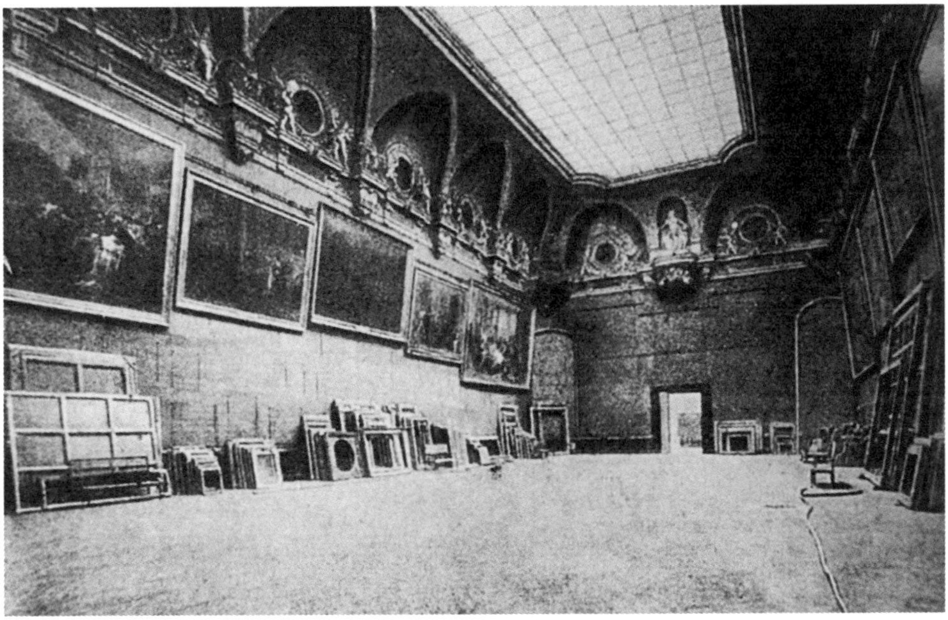

Abb. 27: Louvre, Saal der französischen Malerei des 19. Jahrhunderts nach der Räumung (1917)

In Krisenzeiten prägen praktische Rahmenbedingungen immer semiotische Prozesse, wenn darüber entschieden wird, was zurückgelassen wird und was gerettet werden kann. Meist hat das, was zurückgelassen wird, keine Stimme. Und so wurde es ab dem 19. Jahrhundert, dem Musealisierungsjahrhundert, zur selbst gestellten Aufgabe von KünstlerInnen, sich über das Zurückgelassenwerden Gehör zu verschaffen oder aber für die zurückgelassenen Dinge zu sprechen, die selbst ihre Stimme nicht erheben können. Freiherr Felician Myrbach, um 1900 Direktor der Wiener Kunstgewerbeschule (heute Universität für angewandte Kunst), zeichnet 1885 unter dem Eindruck der strengen Selektionsprozesse für die Pariser Weltausstellung ein riesiges Gemäldedepot, den „Friedhof der Abgelehnten" (Abb. 28). In einer riesigen Halle sortieren zwei Beamte gerahmte Bilder, die bei der Vorauswahl durchfielen. Es sind Hunderte. Schilder gliedern den Friedhof der Bilder in Sektionen, vermutlich um die Rückgabe zu erleichtern. Auch Reste wollen verwaltet sein.

Den endgültigen Verfall von zurückgelassenen Resten machen das russische Künstlerpaar Ilya und Emilia Kabakov in ihrer Installation *Not everyone will be taken into the future* (2002) deutlich (Abb. 29). Diese permanente Rauminstallation im Gegenwartskunstdepot des Österreichischen Museums für angewandte Kunst im Gefechtsturm Arenbergpark zeigt einen verlassenen Bahnsteig mit teilweise achtlos abgelegten oder bereits zerstörten Kunstwerken, für die der sprichwörtliche Zug abgefahren ist. Den Zug, der ein

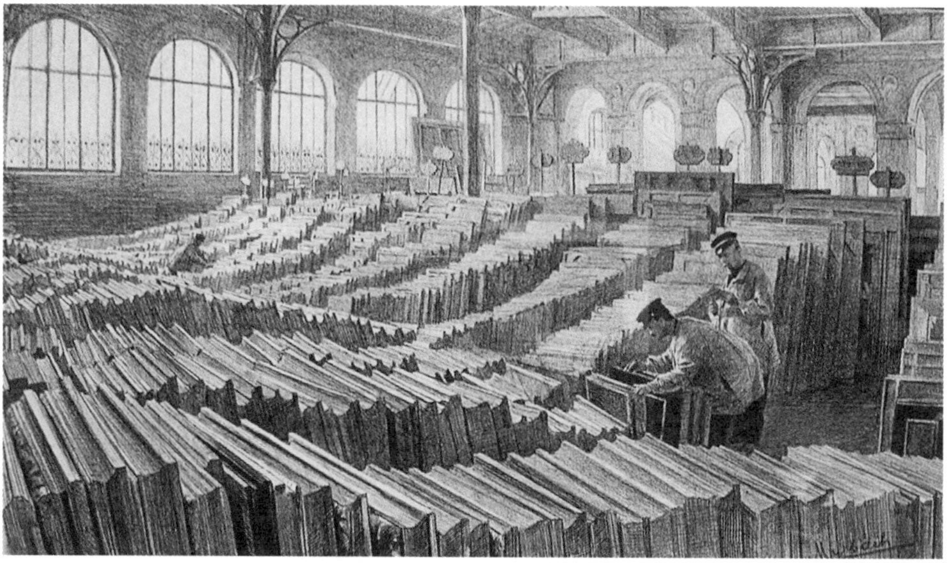

Abb. 28: Felician Myrbach, Friedhof der Abgelehnten (1885)

museales Weiterleben in der Zukunft ermöglichen würde, sieht man nur noch von hinten. Am Bahnsteig herrscht düstere Stille, die durch die Bunkerumgebung noch unterstrichen wird. Die hinterlassenen Reste haben den Charakter von Müll. Betroffenheit über die rücksichtslosen Selektionsprozesse am Kunstmarkt und im Museum macht sich breit.

Seit den 1960er-Jahren suchen KünstlerInnen nach alternativen Formen der archivarischen Praxis, der künstlerischen Selbstarchivierung, die Transparenz und Mitbestimmung an der institutionellen Bedeutungskonstruktion oder gar deren Auflösung fordert.[440] Innerhalb der andauernden Reformdiskussion nimmt das Museumsdepot eine wichtige und vielversprechende Rolle ein. Das Depot wird zur Arena der Verhandlung von institutionellen Ein- und Ausschlussverfahren, aber auch der gesellschaftlichen Verantwortung des Verbergens und Zeigens von Sammlungen. Künstlerische Ansätze institutioneller Kritik trachten nach einer Verschiebung bestehender Verhältnisse in Museen: „Die Vorstellung eines Archivs als Ablagerung, als Sedimentation der Aktivitäten seines Trägers, individuell oder kollektiv, steht nicht nur der Auflösung von Meister-Erzählungen im Weg, sondern

440 Siehe dazu jüngst: Bismarck, Beatrice von (Hg.), Interarchive. Archivarische Praktiken und Handlungsräume im zeitgenössischen Kunstfeld/Archival Practices and Sites in the Contemporary Art Field, Köln 2002; Osthoff, Simone, Performing the archive: The transformation of the archive in Contemporary art from repository of documents to art medium, New York – Dresden 2009; Putnam, James, Art and artifact. The museum as medium. Revised edition, London 2009; Spieker, Sven, The big archive. Art from bureaucracy, Cambridge 2008.

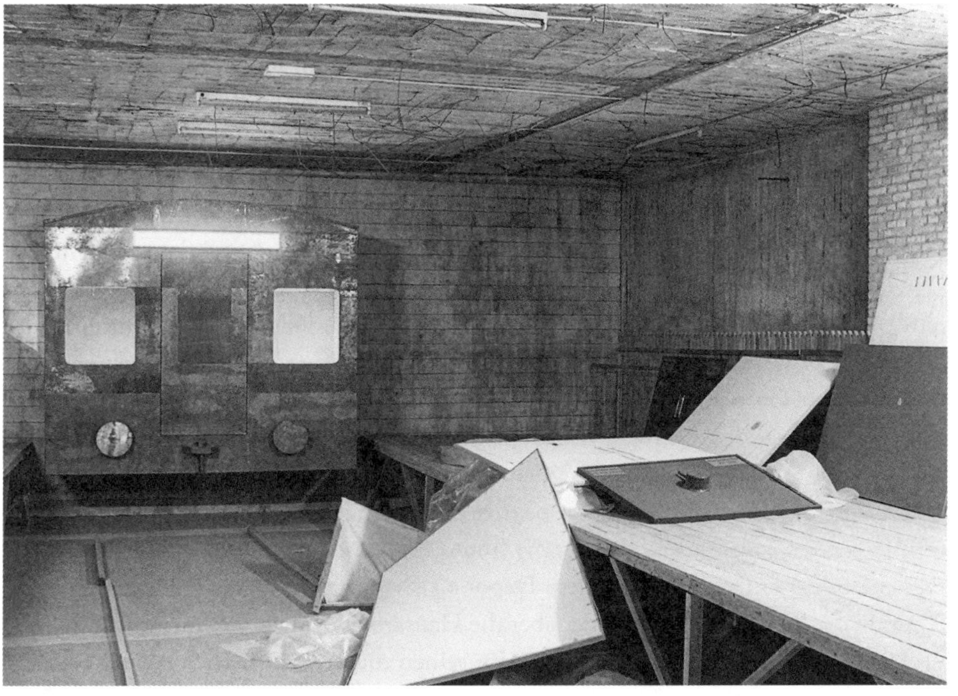

Abb. 29: Ilya und Emilia Kabakov, *Not everyone will be taken into the future* (2002), Gegenwartskunstdepot des MAK Wien im Gefechtsturm Arenbergpark

auch der unmittelbaren Bezugnahme des Archivs zur Gegenwart."[441] Dem gegenüber steht der traditionelle Einwand, dass es Distanz zur Gegenwart braucht, um über ihre Archivierung entscheiden zu können. Andy Warhol setzte sich mit seinen *time capsules*, ein ab 1974 von ihm selbst angelegtes Archiv mit 610 Schachteln, eigenmächtig über diesen Einwand hinweg. Warhol schrieb dazu: „Man muss sich für jeden Monat eine solche Schachtel besorgen und da alles reinwerfen und sie dann am Ende des Monats verschließen. Dann datiert man die Schachtel und schickt sie nach Jersey rüber. Man sollte versuchen, sie im Auge zu behalten, aber wenn man das nicht schafft und sie verlorengeht, ist das auch o. k., denn dann gibt es wieder eine Sache weniger, über die man nachdenken muss, und man ist eine weitere Bürde los."[442] Zumindest zu Lebzeiten entzog sich Warhol damit dem institutionell gesteuerten Selektionsprozess, denn heute dienen seine Zeitkapseln als schier unerschöpflicher Fundus für die institutionelle Warhol-Forschung.

441 Bismarck, Beatrice von, Arena Archiv. Prozesse und Räume künstlerischer Selbstarchivierung, in: Interarchive (2002), S. 113–119, S. 116.

442 Ingrid Schaffner/Matthias Winzen (Hg.), Deep Storage. Arsenale der Erinnerung. Sammeln, Speichern, Archivieren in der Kunst, München – New York 1997, Katalogteil, S. 279.

Warhol war aber auch der erste Künstler-Kurator einer (international rezipierten) Kunstausstellung in einem Museum, die das Museumsdepot in den Blickpunkt rückte. Die Wanderausstellung *Raid the Icebox I with Andy Warhol* (1969/70) mit Sammlungsbeständen des Museum of Art der Rhode Island School of Design in Providence war Teil der von John und Dominique de Menil kuratierten Veranstaltungsreihe *Raid the Icebox*, in der es darum ging, die hauseigenen, im Keller vermodernden Depotbestände („unsuspected treasures moldering in museum basements") einer größeren Öffentlichkeit zugänglich zu machen. Warhol stellte die Schuh- und Schirmsammlung samt ihrem Depotschrank aus, und zwar genauso, wie er sie bei seiner ersten Besichtigung des Depots dort vorfand. Er holte auch alle Stühle aus dem Depot in den Ausstellungsraum und errichtete Gitterzugwände für die Gemälde im Ausstellungsraum.[443] *Raid the Icebox I* gilt als Vorläufer für alle bis heute folgenden Ausstellungen, in denen KünstlerInnen als GastkuratorInnen eingeladen werden, um mit den hauseigenen Sammlungen zu arbeiten und eine kritische Außenperspektive einzubringen. Der Künstler Hans Haacke transferierte in *Viewing matter: upstairs* (1996) im Museum Boijmans-Van Beuningen Rotterdam die Gitterwände aus dem Depot als Display in den Ausstellungsraum. Die Auswahl der Gemälde nahmen hier aber die HausarbeiterInnen vor, nicht der Künstler und nicht die KuratorInnen. Haacke ist für seinen museumskritischen Ansatz bekannt und macht hier die Macht über das Verfahren von Ein- und Ausschluss anhand der Rotterdamer Sammlung sichtbar.[444] Jüngstes Beispiel ist Grayson Perrys *The tomb of the Unknown Craftsmen* im British Museum (2011/12), wo ausschließlich anonyme Erzeugnisse der Depotsammlung eine Stimme fanden und Aufwertung erfuhren.[445]

Einen gänzlich anderen Ansatz verfolgt der französische Künstler Christian Boltanski in seiner Gedächtniskunst, in der er beispielsweise Inventare, Archive und Depots in Installationen inszeniert, um das Vergessen von *nicht* im Museum befindlichen Beständen zu verhindern. In der permanenten Installation *Children's Museum Storage Area* (1989) im Musée d'Art Moderne de la Ville de Paris zeigt er einen Depotraum, dessen Regale dicht gefüllt sind mit Kinderkleidung, um an Kinder zu erinnern, die in den Konzentrationslagern der Nazis umgekommen sind. Boltanski versucht Geschichten gegen das Vergessen zu konstruieren, und macht auf gewaltige Lücken in den Depotsammlungen der Museen aufmerksam.[446] Arye Wachsmuth und Sophie Lillie stellten das Depot Mauerbach in den Mittelpunkt ihrer filmischen Animation *Retracing the Tears – hinter*

443 Schaffner, Ingrid, Deep Storage, in: Deep Storage (1997), S. 21–32, S. 27, Anm. 8; Putnam (2009), S. 18, Anm. 11.

444 Putnam (2009), S. 142f.

445 Für diesen Hinweis danke ich Charlotte Holzer.

446 van Alphen, Ernst, Deadly historians: Boltanski's intervention in Holocaust historiography, in: Barbie Zelizer (Hg.), Visual culture and the Holocaust, London 2001, S. 45–73, S. 65.

den Bildern aus der Kartause Mauerbach in der Ausstellung *Recollecting. Raub und Restitution* (2008) im MAK Wien. Sie zeigten Rückseitenvermerke wie Sammlerstempel, Depot- und Inventarnummern etc. von nicht restituierten Kunstwerken aus dem Depot Mauerbach. Die zahlreichen Vermerke dokumentieren verschiedene Stationen des Raubes und der Enteignung durch die Nazis, der Sicherstellung oder der gescheiterten Restitution.[447] Nachdem sich Ende der 1990er-Jahre die Provenienzforschung zunehmend etabliert hatte (Kunstrückgabegesetz 1998), gewannen die rückseitigen Vermerke erneut an Bedeutung. Durch sie wurde deutlich, dass in manchen Fällen eine Identifikation der ehemaligen BesitzerInnen von Kunstwerken, welche bei der Mauerbach-Benefizauktion 1996 versteigert wurden, möglich gewesen wäre.[448] Die Restitution gestaltete sich für die Behörden schwierig: Viele AntragstellerInnen konnten aus verständlichen Gründen keine Dokumente als Nachweis für den ehemaligen Besitz bringen. Die Beschreibung des Gegenstandes war die wesentliche Grundlage zum Nachweis geworden. Viele der Kunstwerke waren nach der 1969 erstmals veröffentlichten Liste mehrfach beansprucht worden. Den Behörden wurde vorgeworfen, dass eine Besichtigung der Kunstwerke im Depot Mauerbach nie gestattet worden war. Nur 72 der 1.231 Positionsnummern (269 von 8.422 Einzelobjekten) konnten restituiert werden.[449]

Seit Mitte der 1980er-Jahre nähern sich immer mehr KünstlerInnen dem Phänomen Museumsdepot durch das Medium der dokumentarischen Fotografie.[450] Die Amerikanerin Louise Lawler versucht mit ihren Fotoserien auf die äußeren Bedingungen hinzuweisen, die bei der Produktion, Verwaltung und Erhaltung von Kultur nötig sind. Sie bildet Objekte in ihrer nach logistischen oder konservatorischen Bedingungen arrangierten Ordnung im Depot ab (*Le Vesinet/Twenty Minutes outside Paris*, 1985; *Objects/in the storage of the Queens Museum in New York*, 1984; *Assembly*, 1984; *Zeus and David*, 1984). Lawler arrangiert keine Objekte, sondern fokussiert Situationen, die sich im „natürlichen Alltag“ der Objekte miteinander im Museumsdepot ergeben. Sie beobachtet, dokumentiert und kommentiert ironisch. International fanden ihre Arbeiten Nachfolge, so wie bei Dario Lanzardo, der das Depot des Naturhistorischen Museums in Turin während seiner Sanierung (1995) abbildete, oder bei Candida Höfer, deren fotografisches Werk sich durch kühle Distanz auszeichnet. Lawler war auch Akteurin der 1990 gestarteten Reihe *Connections* im Museum of Fine Arts in Boston, wo unter anderem auch Richard

447 Wachsmuth, Arye/Lillie, Sophie, Retracing the Tears – hinter den Bildern aus der Kartause Mauerbach, in: Alexandra Reininghaus (Hg.), Recollecting. Raub und Restitution, Ausst.Kat., MAK Wien 3.12.2008–15.2.2009, Wien 2008, S. 228–233. Für diesen Hinweis danke ich Luisa Ziaja.

448 Loitfellner (2006), S. 24; Trenkler, Thomas, Die Schande der Mauerbach-Auktion, in: Der Standard, 1.12.2008.

449 Haslinger (1999), S. 42–44.

450 Putnam (2009), S. 31.

Artschwager teilnahm. KünstlerInnen wurden geladen, Depotobjekte gemeinsam mit eigenen Arbeiten auszustellen. Die Irritation bei den BesucherInnen war groß, nicht zuletzt wegen der Nebeneinanderstellung hochrangiger Werke neben mittelmäßigen, die auf keinem anderen Weg den Weg aus dem Depot gefunden hätten als in dieser Ausstellung.[451]

Aber auch in der österreichischen Kunstszene wird das Thema aufgegriffen. 2001 fokussierten die Fotografinnen Brigitte Boll und Lisa Rastl das Zwischenlager des Museum Moderner Kunst im 20er-Haus in Wien. In ihren Fotografien versuchten die Künstlerinnen den Zustand der Sammlung vor der großen Übersiedlung ins Museumsquartier einzufrieren und erklärten die Kisten, Schachteln, Rollen und halb verpackten Kunstwerke im Zwischendepot zur autonomen Ausstellung *20 °C F=60% 120 lux/museum im zustand*. 2003 dokumentierte Maria Theresia Litschauer die deponierte Gipsbüsten-Sammlung des Wien Museums in der Serie *Wiener Persönlichkeiten im Zentraldepot*. Im selben Jahr zeigte der österreichische Künstler Ernst Logar in Wien seine Foto- und Videoarbeiten aus der Reihe *Verborgene Orte* mit Aufnahmen des Kunstspeichers Centre Pompidou. Drei Jahre später folgte die Ausstellung *Non Public Spaces* in Yokohama mit Logars Einblicken in das Depot des Louvre. Das Depot des Naturhistorischen Museums Wien wird bei Margret Weber-Unger (2009) und bei Klaus Pichler in *Skeletons in the Closet* (2011) (siehe Cover-Abbildung) Schauplatz von Fotoserien, welche an die Arbeiten von Louise Lawler erinnern. Bei fast allen diesen Depotabbildungen von in Österreich lebenden KünstlerInnen handelt es sich um mehr oder weniger kritische, in jedem Fall aber ironisch angehauchte dokumentarische Darstellungen, die insbesondere mit dem Exklusivitätsanspruch des Museumsdepots, aber auch mit dem gewachsenen Ensemblecharakter von Sammlungen und ihrer Geschichte spielen.

Die große Vielfalt gegenwärtiger Strategien von künstlerischer Reflexion über das Sammeln, Speichern und Deponieren versuchte Matthias Winzen anlässlich der deutsch-amerikanischen Wanderausstellung *Deep storage. Arsenale der Erinnerung* (1997/98) in vier Metaphern, welche die bei der Ausstellung vertretenen KünstlerInnen besonders zu beschäftigen schienen, zu fassen: Archiv, Atelier, Kiste und virtueller Datenraum.[452] Eine Aufwertung im virtuellen Zeitalter und Anreiz für künstlerische Arbeiten erfährt der analoge Charakter der Museen. Gerade die handgreiflichen (wissenschaftlichen und konservatorischen) Techniken, die Orientierung am Material, die Präsentation und Aufbewahrung in teilweise historischen Räumlichkeiten, lassen künstlerische Arbeiten ent-

451 Fairbrother, Trevor, Museum. Dem Speicher auf der Spur. Die ‚Connections'-Reihe im Museum of Fine Arts Boston, in: Ingrid Schaffner/Matthias Winzen (Hg.), Deep Storage. Arsenale der Erinnerung. Sammeln, Speichern, Archivieren in der Kunst, München – New York 1997, S. 209–212.

452 Winzen, Matthias, Sammeln – so selbstverständlich, so paradox, in: Deep Storage (1997) S. 10–19, S. 13–15.

stehen und wirken als produktive Reflexion auf Museen.[453] Das seltsame Nebeneinander von Objekten im Depot, die meist nichts miteinander zu tun haben, ist reizvoll und schafft neuen Assoziationsraum. Abseits der wissenschaftlichen Sammlungssystematik eröffnet das Depot die Freiheit der künstlerischen Überschreibung. In vielen Arbeiten kommt es zur Bedeutungsverschiebung vom Subjekt zum Objekt: Nicht mehr die sammelnde Institution, die Sammlerpersönlichkeiten oder KünstlerInnen stehen im Vordergrund, sondern allein das Objekt, wie es sich „ganz privat" ohne Bedeutungsaufladung im Depot präsentiert und jeder temporären Dienstbarmachung entzieht. Vilém Flusser (1993) kam zum Schluss, dass alle Dinge mit einem „unsichtbaren Imperativ" versehen sind, der uns sagt, wie wir etwas sehen sollen. Nehmen wir Abstand von der unsichtbaren Befehlsmacht, erscheinen uns die Dinge als das, was sie sind und nicht als das, was sie sein sollen; eine Fähigkeit, die Flusser übrigens als eine zutiefst menschliche bezeichnet. So kann es zur Umwertung, Befreiung und Neuverhandlung kommen.[454] Eine heiß umkämpfte Arena für diese Verhandlungen sind die Sammlungen im Museumsdepot.

453 Fehr (2010), S. 26f.

454 Flusser (1993), S. 17.

Conclusio

SEIT WANN WERDEN SAMMLUNGEN „DEPONIERT"?

Sammeln bedeutet immer auch deponieren. Die Entwicklungsgeschichte des Depots ist grundsätzlich eine von wachsenden Sammlungen in immer voller werdenden Räumen. Der Bedarf an „Raum" nimmt dabei kontinuierlich zu, dessen Ausformung und Begrenzung verändert sich: Reichten anfangs Reliquiare oder „ledlein" aus, um das Kostbarste zu bewahren, so füllen sich später Schubladen, Schränke, Schrankreihen und schließlich ganze Räume und Hallen. Heute ist das Depot zur selbstständigen Bauaufgabe geworden.

Der Streifzug durch die Chronologie der Aufbewahrungspraxis vom 15. bis zum 18. Jahrhundert zeigt die Entwicklung von in den Ausstellungsraum integrierten Truhen, Promptuarien und Repositorien bis zu dem Zeitpunkt, wo das „Depotgut" in geschlossene Schubladen abwanderte. Dies ist auch der Moment, wo es zur bewussten Trennung zwischen sichtbarer Präsentations- und nur noch eingeschränkt sichtbarer Belegsammlung innerhalb des Ausstellungsraums kam. Als aber die Schubladen und/oder Schrankunterbauten an die Grenzen ihres Fassungsvermögens gelangt waren, entstand der Bedarf nach eigenen Depoträumen. Im Laufe des 19. Jahrhunderts entwickelten sich aus Platznot überall provisorische Depots in Kammern, Keller- und Dachböden. Diese Trennung der Sammlungen wurde von praktischen Zwängen diktiert, das museologische Rechtfertigungsmodell hinkte vorerst hinterher.

SEIT WANN SPRICHT MAN VON „MUSEUMSDEPOT"?

In unserem Kontext bezeichnete der Begriff *dépôt* ursprünglich jene Orte, in denen die Französischen Revolutionäre die enteigneten Kulturgüter gelagert hatten. Die heutige Bedeutung entstand erst im 19. Jahrhundert. Auf der Spurensuche finden sich die unterschiedlichsten Bezeichnungen wie Vorrath, Reservesammlung, Speicher, Magazin oder Depôt. In mittel- und norddeutschen Quellen ist der Begriff „Magazin" gebräuchlich, im bayerischen und österreichischen Sprachraum das aus dem Französischen entlehnte Wort „Depôt". Die historischen Begriffe „Vorrath" und „Reservesammlung" implizieren, dass es sich um eine vorübergehende Einlagerung handelt, auf die man in absehbarer Zeit wieder zugreifen wird, während die Dinge im „Depôt" wohl für längere Zeit de-poniert, also weggelegt werden. Auch im Französischen und Englischen unterscheiden sich die entsprechenden Begriffe in ihrer Bedeutung: Das französische *réserves* oder *magasin de réserves* sowie die englische *reserve collection* stehen als Orte aktiver Museumsarbeit dem eher statisch konnotierten *dépôt* oder *storage* gegenüber.

WANN UND WO WURDEN DIE ERSTEN MUSEUMSDEPOTS GEPLANT?

Ab 1860 kommt es zu den ersten systematisch geplanten Depotgründungen. Vorreiter waren naturkundliche Museen wie das Agassiz Museum des Harvard College in Cambridge (um 1860), das Natural History Museum in London (1880), das Zoologische Museum in St. Petersburg (1905) oder das Naturkundemuseum im niederländischen Leiden (1905). In Kunstmuseen und kulturhistorischen Sammlungen sollte es etwas länger dauern, bis die ersten Depots geplant und eingerichtet wurden. Das Depot im Kaiser Friedrich-Museum (1904), heute Bode Museum Berlin, zählt zu den damals fortschrittlichsten Beispielen einer frühen, bis heute übrigens erhaltenen Depotausstattung (Münzkabinett). In Wien gehörte das Museum für Kunst und Industrie, heute Österreichisches Museum für angewandte Kunst, zu den ersten Museen mit einem eigens errichteten Depot (1909). Nicht immer entstanden Depots nach einer durchdachten Planung, spricht man doch bis heute vielerorts von „gewachsenen Depot-Strukturen".

WELCHE RAHMENBEDINGUNGEN BESTIMMTEN DIE ENTWICKLUNGEN IN DER PROFESSIONALISIERUNG?

Das, was sich im Laufe des 19. Jahrhunderts bereits als praktische Notwendigkeit erwies, nämlich das Trennen von immer komplexer werdenden Sammlungen in Schau-, Studien- und Depotsammlung, wurde erst gegen Ende des Jahrhunderts im theoretischen Diskurs aufgegriffen, dafür aber umso leidenschaftlicher verhandelt. Immer mehr Museumsfachleute nahmen Abschied von der Utopie der Vollständigkeit ihrer Sammlungen – im Sinne des öffentlichen Bildungsauftrages stellte sich die Frage: Wäre weniger vielleicht doch mehr? Die Konferenz der britischen Museum Association in Aberdeen (1903) und die Tagung *Museen als Volksbildungsstätten* in Mannheim (1903) sind, vor allem was die bildungs- und gesellschaftspolitischen Hintergründe betrifft, als Meilensteine zu betrachten. Anhand der deutschen Fachzeitschrift *Museumskunde* (ab 1905) lässt sich der zeitgenössische Diskurs, aber auch die Skepsis gegenüber einem reformierten Zeigemodus und der damit verbundenen Trennung der Sammlungen verfolgen.

Die Zeitschrift belegt auch die zunehmende Professionalisierung in der Depotausstattung. Tresorbau-Firmen, Eisenkonstruktionswerkstätten und Krankenhausausstatter entdecken die sachgerechte Ausstattung von Museen und ihren Depots als neuen Markt. Frühe Fachmessen verdeutlichen das Spektrum der Anbieter. Zeitgenössische Innovationen im Brandschutz werden aus dem Theater- und Warenhausbau auf Museen übertragen. Der Erste Weltkrieg setzte den Entwicklungen ein jähes Ende. Viele Themen jedoch, die schon im ersten Jahrzehnt des 20. Jahrhunderts verhandelt wurden, werden in den 1920er- und 30er-Jahren wieder aufgegriffen. Die Notwendigkeit der Anlage von Bergedepots in beiden Weltkriegen brachte einen beachtlichen Professionalisierungsschub in der Deponierungspraxis. Bis heute behielten einige der konservatorischen Richtlinien, die ursprünglich für Bergedepots entwickelt worden waren, ihre Gültigkeit.

WORIN BESTAND UND BESTEHT DIE KRITIK AM MUSEUMSDEPOT? WELCHE ANSÄTZE DER RECHTFERTIGUNG ZUM NICHT-ÖFFENTLICHEN DEPONIEREN GAB UND GIBT ES?

Carsten Kretschmann (2006) betonte, dass sich der Wandel der musealen Wissenskultur insbesondere in der Trennung der Sammlungen manifestierte, die zwar gemeinhin als Öffnung des Museums begrüßt wurde, im Grunde aber seine Teilschließung bedeutete.[455] Dieser schier unlösbare Widerspruch wurde um 1900 hitzig diskutiert, fürchtete man doch eine „Bevormundung" der BesucherInnen durch die kuratorische Selektion und Reduzierung der Bestände in den Schausammlungen. Einen Versuch, diesem prinzipiellen Dilemma zu entgehen, stellt das seit einigen Jahren Konjunktur feiernde Schaudepot dar. Die Sammlungen in ihrer Gesamtheit und Komplexität dem Publikum (wieder) sichtbar zu machen, erfordert neue Formate des Ausstellens, insbesondere aber das Voraussetzen von „mündigen" BesucherInnen, die alle individuelle Kenntnisse ins Museum mitbringen, auch wenn diese vielleicht nicht dem tradierten Wissenskanon entsprechen. Ansätze partizipatorischen Ausstellens im Schaudepot ermöglichen den Wissenstransfer in zweierlei Richtungen. Nicht nur die institutionell gesteuerte Vorgabe bringt das Objekt zum Sprechen, auch durch bisher unbekannte oder tabuisierte Bedeutungsaufladungen seitens der BetrachterInnen lässt es sich reanimieren. Die Objekte bringen uns dann zum Sprechen.

Andererseits dient das Zeigen von Depotbeständen auch zur Sensibilisierung der Öffentlichkeit für meist unterschätzte Aufgaben der musealen Sammlungspflege. Zwar aufwändige, wenn auch wenig glamouröse, dafür langfristig spürbare Bemühungen zum

455 Kretschmann, Carsten, Die Popularisierung des Wissens. Naturhistorische Museen und deutsche Öffentlichkeit im 19. Jahrhundert – ein Aufriss, in: Bernhard Graf/Hanno Möbius (Hg.), Zur Geschichte der Museen im 19. Jahrhundert 1789–1918, Berlin 2006, S. 125–136, S. 129f.

Erhalt der Sammlungen haben es schwer, neben dem politisch, gesellschaftlich und medial begründeten Aktualitätszwang heutiger Museen zu bestehen. Die Verantwortung für die Sammlungen im Museumsdepot ist aber eine gemeinsame Sache, die im öffentlich zugänglichen Depot thematisiert werden sollte.

WELCHE PROZESSE DER BEDEUTUNGSKONSTRUKTION LIEGEN DEM MUSEUMSDEPOT ZUGRUNDE? WIE WERDEN FEHLSTELLEN, RESTE UND LÜCKEN BEHANDELT?

Ausgehend vom jüngst entwickelten Konzept der „angewandten Sammlungsgeschichte", das die alltägliche Museumspraxis zum bisher wissenschaftlich vernachlässigten Einflussfaktor nobilitiert, wurden bestehende Theorien zur Bedeutungsproduktion in musealen Sammlungen durch das hier vorgestellte „Theorie-Praxis-Theorie-Modell" um praktische Aspekte bereichert, um Wechselwirkungen besser sichtbar zu machen. Das Museumsdepot nimmt eine zentrale Stellung im Kreislauf der theoretisch-praktischen Bedeutungs- und Wissensproduktion ein. Es ergibt sich ein endloser Kreislauf von immer neuen Bedeutungsaufladungen der im Depot gelagerten Objekte. Das Depot produziert überraschende, teilweise sensationelle, teilweise erschütternde Funde, macht aber auch jene widerständigen Objekte sichtbar, die sich jeder Systematisierung entziehen und trotzdem einfach da sind: Varia-Objekte, eine seit Jahrhunderten bekannte Kategorie in der Museumspraxis, die in der Museumstheorie meist unberücksichtigt blieb.

Die unbeschränkte Deutungsmacht der Museen, die nicht immer nachvollziehbaren Ein- und Ausschlussverfahren – was ist würdig erhalten zu werden, was nicht? – führten seit dem Ende des 19. Jahrhunderts zu Kritik aus den Reihen der KünstlerInnenschaft. Seit den 1960er-Jahren kommt es im Rahmen der Institutionskritik zur Strategie der künstlerischen Selbstarchivierung, die sich über die Beschränkungs- und Deponierungsmacht der Museen eigenmächtig hinwegsetzt.

MIT WELCHEN FRAGEN SEHEN SICH DEPOT-VERANTWORTLICHE HEUTE KONFRONTIERT? WO STEHEN WIR?

Das Museumsdepot befindet sich heute an einem Wendepunkt.

Der globale Klimawandel und der damit verbundene Handlungsbedarf macht vor unseren Museen nicht halt. Das Smithsonian Institute, das Victoria & Albert Museum sowie das British Museum gehen als Vorreiter für ein geändertes Bewusstsein in Klimafragen hervor. Zunehmende Bedeutung erfährt das „historische Klima" als Richtwert für klimatisch sensible Objektgruppen. Die präzise bauphysikalische Analyse historischer Gebäude eröffnet einen innovativen Handlungsrahmen, in dem konservatorische, ökologische und ökonomische Kriterien gleichermaßen berücksichtigt werden können.

Der aktuelle Bautyp des Depotnutzbaus an der Peripherie („Zentraldepot") ist zwar aus ökonomischer und vor allem aus konservatorischer Sicht äußerst sinnvoll – doch werden damit der Öffentlichkeit die Sammlungen sowie das Wissen um ihre Existenz entzogen; sogar die museumsinterne Wahrnehmung der hauseigenen Sammlungen rückt durch dezentral gelegene Zentraldepots in bedenkliche Ferne. Das Forschungs- und Diskurspotenzial in der Beschäftigung mit dem deponierten Originalobjekt droht zunehmend in Vergessenheit zu geraten, obwohl unsere Museen im virtuellen Zeitalter die letzten Hochburgen materieller Kultur darstellen.

Das stete Wachstum unserer Sammlungen führt zunehmend zur Überfüllung der Depots. Vor allem die Situation in vielen Regionalmuseen rechtfertigt den Ruf nach Sammlungsqualifizierung und nötigenfalls sogar Deakzession. Anders als in den USA, Großbritannien oder den Niederlanden gilt die Abgabe von Museumsgut im deutschsprachigen Raum als höchst umstritten. Zumindest theoretisch besteht jedoch Einigkeit über die Notwendigkeit zur Formulierung und Einhaltung von Sammlungsprofilen, um die weitere unkontrollierte Explosion der Sammlungen im Museumsdepot zu verhindern.

Literaturverzeichnis

Alker, Hugo, Ein Bibliothekstisch aus der alten Universitätsbibliothek, Biblos 6, Wien 1957

Anderson, Terri, Too much of a good thing: Lessons from Deaccessioning at National Trust Historic Sites, in: Peter Davies (Hg.), Museums and the Disposals Debate, Edinburgh 2011, S. 230–253

Arendt, Hannah, Vita activa oder Vom tätigen Leben, München 2010

Arnold, Herta, Die Kästen des ehemaligen Naturwissenschaftlichen Kabinetts in der Serviten-Kunstkammer in Innsbruck, in: Georg Schrott/Manfred Knedlik (Hg.), Klösterliche Sammelpraxis in der frühen Neuzeit, Nordhausen 2010, S. 221–239

Assmann, Aleida, Erinnerungsräume. Formen und Wandlungen des kulturellen Gedächtnisses, München 2009

Augé, Marc, Orte und Nicht-Orte. Vorüberlegungen zu einer Ethnologie der Einsamkeit, Frankfurt 1994

Barta-Fliedl, Ilsebill/Parenzan, Peter (Hg.), Lust und Last des Erbens: Die Sammlungen der Bundesmobilienverwaltung Wien, Museum zum Quadrat Bd. 4, Wien – Klosterneuburg 1993

Barta-Fliedl, Ilsebill, Die Geschichte des kaiserlichen Hofmobiliendepots in Wien, in: Katalin Dózsa (Hg.), Tanulmányok Budapest Múltjából XXIX, Budapest Történeti Múzeum, Budapest 2001, S. 377–380

Bather, Francis Arthur, Museums Association. The Aberdeen Conference 1903, Address by the President, in: The Museums Journal 3 (1903), S. 71–94 (Vortrag), S. 110–132 (Anhang)

Baudrillard, Jean, Das System der Dinge. Über unser Verhältnis zu den alltäglichen Gegenständen, Frankfurt 2001

[BAW] Bayerische Akademie der Wissenschaften (Hg.), Die Münchner Kunstkammer, Bd. 1–3, München 2008

Benjamin, Walter, Einbahnstraße, Walter Benjamin. Werke und Nachlass. Kritische Gesamtausgabe Band 8, hrsg. von Detlev Schöttker, Frankfurt 2009

Berger, Ernst, Die Aufgaben des Konservators in unseren Museen, in: Museumskunde 6 (1910), S. 236–243

Berner, Margit, „Die haben uns behandelt wie Gegenstände." Anthropologische Untersuchungen an jüdischen Häftlingen im Wiener Stadion während des Nationalsozialismus, in: Margit Berner/Anette Hoffmann/Britta Lange (Hg.), Sensible Sammlungen. Aus dem anthropologischen Depot, Hamburg 2011, S. 147–167

Bergvelt, Ellinoor, The process of modernization of the 19th-century art museums. The National Museums in the Netherlands and in Great Britain 1800–1855, in: Bernhard Graf/Hanno Möbius (Hg.), Zur Geschichte der Museen im 19. Jahrhundert 1789–1918, Berlin 2006, S. 41–55

Besler, Basilius, Continuatio. Rariorum et aspectu dignorum varii generis quae collegit et suis impensis aeri ad vivum incidi curavit atque euulgavit …, in: ders., Fasciculus rariorum et aspectu dignorum varii generis ... (Petrus Iselburg ad vivum delinaevit), Nürnberg 1616

Bode, Wilhelm von, Mein Leben, herausgegeben von Thomas W. Gaehtgens und Barbara Paul, Bd. 1 (Textband), Bd. 2 (Kommentar), Berlin 1997

Bohlen, Celestine, Museums as Walk-In Closets: Visible Storage Opens Troves to the Public, in: New York Times, 8.5.2001

Bose, Friedrich von, Das Schaudepot. Die museale Ordnung von innen heraus anfechten, in: Friedrich von Bose/Kerstin Poehls/Franka Schneider/Annett Schulze (Hg.), Die x Dimensionen des Musealen. Potentiale einer raumanalytischen Annäherung, Berliner Blätter: Ethnographische und ethnologische Beiträge 57 (2011), Berlin 2011, S. 131–142

Böhme, Hartmut, Fetischismus und Kultur. Eine andere Theorie der Moderne, Reinbek bei Hamburg 2006

Bismarck, Beatrice von, Arena Archiv. Prozesse und Räume künstlerischer Selbstarchivierung, in: dies. (Hg.), Interarchive. Archivarische Praktiken und Handlungsräume im zeitgenössischen Kunstfeld/Archival Practices and Sites in the Contemporary Art Field, Köln 2002, S. 113–119

Bredekamp, Horst, Antikensehnsucht und Maschinenglauben. Die Geschichte der Kunstkammer und die Zukunft der Kunstgeschichte, Berlin 2000

Bredt, E.W., Die museumstechnische Ausstellung in Leipzig 1914, in: Museumskunde 9 (1913), S. 214–216

Brokerhof, Agnes W., Buggy biz – integrated pest management in collections. Fluffy stuff – integrated control of mould in archives, Instituut Collectie Nederland, Amsterdam 2007

Brophy, Sarah/Wylie, Elizabeth, The green museum. A primer on environmental practice, Lanham 2008

Bruno, Thomas, Die Neuaufstellung der Waffensammlung des kunsthistorischen Museums in der Neuen Burg zu Wien, in: Museumskunde N. F. 9 (1937), S. 144–164

Brückler, Theodor, Die österreichische Denkmalpflege 1945–1947: „Resurrectio" oder „Reanimatio"?, in: Österreichische Zeitschrift für Kunst und Denkmalpflege 3/4 (2004), S. 390–443

Choay, Francoise, Das architektonische Erbe: eine Allegorie. Geschichte und Theorie der Baudenkmale, aus dem Franz. von Christian Voigt, Braunschweig-Wiesbaden 1997

Cohen, Patricia, Long-Forgotten Picasso Is a Museum's Windfall, in: New York Times, 12.9.2012

Csáky, Moritz u.a. (Hg.), Habsburg postcolonial. Machtstrukturen und kollektives Gedächtnis, Innsbruck 2003

Daifaku, Hiroshi, Collections: Their care and storage, in: UNESCO (Hg.), The organisation of museums. Practical advice, Paris 1967, S. 119–125

Davies, Peter, Disposals: Debate, dissent, dilemma, in: ders. (Hg.), Museums and the Disposals Debate, Edinburgh 2011, S. 20–42

Dedekam, Hans, Reisestudien, in: Museumskunde 1 (1905), S. 75–90

Deilmann, Harald, Zukunft des Museums? Funktion, Bautyp und Standort, in: Gerhard Bott (Hg.), Das Museum der Zukunft. 43 Beiträge zur Diskussion über die Zukunft des Museums, Köln 1970, S. 39–51

Demandt, Philipp, Lecks im Erinnerungsspeicher? – Warum Museen keine Kunstwerke verkaufen sollten, in: Dirk Boll (Hg.), Marktplatz Museum. Sollen Museen Kunstwerke verkaufen dürfen?, Zürich 2010, S. 163–169

Demmler, Theodor, Die Bergung des mobilen Kunstbesitzes in Nordfrankreich, in: Paul Clemen (Hg.), Kunstschutz im Kriege, Bd. 1, Leipzig 1919, S. 75–110

Desvallées, André, Konvergenzen und Divergenzen am Ursprung der französischen Museen, in: Gottfried Fliedl (Hg.), Die Erfindung des Museums. Anfänge der bürgerlichen Museumsidee in der Französischen Revolution, Museum zum Quadrat Bd. 6, Wien 1996, S. 65–130

Deutscher Museumsbund/ICOM Deutschland, Positionspapier zur Problematik der Abgabe von Sammlungsgut, in: Museumskunde 2 (2004), S. 88–91

Deutscher Museumsbund e.V. (Hg.), Nachhaltiges Sammeln. Ein Positionspapier zum Sammeln und Abgeben von Museumsgut (2010), http://www.museumsbund.de, Zugriff 4.1.2012

Deutschmann, Wilhelm, Kat.-Nr. 68-68/2/4 (Die Depots der Städtischen Sammlungen), in: Historisches Museum der Stadt Wien (Hg.), Hundert Jahre Historisches Museum der Stadt Wien, Aust.Kat., Historisches Museum der Stadt Wien am Karlsplatz 21.5.–30.8.1987, Wien 1987, S. 129–132

Diemer, Peter, Verloren – verstreut – bewahrt. Graphik und Bücher der Kunstkammer, in: Bayerische Akademie der Wissenschaften (Hg.), Die Münchner Kunstkammer, Bd. 3, Aufsätze und Anhänge, München 2008, S. 225–252

Doering, Hilke, Dingkarrieren: Sammelstück, Lagerstück, Werkstück, Ausstellungsobjekt, in: Rosmarie Beier (Hg.), Geschichtskultur in der Zweiten Moderne, herausgegeben für das Deutsche Historische Museum, Frankfurt – New York 2000, S. 263–278

Dvořák, Max, Einrichtungen des Kunstschutzes in Österreich, in: Paul Clemen (Hg.), Kunstschutz im Kriege, Bd. 2, Leipzig 1919, S. 1–10

Eco, Umberto, Die unendliche Liste, München 2009

EN/Europäisches Normungsinstitut (Hg.), Schluss-Entwurf FprEN 15757, April 2010, Deutsche Fassung, vorgelegt vom Technischen Komitee CENT/TC 346 (unveröffentlicht)

Erhard, David/Mecklenburg, Marion, Relative humidity re-examined, in: Roy Ashok/IIC (Hg.), Preventive Conservation: Practice, theory and research. Preprints of the contributions to the Ottawa Congress, IIC, London 1994, S. 28–31

Erhard, David/Mecklenburg, Marion/Tumosa, Charles, Applying science to the question of museum climate, in: Tim Padfield/Karen Borchersen (Hg.), Museum microclimates, Contributions to the Copenhagen conference 19–23 November 2007, Kopenhagen 2007, S. 11–18

Esposito, Elena, Die vergessenen Reste: Theorie und Praxis des blinden Flecks, in: Andreas Becker/Saskia Reither/Christian Spies (Hg.), Reste. Umgang mit einem Randphänomen, Bielefeld 2005, S. 13–25

Eysenberg, Jacobum, Von der Paptisten Heiligthumb gründtlicher und kurzer Underricht. Erstlich in Latein beschriben durch Johannem Caluinum, und yetz dem Christlichen Laeser zu gut Verteutscht, Pforzheim 1558

Fairbrother, Trevor, Museum. Dem Speicher auf der Spur. Die ‚Connections'-Reihe im Museum of Fine Arts Boston, in: Ingrid Schaffner/Matthias Winzen (Hg.), Deep Storage. Arsenale der Erinnerung. Sammeln, Speichern, Archivieren in der Kunst, München – New York 1997, S. 209–212

Fechner, Jörg-Ulrich, Die Einheit von Bibliothek und Kunstkammer im 17. und 18. Jahrhundert dargestellt anhand zeitgenössischer Berichte, in: Paul Raabe (Hg.), Öffentliche und private

Bibliotheken im 17. und 18. Jahrhundert. Raritenkammern, Forschungsinstrumente oder Bildungsstätten?, Bremen 1977, S. 11–31

Fehr, Michael, Wissenschaftliche und künstlerische Taxonomien. Überlegungen zum Verhältnis von Schausammlung und Schaudepot, in: Tobias G. Natter/Michael Fehr/Bettina Habsburg-Lothringen (Hg.), Das Schaudepot. Zwischen offenem Magazin und Inszenierung, Bielefeld 2010, S. 13–30

Ferrari, Michele C., Gold und Asche. Reliquie und Reliquiare als Medien in Thiofrid von Echternachs *Flores epytaphii sanctorum*, in: Bruno Reudenbach/Gia Toussaint (Hg.), Reliquiare im Mittelalter, Hamburger Forschungen zur Kunstgeschichte, Berlin 2005

Ferriot, Dominique/Jacomy, Bruno (Hg.), Les reserves dans les musées. Colloque international – The reserve collections in museums. International symposium, Paris 1995

Ferstel, Heinrich, Denkschrift zu dem im Auftrage des hohen k.k. Ministeriums verfassten Konkurrenz-Entwurfe für den Bau der neuen Museen, in: Allgemeine Bauzeitung 1867, S. 298–306

Finsch, O., Das Reichs-Museum für Naturgeschichte in Leiden und seine Umgestaltung in ein Ideal-Museum, in: Museumskunde 2 (1906), S. 29–40

Fischer, Adolf, Das Museum für ostasiatische Kunst der Stadt Cöln, in: Museumskunde 10 (1914), S. 71–107

Fleck, Stefan/Reuter, Karl/Huber, Joachim, Das kostenoptimierte Kunstdepot unter Einhaltung zeitgemäßer Standards. Das Beispiel des neuen Zentraldepots KHM Wien, Teil 1: Das Gebäude, in: Restauro 4 (2012), S. 61–63

Fliedl, Gottfried/Muttenthaler, Roswitha/Posch, Herbert (Hg.), Museumsraum. Museumszeit. Zur Geschichte des österreichischen Museums- und Ausstellungswesens, Wien 1992

Flusser, Vilém, Dinge und Undinge. Phänomenologische Skizzen, München/Wien 1993

Fortey, Richard, Dry store room No. 1. The secret life of the Natural History Museum, London 2008

Foucault, Michel, Die Heterotopien – Les hétérotopies 1966, in: Michel Foucault: Die Heterotopien – Les hétérotopies. Der utopische Körper – Le corps utopique. Zwei Radiovorträge. Zweisprachige Ausgabe. Übersetzt von Michael Bischoff, Frankfurt 2005

Frenzel, Monika/Scheicher, Elisabeth/Auer, Alfred, Kunsthistorisches Museum, Sammlungen Schloss Ambras. Möbel, Innsbruck 1987

Fritsch, Ant., The Museum Question in Europe and America, in: The Museums Journal 3 (1904), S. 247–256

Gassner, Ludwig, Begasung der Pflanzensammlungen im Herbarium, Kew, in: Museumskunde N.F. 10 (1938), S. 26–27

Gassner, Ludwig, Die Bekämpfung von Museumsschädlingen, in: Museumskunde N.F. 9 (1937), S. 15–18

Geimer, Peter, Über Reste, in: Anke te Heesen/Petra Lutz (Hg.), Dingwelten. Das Museum als Erkenntnisort, Schriften des Deutschen Hygiene-Museums Dresden Bd. 4, Köln – Weimar – Wien 2005, S. 109–118

Georgeacopol-Winischhofer, Ute, Von der Schlosserei zur Brückenanstalt. Die Entwicklung einer Technologie, in: Alfred Fogarassy (Hg.), Ignaz Gridl. Eisenkonstruktionen. Ingenieurbaukunst und Innovationen im 19. Jahrhundert, Fotografien von Nora Schoeller, Wien 2011, S. 23–45

Giedion, Sigfried, Die Herrschaft der Mechanisierung. Ein Beitrag zur anonymen Geschichte, Hamburg 1994

Gnirs, Anton, Die Denkmalpflege an der österreichischen Isonzofront in der Zeit des italienischen Feldzuges 1915–1918, in: Paul Clemen (Hg.), Kunstschutz im Kriege, Bd. 2, Leipzig 1919, S. 11–22

Graf, Bernhard/Möbius, Hanno (Hg.), Zur Geschichte der Museen im 19. Jahrhundert 1789–1918, Berlin 2006

Graf, Otto Antonia, Otto Wagner, Bd. 2, Das Werk des Architekten 1903–1918, Wien – Köln – Weimar 1994

Grasskamp, Walter, Die weiße Ausstellungswand – Zur Vorgeschichte des „white cube", in: Marianne Eigenheer (Hg.), Curating Critique, ICE Reader 1, Frankfurt 2007, S. 340–365

Grautoff, Otto, Die Denkmalpflege im Urteil des Auslandes, in: Paul Clemen (Hg.), Kunstschutz im Kriege, Bd. 1, Leipzig 1919, S. 111–140

Greenblatt, Stephen, Resonanz und Staunen, in: ders., Schmutzige Riten. Betrachtungen zwischen Weltbildern, Frankfurt 1995, S. 7–29

Griesser-Stermscheg, Martina, Das Schaudepot und das begehbare Depot: Sammlungen ausstellen?, in: schnittpunkt/Charlotte Martinz-Turek/Monika Sommer (Hg.), Storyline. Narrationen im Museum, Wien 2009, S. 229–248

Griesser-Stermscheg, Martina, Die Öffentlichkeit im Museumsdepot: Vom verborgenen Ort zum Schaudepot, in: neues museum 1 (2010), S. 63–71

Griesser-Stermscheg, Martina, Unruhe im Museumsdepot: Schreckgespenst „Deakzession", in: neues museum 1 (2011), S. 75–82

Griesser-Stermscheg, Martina/Kalabis, Silvia, Langzeitlagerung im unklimatisierten Museumsdepot: Die Verpackung von Metallobjekten in Kunststoff-Folien, in: Martina Griesser-Stermscheg/Gabriela Krist (Hg.), Metallkonservierung – Metallrestaurierung. Geschichte, Methode und Praxis, Wien 2009, S. 79–90

Griesser-Stermscheg, Martina, Bestandsaufnahme und Konzept (Mai 2011), im Rahmen des Projektes „Qualitätsoffensive Museumsdepots in Niederösterreich", unveröffentlichter Bericht, im Auftrag der Niederösterreichischen Volkskultur GmbH

Griesser-Stermscheg, Martina/Sommer, Monika, „... nur für Kunsthistoriker und sonstige Sonderlinge". Museologische Debatten zu Dauerausstellungen um 1900, in: Bettina Habsburg-Lothringen (Hg.), Dauerausstellungen. Schlaglichter auf ein Format, Bielefeld 2012, S. 33–44

Grosvenor, Bendor, Deaccessioning in practice: How to make sure we get it right, in: Peter Davies (Hg.), Museums and the Disposals Debate, Edinburgh 2011, S. 56–71

Großeschmidt, Henning, Stabilisierung des Raumklimas als Grundlage sachgerechter Bewahrung oder: Das temperierte Haus, sanierte Architektur und Großvitrine, in: Walter Fuger/Kilian Kreilinger/Landesstelle für die nichtstaatlichen Museen in Bayern (Hg.), Das Museumsdepot. Grundlagen – Erfahrungen – Beispiele, München 1998, S. 49–79

Grote, Andreas (Hg.), Macrocosmos in Microcosmo. Die Welt in der Stube. Zur Geschichte des Sammelns 1450 bis 1800, Opladen 1994

Groys, Boris, Archiv der Zukunft. Das Museum nach seinem Tod, in: Ulrich Borsdorf/Heinrich

Theodor Grütter/Jörn Rüsen (Hg.), Die Aneignung der Vergangenheit. Musealisierung und Geschichte, Bielefeld 2004, S. 39–52

Groys, Boris, Sammeln und gesammelt werden, in: ders., Logik der Sammlung. Am Ende des musealen Zeitalters, München 1997, S. 46–62

Grünwald, Michael, Wer suchet, der findet. Barocke Sammelleidenschaft in Stiften und Klöstern, in: Marktgemeinde Reichenau (Hg.), Jagdfieber und fieberhaft sammeln, Ausst.Kat., Schloss Reichenau an der Rax 18.5.–2.11.2008, Ebreichsdorf 2008, S. 207–219

Habsburg-Lothringen, Bettina, Schaumöbel und Schauarchitekturen. Die Geschichte des Ausstellens als Museumsgeschichte, in: Tobias G. Natter/Michael Fehr/Bettina Habsburg-Lothringen (Hg.), Das Schaudepot. Zwischen offenem Magazin und Inszenierung, Bielefeld 2010, S. 49–64

Hadfield, Jessica, Deaccession and disposal: The theory in context, in: Peter Davies (Hg.), Museums and the Disposals Debate, Edinburgh 2011, S. 84–102

Hainhofer, Philipp, Kurtze vertrewliche Relation, wie ich Philippus Hainhofer Burger in Augspurg, meine Rays, nacher Eystatt und München verrichtet habe…, Innsbruck 1611, in: Bayerische Akademie der Wissenschaften (Hg.), Die Münchner Kunstkammer, Bd. 3, Aufsätze und Anhänge, München 2008, Anhang 8, S. 370–377

Hamm, Ernst P., Goethes Sammlungen auspacken. Das Öffentliche und das Private im naturgeschichtlichen Sammlen, in: Anke te Heesen/E.C. Spary (Hg.), Sammeln als Wissen. Das Sammeln und seine wissenschaftsgeschichtliche Bedeutung, Göttingen 2001, S. 85–114

Hansen, Theophil, Erläuterungen zu dem von Theoph. Hansen verfassten Projekte der zwischen dem Burgthore und den k.k. Hofstallgebäuden neu auszuführenden k.k. Museen in Wien, in: Allgemeine Bauzeitung 1867, S. 306–309

Hartung, Olaf, Kleine deutsche Museumsgeschichte. Von der Aufklärung bis zum frühen 20. Jahrhundert, Köln – Weimar – Wien 2010

Hase, Albrecht, Der Schutz der Insektensammlungen gegen Anthrenusfrass durch Eulan, in: Museumskunde N.F. 9 (1937), S. 25–27

Hasenauer, Karl, Erläuternde Denkschrift Karl Hasenauer's über sein Projekt für die neu zu erbauenden k.k. Museen, in: Allgemeine Bauzeitung 1867, S. 309–322

Haslinger, Kurt, Mauerbach und der lange Weg bis zur Auktion: 1969–1996, in: Theodor Brückler (Hg.), Kunstraub, Kunstbergung und Restitution in Österreich 1938 bis heute, Studien zu Denkmalschutz und Denkmalpflege Bd. 19, Wien – Köln – Weimar 1999, S. 39–52

Haupt, Herbert, Das Kunsthistorische Museum. Die Geschichte des Hauses am Ring. Hundert Jahre im Spiegel historischer Ereignisse, Wien 1991

Haupt, Herbert, Die Rolle des Kunsthistorischen Museums bei der Beschlagnahme, Bergung und Rückführung von Kunstgut in den Jahren 1938–1945, in: Theodor Brückler (Hg.), Kunstraub, Kunstbergung und Restitution in Österreich 1938 bis heute, Studien zu Denkmalschutz und Denkmalpflege Bd. 19, Wien – Köln – Weimar 1999, S. 53–75

Heisig, Dirk (Hg.), Ent-Sammeln. Neue Wege in der Sammlungspolitik von Museen, Ostfriesland-Stiftung der Ostfriesischen Landschaft, Aurich 2007

Herdin, Marcus, Von Vermutungen, Wissen, Nachlässigkeit und Verantwortung. Gedanken zu Klimavorgaben und Energieeinsparungen in Museen, in: Restauro 7 (2012), S. 61–69

Heritage Preservation with the Institute of Museum and Library Services (Hg.), A Public Trust at Risk: The Heritage Health Index Report on the State of America's Collections (2005), www.heritagepreservation.org/hhi/, Zugriff 30.12.2011

Heuperger, Matthäus, Wiener Heiligthumbuch, Wien 1502

Hubel, Achim, Denkmalpflege. Geschichte – Themen – Aufgaben. Eine Einführung, Stuttgart 2006

Huber, Alfons, Ökosystem Museum. Ein konservatorisches Betriebskonzept für die Neue Burg in Wien, Dissertation an der Akademie der bildenden Künste, Wien 2011

Huber, Joachim, Nachhaltige Depotplanung. Die Verantwortung des Nutzers, in: Restauro 3 (2011), S. 27–30

Huber, Joachim/Lerber, Karin von, Handhabung und Lagerung von mobilem Kulturgut. Ein Handbuch für Museen, kirchliche Institutionen, Sammler und Archive, Bielefeld 2003

ICOM (Hg.), Ethische Richtlinien für Museen von ICOM (2004), deutsche autorisierte Übersetzung (2010), http://www.icom-oesterreich.at, Zugriff 4.1.2012

IIC (Hg.), Climate change and museum collections, Inaugural event of IIC-Dialogues for the new century. Discussions on the conservation of cultural heritage in a changing world, The National Gallery, London 17.9.2008, edited transcription, http://www.iiconservation.org/dialogues/IIC_climate_change_transcript.pdf, Zugriff 11.1.2009

IIC (Hg.), Preventive conservation. Practice, theory and research. Preprints of the contributions to the Ottawa Congress, 12–16 September 1994, London 1994

IIC (Hg.), The Plus/Minus Dilemma. A way forward in environmental guidelines, IIC-Dialogues for the new century. Discussions on the conservation of cultural heritage in a changing world, edited transcription, Milwaukee 13.5.2010, http://www.iiconservation.org/dialogues/Plus_Minus_trans.pdf, Zugriff 12.12.2010

Ilg, Albert, Intérieurs und Mobiliar des XVIII. Jahrhunderts. Nach Erfindung des Johann Jacob Schübler. Nachbildungen der Originalstiche in Facsimile-Lichtdruck, Wien 1885

Illes, Véronique/Derion, Brigitte, Guide de manipulation des collections. Illustrations de Daniel Tingry, Paris 2004

Illich, Ivan, Genus. Zu einer historischen Kritik der Gleichheit, Reinbek bei Hamburg 1983

Jardine, Nicholas, Sammlung – Wissenschaft – Kulturgeschichte, in: Anke te Heesen/E.C. Spary (Hg.), Sammeln als Wissen. Das Sammeln und seine wissenschaftsgeschichtliche Bedeutung, Göttingen 2001, S. 199–220

Jesberg, Paulgerd, Das Museum der Zukunft – Aufgabe, Bau, Einrichtung, Betrieb, in: Gerhard Bott (Hg.), Das Museum der Zukunft. 43 Beiträge zur Diskussion über die Zukunft des Museums, Köln 1970, S. 138–156

Jesch, Maria-Luise, Wenn Möbel erzählen. Vom „k.u.k. Hofmobilien- und Material-Depôt“ zum „Möbel Museum Wien“ 1899–2008, phil. Diss., Universität Wien 2008

Joachimides, Alexis, Die Museumsreformbewegung in Deutschland und die Entstehung des modernen Museums 1880–1940, Dresden 2001

Joanneum. Erster Jahresbericht 1812, Graz 1813

Joanneum. Jahresbericht 1817, Graz 1818

Joanneum. Jahresbericht 1839, Graz 1840

Johnson, Verner E./Horgan, Joanne C., Museum Collection Storage, UNESCO Technical Handbooks for museums and monuments 2, Paris 1979

Justi, Ludwig, Die Neuordnung der Gemäldegalerie im Städelschen Kunstinstitut, in: Museumskunde 1 (1905), S. 205–215

Jürgensen, Frank, Aussetzen. Über Vorgänge zwischen Ausstellung und Depot, in: Ilsebill Barta-Fliedl/Peter Parenzan (Hg.), Lust und Last des Erbens. Die Sammlungen der Bundesmobilienverwaltung Wien, Museum zum Quadrat Bd. 4, Wien – Klosterneuburg 1993, S. 23–32

k.k. Ministerium, Programm für den Bau der neuen Museen in Wien, in: Allgemeine Bauzeitung 1867, S. 292–297

k.k. Österr. Museum für Kunst und Industrie (Hg.), Das Wiener Heiligthumbuch. Nach der Ausgabe vom Jahre 1502 sammt den Nachträgen von 1514, mit einem Vorwort von Franz Ritter, Wien 1882

k.k. Österr. Museum für Kunst und Industrie, Jahresbericht 1888, Wien 1889

Kandell, Geraldine, Cross calls for new debate on stored collections, Museums Association 26.1.2011, http://www.museumsassociation.org/news/26012011-cross-calls-for-new-debate-on-stored-collections, Zugriff 8.2.2011

Karner, Regina, Das neue Depot der Modesammlung des Wien Museums, in: Zeitschrift für Waffen- und Kleidungsgeschichte 1 (2005), Sonderdruck, S. 13–23

Kassal-Mikula, Renata, Die Steindepots des Wien Museums – oder – Neues aus der Vergangenheit, in: Renata Kassal-Mikula/Wien Museum (Hg.), Steinerne Zeugen. Relikte aus dem Alten Wien, Ausst.Kat., Wien Museum Hermesvilla 21.3.2008–11.1.2009, Wien 2008, S. 11–15

Kauffmann, Hans, Wie Holland seine Museen reformieren möchte, in: Museumskunde 17 (1923), S. 18–30

Keene, Suzanne, Collections for people: Museums' stored collections as a public resource. London 2008 [http://www.ucl.ac.uk/storedcollections/report_files, Zugriff 2.1.2010]

Keene, Suzanne, Collections: Treasure or trash?, in: Politics and positioning. Museums Australia Conference, Sydney 2005, http://www.suzannekeene.info/authored.html, Zugriff 30.12.2011

Keene, Suzanne, Fragments of the world: Uses of museum collections, Oxford 2005

Kennedy, Maev, Half a dodo found in museum drawer, in: The Guardian, 22.2.2011

Kiekebusch, Albert, Aufgabe und Einrichtung der vorgeschichtlichen Sammlungen, in: Museumskunde 12 (1916), S. 1–30

Kilian, Wolfgang, Warhaffte AbBildung Allez fürnemmen Haillthumbs Gefässzen, Nebst kurtze Beschreibung deren darin verschloßnen Reliquien: Welliche in dem würdigen Gotth-Haus St. Ulrichs und St. Afra in Augspurg aufbehalten werden, [vermutl.] Augsburg 1630

Klemm, Lars, Energieeffiziente Lösungen für Depot- und Archivbauten, blog 3.10.2011, http://www.restauro.de/blog/energieeffiziente-loesungen-fuer-depot-und-archivbauten.html, Zugriff 3.1.2012

Kluge, Bernd, Das Münzkabinett. Museum und Wissenschaftsinstitut, Das Kabinett 9, Berlin 2004

Koesling, Volker, Vom Feuerstein zum Bakelit. Historische Werkstoffe verstehen, AdR-Schriftenreihe zur Restaurierung und Grabungstechnik Bd. 5/6, Stuttgart 2001

Koetschau, Karl, Die zweite Tagung des Deutschen Museumsbundes in Würzburg am 29. und 30. Mai 1918, in: Museumskunde 14 (1918), S. 49–56

Kohl, Karl-Heinz, Die Macht der Dinge. Geschichte und Theorie sakraler Objekte, München 2003

Köhnlein, Rainer, Überblick zur Depotausstattung mit Beispielen aus der Praxis, in: Walter Fuger/Kilian Kreilinger/Landesstelle für die nichtstaatlichen Museen in Bayern (Hg.), Das Museumsdepot. Grundlagen – Erfahrungen – Beispiele, München 1998, S. 81–98

Koller, Manfred, Zur Geschichte der vorbeugenden Konservierung, in: Restauratorenblätter 15 (1995), Thema: Schutz und Pflege von Kunst- und Baudenkmälern, S. 27–38

Korff, Gottfried, Speicher und/oder Generator. Zum Verhältnis von Deponieren und Exponieren im Museum (2000), in: Martina Eberspächer/Gudrun König/Bernhard Tschofen (Hg.), Gottfried Korff. Museumsdinge. Deponieren – Exponieren, Köln – Weimar – Wien 2002, S. 167–178

Korff, Gottfried, Speicher und/oder Generator. Zum Verhältnis von Deponieren und Exponieren im Museum, in: Moritz Csáky/Peter Stachel (Hg.), Speicher des Gedächtnisses. Bibliotheken, Museen, Archive. Teil 1: Absage an und Wiederherstellung von Vergangenheit; Kompensation von Geschichtsverlust, Wien 2000, S. 41–56

Körner, Stefan, Burg Forchtenstein. Tresor der Fürsten Esterházy, Wien 2009

Kotterer, Michael/Großeschmidt, Henning/Boody, Frederick/Kippes, Wolfgang (Hg.), Klima in Museen und historischen Gebäuden. Die Temperierung, Wissenschaftliche Reihe Schönbrunn, Wien 2004

Krapf-Weiler, Almut, Zur Neuorganisation der Wiener Museen 1919–1925 unter der Leitung von Hans Tietze, in: Hadwig Kräutler/Gerbert Frodl (Hg.), Das Museum. Spiegel und Motor kulturpolitischer Visionen 1903–2003. 100 Jahre Österreichische Galerie Belvedere, Wien 2004, S. 159–178

Krempel, Ulrich, Das Museum und die Reste. Vom Sammeln, Bewahren und vom Übrigbleiben, in: Andreas Becker/Saskia Reither/Christian Spies (Hg.), Reste. Umgang mit einem Randphänomen, Bielefeld 2005, S. 157–165

Kretschmann, Carsten, Räume öffnen sich. Naturhistorische Museen im Deutschland des 19. Jahrhunderts, Berlin 2006

Kriller, Beatrix/Kugler, Georg, Das Kunsthistorische Museum. Die Architektur und Ausstattung. Idee und Wirklichkeit des Gesamtkunstwerkes, Wien 1991

Krilyszyn, Rudolf, Dürfen österreichische Museen Kunst verkaufen?, in: Dirk Boll (Hg.), Marktplatz Museum. Sollen Museen Kunstwerke verkaufen dürfen?, Zürich 2010, S. 106–111

Kunsthistorisches Museum Wien (Hg.), Restaurierte Gemälde. Die Restaurierwerkstätte der Gemäldegalerie des Kunsthistorischen Museums 1986–1996, Ausst.Kat., Kunsthistorisches Museum Wien 16.10.1996–2.2.1997, Wien 1996

Kükenthal, W., Das Zoologische Museum der Breslauer Universität, in: Museumskunde 1 (1905), S. 216–226

Lackner, Helmut, Die Depots des Technischen Museums Wien, in: Blätter für Technikgeschichte 64 (2002), S. 107–125

Lackner, Helmut, Ent/Sammeln. Das Beispiel Technisches Museum Wien, in: Stellwand 1 (2009), S. 13–16

Langenstein, York, Kulturgut in unseren Händen: Das Depot – Prüfstein verantwortlicher Museumsarbeit, in: Walter Fuger/Kilian Kreilinger/Landesstelle für die nichtstaatlichen Museen in Bayern (Hg.), Das Museumsdepot. Grundlagen – Erfahrungen – Beispiele, Museums-Bausteine Bd. 4, München 1998, S. 11–25

Larsen, Poul Klenz/Ryhl-Svendsen, Morten/Jensen, Lars Aasbjerg/Bohm, Benny/Padfield, Tim, Konstantes Raumklima und niedriger Energieverbrauch – kein Widerspruch, in: Restauro 7 (2012), S. 53–60

Lauffer, Otto, Das historische Museum, in: Museumskunde 3 (1907), S. 222–245

Lehne, Andreas, Wiener Warenhäuser 1865–1914, Forschungen und Beiträge zur Wiener Stadtgeschichte 20, Wien 1990

Leisching, Eduard, Diskussion, in: Centralstelle für Arbeiter-Wohlfahrtseinrichtungen (Hg.), Die Museen als Volksbildungsstätten, Ergebnisse der 12. Konferenz der Centralstelle für Arbeiter-Wohlfahrtseinrichtungen, Berlin 1904, S. 101–106, S. 133f.

Lenz, Oskar, Inventar und Katalog, in: Museumskunde N.F. 4 (1932), S. 5–15 (Teil I), S. 67–80 (Teil II)

Lerber, Karin von/Huber, Joachim, Unbezahlbare Depots für Kulturgut? Ein langfristig angelegtes Kostenbewusstsein in Museen ist gefragt, in: museum aktuell, Juli 2008, S. 8f.

Lhotsky, Alphons, Die Baugeschichte der Museen und der Neuen Burg, Festschrift des Kunsthistorischen Museums zur Feier des fünfzigjährigen Bestandes. Erster Teil, Wien 1941

Ljubić, Valentina, Klimawandel (auch im Museum) oder der Versuch vorherzusehen, was Museumsobjekte von einem Passivhaus erwarten können, in: Martina Griesser-Stermscheg/Gabriela Krist (Hg.), Metallkonservierung – Metallrestaurierung. Geschichte, Methode und Praxis, Wien 2009, S. 281–289

Leyrer, Georg, Rechnungshof-Rohbericht: Verheerendes Zeugnis für die Ära Noever, in: Kurier, 1.11.2012

Lichtwark, Alfred, Museumsbauten, in: Centralstelle für Arbeiter-Wohlfahrtseinrichtungen (Hg.), Die Museen als Volksbildungsstätten, Ergebnisse der 12. Konferenz der Centralstelle für Arbeiter-Wohlfahrtseinrichtungen, Berlin 1904, S. 115–121

Lichtwark, Alfred, Museen als Volksbildungsstätten, in: Centralstelle für Arbeiter-Wohlfahrtseinrichtungen (Hg.), Die Museen als Volksbildungsstätten, Ergebnisse der 12. Konferenz der Centralstelle für Arbeiter-Wohlfahrtseinrichtungen, Berlin 1904, S. 6–12

Loitfellner, Sabine, NS-Kunstraub und Restitution in Österreich. Institutionen – Akteure – Nutznießer, in: Verena Pawlowsky/Harald Wendelin (Hg.), Enteignete Kunst. Raub und Rückgabe. Österreich von 1938 bis heute, Wien 2006, S. 13–35

Löhr, A., Das neue Schaumagazin des Focke-Museums (2003), in: Das Gesammelte zeigen, Bremer Landesmuseum für Kunst und Kulturgeschichte, Symposium im Focke-Museum am 20./21. November 2003, www.focke-museum.de, Zugriff 20.2.2007

Löhr, Moriz, Denkschrift des Herrn Ministerialrathes von Löhr, in: Allgemeine Bauzeitung 1867, S. 322–330

MacGregor, Arthur, Curiosity and enlightenment. Collectors and collections from the sixteenth to the nineteenth century, New Haven – London 2007

Magnusson, Yngve/Plitzko, Klaus-Peter, Storage MP1: Neue Wege zum Betrieb eines Museumsdepots, in: museum aktuell, Juli 2008, S. 18–22

Major, Johann Daniel, Unvorgreiffliches Bedencken von Kunst- und Naturalienkammern insgemein, Kiel 1674, in (= Buchverband): Valentini, Michael Bernhard, Museum museorum oder vollstaendige Schau-Bühne aller Materialien und Specereyen nebst deren natürlichen Beschreibung, Election, Nutzen und Gebrauch, Frankfurt 1704

Maroevic, Ivo, Introduction to museology. The European approach, München 1998

Marquard, Odo, Untergangserwartungen, Außerordentlichkeitsbedarf und Kontinuitätskultur, in: Christa Rohde-Dachser (Hg.), Verknüpfungen. Psychoanalyse im interdisziplinären Gespräch, Göttingen 1998, S. 23–36

Marquard, Odo, Zukunft braucht Herkunft. Philosophische Betrachtungen über Modernität und Menschlichkeit, in: ders., Zukunft braucht Herkunft. Philosophische Essays, Stuttgart 2003, S. 234–246

Martius, Andrea von, Von natürlichen Klimaschwankungen in Museen und den Möglichkeiten, ihnen auf natürliche Weise zu begegnen, in: museum aktuell, Nov. 2004, S. 9–14

Matyssek, Angela, Die Wissenschaft als Religion, das Präparat als Reliquie. Rudolf Virchow und das Pathologische Museum der Friedrich-Wilhelms-Universität zu Berlin, in: Anke te Heesen/E.C. Spary (Hg.), Sammeln als Wissen. Das Sammeln und seine wissenschaftsgeschichtliche Bedeutung, Göttingen 2001, S. 142–168

Maximilian I., Anweisungen Kaiser Maximilians I. (1459–1519) zur Verwahrung und Pflege von Objekten, in: Jahrbuch kunsthistorischer Sammlungen 1 (1883), Reg. 219, 1500 Dezember 30, Linz und Reg. 225, 1501 August 11, Innsbruck

Mayer-Deutsch, Angela, Das Musaeum Kircherianum. Kontemplative Momente, historische Rekonstruktion, Bildrhetorik, Zürich 2010

Menadier, Julius, Die Neueinrichtung des königlichen Münzkabinetts im Kaiser Friedrich-Museum zu Berlin, in: Museumskunde 1 (1905), S. 16–33

Michalski, Stefan, Care and preservation of collections, in: ICOM (Hg.), Running a museum. A practical handbook, Paris 2004, S. 51–89

Michalski, Stefan, Museum climate and global change. Doing the right thing for both, in: Reflections on Conservation 2011, Canadian Conservation Institute, S. 9–11

Miersch-Süß, Ines, Herausforderung „Projekt Sammlungsdepot". Eine Einführung, in: Restauro 4 (2012), S. 55–60

Mikunda, Christian, Der verbotene Ort oder die inszenierte Verführung: Unwiderstehliches Marketing durch strategische Dramaturgie, Frankfurt am Main – Wien 2002

Minges, Klaus, Das Sammlungswesen der frühen Neuzeit. Kriterien der Ordnung und Spezialisierung, Münster 1998

Möbius, Hanno, Konturen des Museums im 19. Jahrhundert (1789–1918), in: Bernhard Graf/Hanno Möbius (Hg.), Zur Geschichte der Museen im 19. Jahrhundert 1789–1918, Berlin 2006, S. 11–21

Mundt, Barbara, Vom Sammeln, in: Kunstgewerbemuseum Berlin/Barbara Mundt (Hg.), Schatzkästchen und Kabinettschrank. Möbel für Sammler, Ausst.Kat., Kunstgewerbemuseum Berlin 1.10.1989–31.1.1990, Berlin 1989, S. 9–24

Museumskunde 1 (1905), Anzeigenteil, o.S.

Museumskunde 7 (1911), Anzeigenteil, o.S.

Muttenthaler, Roswitha, Verfahren von Ein- und Ausschluss. Materielle Kultur und Museumspraktiken, in: Blätter für Technikgeschichte 61 (1999), S. 55–83

Müller-Wille, Staffan, Carl von Linnés Herbarschrank. Zur epistemischen Funktion eines Sammlungsmöbels, in: Anke te Heesen/E.C. Spary (Hg.), Sammeln als Wissen. Das Sammeln und seine wissenschaftsgeschichtliche Bedeutung, Göttingen 2001, S. 22–38

N.N., Adaptirungen im Museum, in: Mittheilungen des k.k. österr. Museums für Kunst & Industrie 143 (1877), S. 131

N.N., Behandlung ganz schmaler Rahmenhölzer an Glasthüren, Schauschränken u.s.w., in: Oesterreichisch-ungarische Tischler-Zeitung. Illustriertes Fachblatt für Kunst-, Möbel-, Bautischler und alle holzverarbeitenden Gewerbe 10/1894, S. 69 (= Bericht der Allgemeinen Tischler-Zeitung Berlin über Museumsschränke)

N.N., Das K. Bayerische Nationalmuseum und dessen durch den jetzigen Director desselben Dr. J. H. v. Hefner-Alteneck geschaffene neue Organisation, in: Zeitschrift für allgemeine Museologie und verwandte Wissenschaften 8 (1878), S. 59–61

N.N., Das Tiroler Landes-Museum zu Innsbruck, in: Mittheilungen des k.k. österr. Museums für Kunst & Industrie 179 (1880), S. 150f.

N.N., Depots von „elendiglich" bis „erstklassig", http://oesterreich.orf.at/stories/2567481/, 17.1.2013

N.N., Der Erweiterungsbau des k.k. Österreichischen Museums, in: Kunst und Kunsthandwerk 1909, S. 597–607

N.N., Der Schatz im Garten, Pressekonferenz am 2.5.2011 im Österreichischen Bundesdenkmalamt, http://www.bda.at/text/136/Denkmalpflege/16604/Der-Schatz-im-Garten_Privatmann-entdeckt-spektakulaeren-spaetmittelalterlichen-Sch, Zugriff 11.7.2011

N.N., Die Aufstellung der Sammlungen des Museums, in: Mittheilungen des k.k. österr. Museums für Kunst & Industrie 78 (1872), S. 58–60

N.N., Die Baufrage des österreichischen Museums, in: Mittheilungen des k.k. österr. Museums für Kunst & Industrie 29 (1868), S. 89–99

N.N., Die räumliche Erweiterung der Museumsbibliothek, in: Kunst und Kunsthandwerk 1901, S. 202–204

N.N., Landesmuseum: Objekte nicht auffindbar, http://tirv1.orf.at/stories/535169, Zugriff 31.8.2011

N.N., London museums urged to show more 'hidden' artefacts, BBC News London 19.1.2011, http://www.bbc.co.uk/news/uk-england-london-12214145, Zugriff 8.2.2011

N.N., The 99 % of the British Museum not on show, BBC News London 31.3.2010, http://news.bbc.co.uk/local/london/hi/people_and_places/arts_and_culture/newsid_8595000/8595594.stm, Zugriff 15.3.2011

N.N., The Mannheim Conference on Museums as Places of Popular Culture, in: The Museums Journal 3 (1903), S. 105–109

N.N., Vorlesungen, in: Mittheilungen des k.k. österr. Museums für Kunst & Industrie N.F. 136 (1897), S. 347–349

N.N./APA, Wien Museum erhält neues Depot, in: Der Standard, 14.6.2012

National Museum Directors Conference (NMDC) (Hg.), Too much stuff? Disposal from Museums. National Museum Directors Conference 2003, London 2003

National Trust (Hg.), The manual of housekeeping. The care of collections in historic houses open to the public, Oxford 2006

Neickel, Caspar Friedrich, Museographia Oder Anleitung Zum rechten Begriff und nützlicher Anlegung der Museorum, Oder Raritäten-Kammern [...]. In beliebter Kürze zusammengetragen, und curiösen Gemüthern dargestellt, Leipzig – Breslau 1727

Nierhaus, Andreas, Zeigen und Verbergen. Eisen im Monumentalbau des 19. Jahrhunderts am Beispiel der Arbeiten der Firma Ig. Gridl für den Wiener Kaiserhof, in: Alfred Fogarassy (Hg.), Ignaz Gridl. Eisenkonstruktionen. Ingenieurbaukunst und Innovationen im 19. Jahrhundert, Fotografien von Nora Schoeller, Wien 2011, S. 91–99

Noever, Peter (Hg.), Kunst und Industrie – Die Anfänge des Museums für angewandte Kunst in Wien, Ausst. Kat., MAK Wien 31.5.–17.9.2000, Wien 2000

Nora, Pierre, Zwischen Geschichte und Gedächtnis, Frankfurt 1998

Norman, Mark/Todd, Victoria/UKIC (Hg.), Storage. Papers given at a UKIC conference Restoration '91, London in October 1991, preprints, London 1991

Osthoff, Simone, Performing the archive: The transformation of the archive in Contemporary art from repository of documents to art medium, New York – Dresden 2009

Ottilinger, Eva/Hanzl, Lieselotte, Kaiserliche Interieurs. Die Wohnkultur des Wiener Hofes im 19. Jahrhundert und die Wiener Kunstgewerbereform, Wien 1997

ÖNORM EN 15757:2010-09 (Österreich) oder DIN EN 15757:2010-12 (Deutschland): Erhaltung des kulturellen Erbes – Festlegungen für Temperatur und relative Luftfeuchte zur Begrenzung klimabedingter mechanischer Beschädigungen an organischen hygroskopischen Materialien

Padfield, Tim/Larsen, Poul Klenz/Jensen, Lars Aasbjerg/Ryhl-Svendsen, Morten, The potential and limits for passive air conditioning of museums, stores and archives, in: Tim Padfield/Karen Borchersen (Hg.), Museum microclimates, Contributions to the Copenhagen conference 19–23 November 2007, Kopenhagen 2007, S. 191–198

Panzer AG, Museums-Schränke, Museums-Vitrinen, Münzschränke, Bibliothekseinrichtungen, Firmenkatalog, Berlin 1905

Pazaurek, Gustav E., Feuersgefahr in Museen, in: Museumskunde 1 (1905), S. 97–104

Pinniger, David, Pest Management. A practical guide, Cambridge 2008

Plenderleith, James, Preservation of museum objects in war-time, in: Nature. July 24 (1943), S. 94–97

Pomian, Krzysztof, Der Ursprung des Museums. Vom Sammeln, Berlin 2001

Posch, Herbert, Umbruch und Kontinuität – Wiener Museen am Übergang von der Monarchie zur Ersten Republik und das Scheitern einer Aneignung, in: Gottfried Fliedl/Roswitha Muttenthaler/Herbert Posch (Hg.), Museumsraum – Museumszeit. Zur Geschichte des österreichischen Museums- und Ausstellungswesens, Wien 1992, S. 139–154

Putnam, James, Art and artifact. The museum as medium. Revised edition, London 2009

Raffler, Marlies, Museum. Spiegel der Nation? Zugänge zur Historischen Museologie am Beispiel der Genese von Landes- und Nationalmuseen in der Habsburgermonarchie, Wien 2007

Rancière, Jacques, Die Aufteilung des Sinnlichen. Die Politik der Kunst und ihre Paradoxien, Berlin 2006

Rawlings, F. Ian G., The National Gallery in war-time, in: Nature, January 30 (1943), S. 123–128

Renz, Carolyn, Schönheit alter Möbel im Verborgenen. Sakristeischränke in oberbayerischen Prälatenklöstern und Kollegiatsstiftskirchen im 17. und 18. Jahrhundert, Schriftenreihe Realienforschung: Vom traditionellen Handwerk zur industriellen Fertigung Bd. 5, Wien 1998

Reudenbach, Bruno, Reliquien von Orten. Ein frühchristliches Reliquiar als Gedächtnisort, in: Bruno Reudenbach/Gia Toussaint (Hg.), Reliquiare im Mittelalter, Hamburger Forschungen zur Kunstgeschichte, Berlin 2005, S. 21–41

Riedl, Peter Anselm, Das Museum der Zukunft, in: Gerhard Bott (Hg.), Das Museum der Zukunft. 43 Beiträge zur Diskussion über die Zukunft des Museums, Köln 1970, S. 221–226

Riedl-Dorn, Christa, Das Haus der Wunder. Zur Geschichte des Naturhistorischen Museums in Wien, Wien 1998

Rief, Michael, „...daß ein gantzer Wage mitt hohen Leittern wegen der Schwere der Taffeln moge anhero gesandt werden...". Zum Kunsttransport in Spätgotik und Renaissance nördlich der Alpen, in: IIC Austria – Franka Bindernagel/Martina Griesser-Stermscheg (Hg.), Reflexionen/Reflections. Für/to Manfred Koller, Restauratorenblätter 31 (2012), S. 66–76

Ritter, Henning, Das Altern der Alten Meister, in: Bernhard Graf/Hanno Möbius (Hg.), Zur Geschichte der Museen im 19. Jahrhundert 1789–1918, Berlin 2006, S. 23–30

Roth, Harriet (Hg.), Der Anfang der Museumslehre in Deutschland. Das Traktat „Inscriptiones vel Tituli Theatri Amplissimi" von Samuel Quiccheberg. Lateinisch-Deutsch, Berlin 2000

Römer, F., Die Feuersgefahr in den naturhistorischen Museen, in: Museumskunde 2 (1906), S. 74–79

Sächsischer Museumsbund e.V. (Hg.), Qualität des Sammelns, Fortbildungstag des Sächsischen Museumsbundes am 6.11.06 in Leipzig, Sonderheft, Informationen des Sächsischen Museumsbundes 34 (2007)

Schaffner, Ingrid, Deep Storage, in: dies./Matthias Winzen (Hg.), Deep Storage. Arsenale der Erinnerung. Sammeln, Speichern, Archivieren in der Kunst, München – New York 1997, S. 21–32

Scheicher, Elisabeth, Die Kunst- und Wunderkammern der Habsburger, Wien – München – Zürich – Innsbruck 1979

Schinzel, Hiltrud, „Schweigendes Wissen" und Kommunikation. Teil 1: Gedanken über ein Fachgebiet im Wandel, in: Restauro 3 (2012), S. 56–63

Schrems, Barbara, Beleuchtung und relative Luftfeuchtigkeit. Über die Entstehung der Grenzwerte, in: Johanna Diehl/Martina Griesser-Stermscheg/Eva Hottenroth/Barbara Schrems/ÖRV (Hg.), Restaurierung und Zeitgeist, 18. Tagung des Österreichischen Restauratorenverbandes, MUMOK Wien, 14.–16.11.2002, Wien 2003, S. 56–60

Schrott, Georg/Knedlik, Manfred (Hg.), Klösterliche Sammelpraxis in der frühen Neuzeit, Nordhausen 2010

Schubert, Karsten, The Curator's Egg. The evolution of the museum concept from the French Revolution to the present day, London 2009

Schur, Ernst, Die Museen als dekoratives Gesamtkunstwerk, in: Museumskunde 4 (1908), S. 187–194

Schübler, Johann Jacob, Eine ganz besondere Einrichtung von ansehnlichen Antiquitaeten, Säälen, Curiositaeten-Cabinetten, Raritaeten, Memorabilien, Kunst- und Naturalienkammern, nebst einer Anleitung, wie nach accurater Perspectivischer Invention grosse Bibliothequen, durch vortheilhaffte Repositoria anzuordnen [...] und zu verwahren seyn, Augsburg o.J.

Schübler, Johann Jacob, Neu-inventirte Schreib-Tische, wohl-faconirte Frauen-Zimmer Toilette-Tische, wie auch zierliche moderne Medailles- und Commod-Schräncke, Augsburg o.J.

Schübler, Johann Jacob, Nützliche Vorstellung, wie man, auf eine überaus vortheilhaffte Weise, bequeme Repositoria, compendiose Contoirs und neu-faconierte Medaillen-Schräncke in den Studier- und Kaufmanns-Stuben auch Raritäten- und Naturalien-Kammern ordinieren kan... Nürnberg 1730

Schütz, Anton, Die fröhliche Götzendämmerung. Anmerkungen zur Museumsrevolution, in: Peter Noever (Hg.), Tradition und Experiment. Das Österreichische Museum für angewandte Kunst Wien, Salzburg – Wien 1988, S. 277–287

Schwarz, Astrid E., Modellierte Naturen und Raummodelle, in: Bernhard Graf/Hanno Möbius (Hg.), Zur Geschichte der Museen im 19. Jahrhundert 1789–1918, Berlin 2006, S. 155–164

Scottish Museums Council (Hg.), An illustrated guide to the care of costume and textile collections, London 2000 [online-Version unter www.collectionslink.org.uk, Zugriff 2.1.2012]

Seelig, Lorenz, Die Münchner Kunstkammer, in: Bayerische Akademie der Wissenschaften (Hg.), Die Münchner Kunstkammer, Bd. 3, Aufsätze und Anhänge, München 2008, S. 1–114

Seiler, Harald, Das Museum zwischen vorgestern und übermorgen, in: Gerhard Bott (Hg.), Das Museum der Zukunft. 43 Beiträge zur Diskussion über die Zukunft des Museums, Köln 1970, S. 256–265

Sennett, Richard, The craftsman, London 2008

Sheehan, James J., Geschichte der deutschen Kunstmuseen. Von der fürstlichen Kunstkammer zur modernen Sammlung, München 2002

Skorianz, Elisabeth, Terminologievergleich Deutsch – Französisch zum Thema Museologie, Diplomarbeit, Universität Wien 1992

Sommer, Monika, „Die große Angelegenheit der Nationalbildung". Das Joanneum als kultureller Code der Identitätskonstruktion, in: Moritz Csáky/Klaus Zeyringer (Hg.), Inszenierungen des kollektiven Gedächtnisses. Eigenbilder, Fremdbilder, Wien – Innsbruck 2002, S. 54–69

Spieker, Sven, The big archive. Art from bureaucracy, Cambridge 2008

Stafford, Barbara Maria, Kunstvolle Wissenschaft. Aufklärung, Unterhaltung und der Niedergang der visuellen Bildung, Amsterdam – Dresden 1998

Steckner, Cornelius, Das Museum Cimbricum von 1688 und die cartesianische „Perfection des Gemüthes". Zur Museumswissenschaft des Kieler Universitätsprofessors Johann Daniel Major

(1634–1693), in: Andreas Grote (Hg.), Macrocosmos in Microcosmo. Die Welt in der Stube. Zur Geschichte des Sammelns 1450 bis 1800, Opladen 1994, S. 603–628

Stegemann, R., Die Lösung der Heizfrage bei Gemäldegalerien und ähnlichen Sammlungsgebäuden, in: Museumskunde 10 (1914) , S. 133–145

Stehkämper, Hugo, „Natürliche" Magazinklimatisierung, in: Der Archivar 26 (1973), Sp. 450–460

Stein, Hans, Fragen der Anwendung des Kölner Modells im Archivbau, in: Der Archivar 45 (1992), Sp. 409–424

Technologische Studien 7 (2011), Sonderband: Entwicklung von Standard-Kunststoffverpackungslösungen für Sammlungs- und Museumsdepots, hrsg. vom Kunsthistorischen Museum Wien

Thiel, Max Egon, Über die Aufgaben und Methoden der Verwaltung wissenschaftlicher Sammlungen nebst Anregungen für den weiteren Ausbau des Bundes der deutschen naturwissenschaftlichen Museen, in: Museumskunde N.F. 3 (1931), S. 14–38

Thomson, Garry, The museum environment. Second edition, Oxford 1986

Tiroler Landesrechnungshof (Hg.), Tiroler Landesmuseum Ferdinandeum unter Berücksichtigung des Tiroler Volkskunstmuseums und der Galerie im Taxispalais 9.1.2006, Zl. VE-0600/, S. 55–66, http://www.tirol.gv.at/fileadmin/www.tirol.gv.at/landtag/landesrechnungshof/downloads/berferdinandeum.pdf, Zugriff 2.1.2012

te Heesen, Anke, Die doppelte Verzeichnung. Schriftliche und räumliche Aneignungsweisen von Natur im 18. Jahrhundert, in: Harald Tausch (Hg.), Gehäuse der Mnemosyne. Architektur als Schriftform der Erinnerung, Göttingen 2003, S. 263–286

te Heesen, Anke, Geschlossene und transparente Ordnungen. Sammlungsmöbel und ihre Wahrnehmung in der Aufklärungszeit, in: Gabriele Dürbeck (Hg.), Wahrnehmung der Natur. Natur der Wahrnehmung. Studien zur Geschichte visueller Kultur um 1800, Dresden 2001, S. 19–34

te Heesen, Anke, Theorien des Museums zur Einführung, Hamburg 2012

te Heesen, Anke, Vom Einräumen der Erkenntnis, in: Anke te Heesen/Anette Michels (Hg.), auf/zu. Der Schrank in den Wissenschaften, Ausst. Kat., Eberhard-Karls-Universität Tübingen 24.10.2007–15.2.2008, Berlin 2007, S. 90–97

te Heesen, Anke/Lutz, Petra, Einleitung, in: Anke te Heesen/Petra Lutz (Hg.), Dingwelten. Das Museum als Erkenntnisort, Schriften des Deutschen Hygiene-Museums Dresden Bd. 4, Köln 2005, S. 11–23

Telesko, Werner, Das 19. Jahrhundert. Eine Epoche und ihre Medien, Wien – Köln – Weimar 2010

Thilenius, G., Das Hamburgische Museum für Völkerkunde, Berlin 1916 = Beiheft zur Museumskunde 12 (1916)

Thompson, Michael, Mülltheorie. Über die Schaffung und Vernichtung von Werten, neu herausgegeben von Michael Fehr, Essen 2003

Tietze, Hans, Die Zukunft der Wiener Museen, Wien 1923

Tietze, Hans, Österreichischer Kunstschutz in Italien, in: Paul Clemen (Hg.), Kunstschutz im Kriege, Bd. 2, Leipzig 1919, S. 50–70

Titschack, Erich, Der Schutz von Museumsgegenständen gegen Mottenfrass, in: Museumskunde N.F. 9 (1937), S. 19–24

Traninger, Anita, Im Keller. Statik, Dynamik und das Raumproblem in der Mnemotechnik der Frühen Neuzeit, in: Harald Tausch (Hg.), Gehäuse der Mnemosyne. Architektur als Schriftform der Erinnerung, Göttingen 2003, S. 41–60

Trenkler, Thomas, Die Schande der Mauerbach-Auktion, in: Der Standard, 1.12.2008

Trenkler, Thomas, Wassereinbruch im Albertina-Depot, in: Der Standard, 24.6.2009

Trenkler, Thomas, Rechnungshof-Rohbericht: „Unglaubliche Schlampereien", in: Der Standard, 28.3.2011

Trummer, Manfred, Der Tiefspeicher des MAK, unveröffentlichtes Manuskript zur Sommerakademie 2006 „Sammlungspflege und Depotmanagement" der Universität für angewandte Kunst Wien

UNESCO/ICCROM (Hg.), Stored but not safe: Museum collections are at risk worldwide, 28.11.2011, http://www.unesco.org/new/en/culture/themes/dynamic-content-single-view/news/stored_but_not_safe_museum_collections_are_at_risk_worldwide/, Zugriff 30.11.2011

United Nations World Commission on Environment and Development (Hg.), Our Common Future. Brundtland Report (1987), http://en.wikisource.org/wiki/Brundtland_Report, Zugriff 3.1.2012

Universität für angewandte Kunst Wien/Institut für Konservierung und Restaurierung, Das Archäologie-Depot „K 17" im Wien Museum, Konservatorische Bestandsaufnahme und Umlagerung, Frühjahr 2006, Projektleitung: M. Griesser-Stermscheg, unveröffentl. Bericht, im Auftrag des Wien Museums

Universität für angewandte Kunst Wien/Institut für Konservierung und Restaurierung, Rundgang durch das 20er-Haus (2008), Bestandsdokumentation und Befundung, Mai 2008, Projektleitung: M. Griesser-Stermscheg, unveröffentl. Bericht, im Auftrag des Österr. Bundesdenkmalamtes

Urbanek, Regina, Die goldene Kammer von St. Ursula in Köln. Aspekte zur Erhaltung einer barocken Reliquieninszenierung, in: Österr. Restauratorenverband (Hg.), Zeit und Ewigkeit. Erhaltung religiöser Kulturgüter, 21. Tagung des ÖRV am 7./8.11.2008 in Krems-Stein, Wien 2009, S. 25–32

Valentini, Michael Bernhard, Natur- und Material-Kammer Auch Ost-Indianische Send-Schreiben und Rapporten, in: ders., Museum museorum oder vollstaendige Schau-Bühne aller Materialien und Specereyen nebst deren natürlichen Beschreibung, Election, Nutzen und Gebrauch, Frankfurt 1704

Valéry, Paul, Das Problem der Museen (1923), in: Kristina Kratz-Kessemeier/Andrea Meyer/Bénédicte Savoy (Hg.), Museumsgeschichte. Kommentierte Quellentexte 1750–1950, Berlin 2010, S. 187–191

Van Alphen, Ernst, Deadly historians: Boltanski's intervention in Holocaust historiography, in: Barbie Zelizer (Hg.), Visual culture and the Holocaust, London 2001, S. 45–73

Van de Werdt, Errol, Deaccessioning in perspective, in: Peter Davies (Hg.), Museums and the Disposals Debate, Edinburgh 2011, S. 432–455

Wachsmuth, Arye/Lillie, Sophie, Retracing the Tears – hinter den Bildern aus der Kartause Mauerbach, in: Reininghaus, Alexandra (Hg.), Recollecting. Raub und Restitution, anlässl. der

Ausstellung Recollecting. Raub und Restitution, MAK Wien 3.12.2008–15.2.2009, Wien 2008, S. 228–233

Waldemer, Georg, Kommentierte Auswahlbibliographie, in: Walter Fuger/Kilian Kreilinger/Landesstelle für die nichtstaatlichen Museen in Bayern (Hg.), Das Museumsdepot. Grundlagen – Erfahrungen – Beispiele, München 1998, S. 274–284

Walz, Markus, Bulimie musealis. Museumssammlungen zwischen Kulturerbe und Kulturmüll, in: Informationen des Sächsischen Museumsbundes 34 (2007), S. 5–16

Wieselberg, Lukas, Moderne Wissenschaften: Alles im Kasten, Ö1-Interview mit Anke te Heesen über die Möblierung der Wissenschaft und die Bedeutung des Schrankes bei der Schaffung von Wissen am 18.3.2009, science.orf.at, Zugriff 20.3.2009

Wieser, Franz von, Maßnahmen zum Schutze der Kunstdenkmäler in Tirol gegen Kriegsgefahr, in: Paul Clemen (Hg.), Kunstschutz im Kriege, Bd. 2, Leipzig 1919, S. 23–38

Windisch-Graetz, Franz, Barocke Möbelkunst in Österreich. Überblick und Forschungslage – Die Möbel des Stiftes St. Florian, Sonderdruck der Mitteilungen des Oberösterreichischen Landesarchivs 10 (1971)

Winzen, Matthias, Sammeln – so selbstverständlich, so paradox, in: Ingrid Schaffner/Matthias Winzen (Hg.), Deep Storage. Arsenale der Erinnerung. Sammeln, Speichern, Archivieren in der Kunst, München – New York 1997, S. 10–19

Witzmann, E., Haus-, Hof- und Staatsarchiv. Mit Photos von Andreas Lehne, in: Die Presse, Schaufenster vom 8. 2.1985

Woermann, Karl, Die Raumfrage in der Dresdener Gemäldegalerie. Ein Rückblick und Ausblick, in: Museumskunde 3 (1907), S. 140–157

Wögenstein, Lisa, Verschollen im Museum. Der Künstler Karl Wiener, in: Wien Museum (Hg.), Verschollen im Museum. Der Künstler Karl Wiener, Illustrierte zur Ausstellung, Wien Museum 5.5.–28.8.2011, S. 1–3

W. Z., Das neue kunsthistorische Hofmuseum, in: Mittheilungen des k.k. österr. Museums für Kunst & Industrie 83 (1872), S. 157–160

VORTRÄGE

Huber, Joachim, Paradigmenwechsel im Museumsdepot? Masse, Ewigkeit und Tragbarkeit in der Sammlungserhaltung, öffentlicher Vortrag am 16.1.2011 im Hofmobiliendepot – Möbel Museum Wien, im Rahmen der schnittpunkt-Veranstaltung (www.schnitt.org) Gegen den Stand der Dinge: „01. Wo die Dinge stehen: Das Museumsdepot als Archiv“

De Ruijter, Martijn, Deltaplan Approach, Vortrag am 21.1.2008, UNESCO-ICCROM specialized seminar for endangered collections in developing countries, ICCROM Rom

Simon, Stefan, Das grüne Museum – Zwischen globalem Klimawandel, konservatorischen Anforderungen und Energieeffizienz, öffentlicher Vortrag am 7.4.2011 im Rahmen der Veranstaltung „Das Grüne Museum. Effizienz und Nachhaltigkeit in Museen“ in Wien

Abbildungsnachweis

Abb. 1: Ausschnitt einer historischen Ansichtskarte, Heiß & Co.

Abb. 2: Gesner, Conrad, De omni rerum fossilium genere…, Tiguri (Zürich) 1565, o.S.

Abb. 3: Imperato, Ferrante, Dell' Historia Naturale di Ferrante Imperato Napolitano, Neapel 1599, o.S.

Abb. 4: Schübler, Johann Jacob, Nützliche Vorstellung, wie man, auf eine überaus vortheilhaffte Weise, bequeme Repositoria, compendiose Contoirs und neu-faconierte Medaillen-Schräncke in den Studier- und Kaufmanns-Stuben auch Raritäten- und Naturalien-Kammern ordinieren kan… Nürnberg 1730, Tafel XII.

Abb. 5: Brown, Edward, Durch Niederland / Teutschland / Hungarn … gethane gantz sonderbare Reisen, Nürnberg 1685, o.S.

Abb. 6: Mit freundlicher Genehmigung von Stift Seitenstetten. Foto: Peter Huber.

Abb. 7: Flower, William Henry, Essays on Museums and other subjects connected with Natural History, London 1898.

Abb. 8: Menadier, Julius, Die Neueinrichtung des königlichen Münzkabinetts im Kaiser Friedrich-Museum zu Berlin, in: Museumskunde 1 (1905), S. 16–33, S. 19.

Abb. 9: Panzer AG, Museums-Schränke, Museums-Vitrinen, Münzschränke, Bibliothekseinrichtungen, Firmenkatalog, Berlin 1905, S. 16.

Abb. 10: Kiekebusch, Albert, Aufgabe und Einrichtung der vorgeschichtlichen Sammlungen, in: Museumskunde 12 (1916), S. 1–30, Abb. 5.

Abb. 11: Kiekebusch, Albert, Aufgabe und Einrichtung der vorgeschichtlichen Sammlungen, in: Museumskunde 12 (1916), S. 1–30, Abb. 7.

Abb. 12: Grautoff, Otto, Die Denkmalpflege im Urteil des Auslandes, in: Paul Clemen (Hg.), Kunstschutz im Kriege, Bd. 1, Leipzig 1919, S. 111–140, S. 129.

Abb. 13: Demmler, Theodor, Die Bergung des mobilen Kunstbesitzes in Nordfrankreich, in: Paul Clemen (Hg.), Kunstschutz im Kriege, Bd. 1, Leipzig 1919, S. 75–110, S. 101.

Abb. 14: Aus dem Archiv des Österr. Bundesdenkmalamtes. Mit freundlicher Genehmigung.

Abb. 15, 16: Foto: Stefan Olah, Universität für angewandte Kunst Wien.

Abb. 17, 18: Foto: Martina Griesser-Stermscheg.

Abb. 19, 20, 21: Mit freundlicher Genehmigung durch das Landesmuseum Niederösterreich. Foto: Martina Griesser-Stermscheg.

Abb. 22: Utopisches Depot im Gesamtmuseum von Paulgerd Jesberg (1970). Aus: Jesberg, Paulgerd, Das Museum der Zukunft – Aufgabe, Bau, Einrichtung, Betrieb, in: Gerhard Bott (Hg.), Das Museum der Zukunft. 43 Beiträge zur Diskussion über die Zukunft des Museums, Köln 1970, S. 138–156, S. 143.

Abb. 23, 24, 25: Foto: Martina Griesser-Stermscheg.

Abb. 26: Museum des Ole Worm (1588–1654) in Kopenhagen, http://upload.wikimedia.org/wikipedia/commons/f/f5/Musei_Wormiani_Historia.jpg, Zugriff 1.5.2013

Abb. 27: Louvre, Saal der französischen Malerei des 19. Jahrhunderts nach der Räumung (1917).

Aus: Grautoff, Otto, Die Denkmalpflege im Urteil des Auslandes, in: Paul Clemen (Hg.), Kunstschutz im Kriege, Bd. 1, Leipzig 1919, S. 111–140, S. 138.
Abb. 28: erstmals veröffentlicht im Wochenmagazin *Le Paris illustré*, heute im Louvre ausgestellt.
Abb. 29: Foto: Martina Griesser-Stermscheg.

Diagramm 1 und 2: Erstellt und laufend aktualisiert von Martina Griesser-Stermscheg

Register

Dank

Ich danke Gabriela Krist für die jahrelange enge Zusammenarbeit, die vielen gemeinsamen Erlebnisse und die Ermöglichung dieses Bandes in der Schriftenreihe des Instituts für Konservierung und Restaurierung der Universität für angewandte Kunst Wien. Ebenso danke ich Rektor Gerald Bast für sein Vertrauen.
Meiner Familie danke ich für ihre Unterstützung in allen Lebenslagen.
Wie immer haben mich meine Kolleginnen von schnittpunkt. ausstellungstheorie und praxis auch bei diesem Projekt kontinuierlich begleitet und beraten.
Herzlicher Dank gilt Andreas Lehne für seine zahlreichen Hinweise, sein Mitdenken und seine kritische Lektüre.

Dank für Unterstützung, Inspiration und Diskussion gebührt außerdem:

Anke te Heesen, Humboldt-Universität zu Berlin
Anne Biber, Wien Museum
Bernd Kluge, Münzkabinett der Staatlichen Museen zu Berlin
Bernhard Eipper, Universalmuseum Joanneum
Bob Child, eh. National Museum of Cardiff, Wales
Christa Scheiblauer, Niederösterreichisches Landesmuseum
Dieter Bogner, bogner.cc. die museumsplaner
Franz Kirchweger, Kunsthistorisches Museum Wien
Friederike Waentig, Fachhochschule Köln
Friedrich von Bose, Humboldt-Universität zu Berlin
Helmut Lackner, Technisches Museum Wien
Joachim Huber, Prev*art* GmbH, Winterthur
Kerstin Schütz-Müller, Österr. Kulturforum New York
Manfred Koller, eh. Österr. Bundesdenkmalamt
Manfred Trummer, Österr. Museum für angewandte Kunst Wien
Marie Gruber, eh. Universität für angewandte Kunst Wien
Monika Sommer, schnittpunkt/ecm/Wien Museum
Nora Sternfeld, schnittpunkt/ecm/Aalto University Helsinki
Patrick Werkner, Universität für angewandte Kunst Wien
Stefan Olah, olah.at/Universität für angewandte Kunst Wien
Suzanne Keene, University College London
Susanne Beseler, plan.b
Ulrike Vitovec, Museumsmanagement Niederösterreich